破茧

解密中国黄金市场化历程

刘山恩◎著

中国财政经济出版社

图书在版编目（CIP）数据

破茧：解密中国黄金市场化历程 / 刘山恩著.—北京：中国财政经济出版社，2013.8

ISBN 978-7-5095-4672-7

Ⅰ.①破… Ⅱ.①刘… Ⅲ.①黄金市场-研究-中国 Ⅳ.①F832.54

中国版本图书馆CIP数据核字（2013）第169953号

责任编辑：王彦浩　张怡然　　责任印制：刘春年

责任校对：徐艳丽　　版式设计：盛世纳唐

中国财政经济出版社出版

URL：http：//www.cfeph.cn

E-mail：cfeph@cfeph.cn

社址：北京市海淀区阜成路甲28号　邮政编码：100142

营销中心电话：010-88190406　北京财经书店电话：010-64033436

北京顶佳世纪印刷有限公司印刷　各地新华书店经销

787×1092毫米　16开　17.75印张　242000字

2013年10月第1版　2013年10月北京第1次印刷

定价：68.00元

ISBN 978-7-5095-4672-7 / F·3788

（图书出现印装问题，本社负责调换）

本社质量投诉电话：010-88190744

反盗版举报热线：88190492　88190446

目 录

第四章　一切从零开始

第五章　从一元到多元的发展之路

第六章　迈向发展的新高度

导言

有人说二十一世纪将是中国人的世纪，对此我们可以姑妄听之，但二十一世纪是中国因素无处不在的世纪却是实情，因为我们正在把民族振兴大业一步步从希望冀盼变为现实。中国之所以能够走出百年贫瘠成为二十一世纪引领世界经济发展的“火车头”，皆源于二十世纪七十年代末的改革开放，之后，我们走上了建设社会主义市场经济之路。然而，这条道路的选择并非一帆风顺而是经历了长期的迷茫与曲折，三十多年后的今天我们回首往昔自会另有一番滋味在心头。铭记历史并不是留恋过去要走回头路，而是为了更好地面向未来，因为历史往往是一面镜子，以史为鉴可以使我们能够更清晰地认识现实，把握方向，从而避免重蹈覆辙。

黄金市场化是我国市场经济体系建设的组成部分，从 1993 年国务院 63 号函出台算起至今已过去了整整二十年。黄金市场化改革或许只是我国改革开放大潮冲击溅起的一朵浪花，但其发生与发展的历史同样具有借鉴的价值，从中我们可以从一个特定的角度审视时代的风貌。经过二十年的岁月沉淀它的变化引起了更多人的观察与思考，特别是作为这一改革全过程观察者的我有了更多的感悟。有一种力量时时推动我对这一改革的全过程进行回顾梳理，于是就有了这部二十多万字的文稿。

我于 1991 年底调入了刚刚组建的国家黄金局黄金经济发展研究中心，担任中心经研室负责人，而开始从事黄金经济研究工作之时恰逢我国确立市场经济改革目标的前夜。虽然当时黄金是被列入最严格的统购统配的计划管理的产品，但黄金管理体制市场化改革的条件正在形成，所以我承担的第一个研究课题便是黄金管理的市场化研究，并于 1992 年完成，开创了我国黄金市场化改革研究之先河。从此我成为了我国黄金市场化改革全过程的观察者和研究者。

从 1992 年承担黄金市场化改革课题研究算起，我与我国黄金市场化改革相伴而行了二十一年，也正是在这一改革的进程推进中不断学习积累，才使自己的认识不断深化。在这期间已发表有关论文和专题报告近百篇，完成专题研究成果三十余个，出版专著五部，编写高校培训教材两部。这些文字记录了我国黄金市场化改革的历程，也记录了本人对这一改革历程的思考和探索。随改革实践成长，随改革推进成熟，无论是改革事业，还是参与者自身都是如此。

进入新世纪我开始转入黄金投资市场理论研究和专业人才培养领域，先后与多个高校和社会机构联合举办了多个黄金市场及投资专业人才培训项目和专业论坛，推动了我国首个黄金工商硕士班和首个黄金经济方向本科班的创建，在坚持经济研究的同时也参与了教材编写与教学工作。

随着改革的前进成长，是我对二十多年来与黄金市场化改革同行的最深体会和最大感触，我们对于黄金市场化改革的认识是逐步深化的，而回顾也是深化认识过程的一环。当人们在 1993 年高举市场化大旗、冲击黄金统购统配管理体制、提出改革诉求的时候，包含着许多感情的成分与逐利的色彩，而缺少深层的思考与理论的准备，因而现实中改革的推进实践往往是出于对现实问题的被动应对，而非是主动的对总体规划的分步骤实施，故改革经验与教训并存，反复曲折难以避免，因而回顾总结也是有意义的补课。所以，我力图将本书的写作看作对黄金市场化改革二十年的回顾过程，同时也是对黄金市场化改革认识再深化的过程。

国家基于对黄金的紧迫需求使得我国黄金行业在黄金管制的体制中得到优先的扶持照顾，从二十世纪七十年代中期以后获得了持续二十年的增长，所以对告别传统的计划经济体系有许多难以割舍的情愫。告别原有管理体制也便意味着原有利益的丧失，而对市场经济体制的陌生又产生了对黄金市场化改革前景不确定性的担忧。所以，人们虽然对黄金市场化充满期待，但 1999 年要迈出放开黄金管制的关键性一步时，更多的又是忐忑不安。那时国际黄金市场持续低迷且处于萎缩之中，使当时黄金统购统配政策的执行者人民银行前所未有地面临巨大的经济亏损压力，因而放开黄金管制、改变黄金交易方式也是人民银行不得不为之的一招险棋。但是，没有想到的是，2002 年我国黄金交易实现市场化之时也正是国际黄金市场熊市出现拐点之日，从此开始了一个长达十余年的黄金牛市。金价节节高升，屡创历史新高，为投资者提供了更多盈利机遇而拉升了市场人气。另外，2007 年美国次贷危机爆发，引起了全球性的金融危机，此后 2010 年爆发的欧债危机，引发了全球经济危机，信用资产全面危机使黄金的价值突显而赢得了民众的信任，成为规避信用风险的有力工具。因而社会氛围为之一变，这是我国黄金市场化顺风顺水、成果颇丰的重要外部因素。

长达二十年黄金熊市的结束，黄金牛市的出现创造了机遇大于挑战的市场环境，使我国黄金行业走出黄金管制进入市场也变得格外顺利，除降低了转轨的风险外还收获了巨大的市场红利，这幸运的眷顾大大地超出了人们的预料。从 2002 年上海黄金交易所运行至今的十一年，在历史上这仅是一个瞬间，但这个历史瞬间却是我国黄金产业发展史上最辉煌的一页。在这期间我国成为世界第一大的产金国，从国际黄金业的跟随者变为了领导者；兴起了一个蓬勃发展的黄金加工业，已是仅次于印度的世界第二大黄金产品生产国；从无到有已基本建成完整的黄金市场体系，其中场内现货交易量世界第一，黄金期货交易量世界第四。

发展的事实表明黄金市场经济体系的建立大大提高了黄金社会资源配置的效率和优化率，其既表现在行业迅速增长的规模上，也表现在行业迅速增长的效益上。但是，资本的流动具有趋利性，一旦市场形势发生变化，资本流出将对黄金行业发展构成挑战，从这个意义上讲我们黄金市场化改革仅走了半程，迎接熊市的挑战是黄金市场化改革下篇的主题，然而至今还没破题。我们面对黄金熊市将会拿出一个什么样的方案，还是未知的谜，看来未来新的回顾与总结又在前面等待着我们。

从 1993 年 8 月国务院 63 号函出台算起，我国黄金市场化改革的历史已有二十年。从 2002 年 10 月上海黄金交易所运行算起，我国黄金市场也有了十年的发展历程，但与国际黄金市场比较我们是一个后来者，发展滞后了三十年，可是我国黄金市场发展不仅平稳，而且迅速，再次显示了中国的后发效应。我国黄金市场化改革给我们的启示是多方面的，在一系列数据的背后是权益的博弈和发展逻辑的演进。

任何事物为何而生，是有其内在根源的；任何事物之变，是有其内在逻辑的。然而，这一切都埋藏在表象的深处，只有由表及里地挖掘才能示人。故我在力求完整叙事的同时也力求能对改革的内在动力的聚积与爆发过程有所描述。

基于国家外汇极度短缺而对黄金急切需求的现实，我国即使在经济体制改革推进之后仍然维持了黄金管制体制，实行统购统配管制，所以黄金行业被称为计划经济的最后一个“堡垒”。但是，黄金行业作为国民经济的一部分，其生存发展也都必须与宏观经济环境相适应，所以当我国宏观经济体制改革启动，逐步从计划经济体制向市场经济体制转轨时，黄金经济体制改革必须随之进行，这是大势。在这个过程中也曾有过试图保持黄金特殊管理体制的努力，但最终的事实表明这是徒劳的。

黄金行业市场化改革虽然在黄金管制解除之前就已启动，但都属于微观层面上的“量的积累”，但正是在“量的积累”的基础上才能发生“质的飞跃”，所以黄金市场化改革是一个持续的过程。而突破点即“质的突破”发生的具体时间点又往往是由微观层面发生的个别事件触发的。黄金市场化改革的进程中发生了许多“故事”，这些“故事”看似偶然，但并非偶然，值得人深思。黄金市场化改革不断地从“量的积累”到“质的飞跃”，从一个阶段到另一个阶段，不断发展提高：1993 年是我国黄金市场化改革起始之年；1999 年是我国黄金市场化改革再启动之年；2002 年是实现黄金交易由计划统购统配向市场自由交易转变之年；2004 年是黄金投资市场建设起始之年；2010 年是我国黄金市场体系初步形成之年。这些是我国黄金市场化改革的五个重要时间结点，在这五个时间结点上都有重要的国家黄金政策调整宣示。

我们对黄金市场化改革的观察是从宏观与微观两个层面上进行的，宏观即国家经济体制改革，微观即黄金管理体制改革。宏观改革对微观改革具有重大的影响力，决定了微观改革的最终方向，但微观改革也有其特殊性，因而宏观经济体制改革与微观黄金管理改革不同步构成了黄金市场化改革的一个基本矛盾。这一矛盾的解决，外部推动力是必不可少的条件。任何改革都必然要涉及利益的调整，面对利益的损失，自愿改革者寡而随大流者众，故许多改革都并非是人们的主动选择，多数都是大势所趋不得不为之，但顺势而为者可获得机遇，逆市而为者则为落伍者，为时代所弃，这一历史剧目在黄金市场化改革的进程中不断上演。我们强调变化的内因的重要性固然没有错，但外因同样重要，如同鸡蛋能孵出小鸡，鸭蛋只能孵小鸭，这是内因决定的，但没有外部适合的温度，内因也不能发挥作用而自然地产生小鸡与小鸭。但黄金市场化改革的目标诉求的外部条件与内部条件的发展又往往是不同步的，这种矛盾性决定了改革的路径选择和改革的具体形态。

利益格局调整论和主客观因素协调论是我们观察黄金市场化改革的两个基本

点，前者可以使我们认识改革动力源来自何处，而后者可以使我们认识改革结果的必然性。对黄金市场化改革观察的理性提升和归纳不能取代对具体事件的叙述，但可以使我们把握事物本质，从而洞若观火。黄金市场化改革是由多个具体时间结点组成的演进过程，要了解它从哪里来，又到哪里去？我们先从黄金管制的前世今生说起。

第一章 经济学的视角

黄金与货币的结缘与人类的文明史一样久远：由辅助货币到中心货币，再到终极货币，又到准货币，进入到当今所谓黄金非货币化时代。这其中，黄金管制已是黄金货币史上的重要存在。而认识黄金管制正如恩格斯在《社会主义从空想到科学的发展》中所言："一切社会变迁和政治变革的终极原因，不应在人们的头脑中，在人们对永恒的真理和正义日以增进的认识中去寻找，而应当在生产方式和交换方式的变更中去寻找；不应当在有关的时代的哲学中去寻找，而应当在有关的时代的经济学中去寻找。"

黄金管制——一种货币政策

黄金市场化改革是我国经济市场化改革的组成部分，经济市场化改革的核心是放开政府对社会资源的管制，变社会资源配置方式由计划分配为市场自由交易，确立市场机制对社会资源配置的基础性作用。而当时黄金是国家管制最严厉而且持续时间最长的一种社会资源。早在新中国成立之前，在华北、华东、华南解放区就已相继施行了黄金管制政策，建立全国政权以后这一政策又被推广到了全国，并延续了半个世纪之久。但是，黄金管制既不是我国所特有，也不是计划经济所特有，而曾是一种普遍性的货币管理制度。其诞生与消亡和各国货币发展的阶段性及货币管理的需要相联系，所以各国黄金管制既存在共性也存在差异性。

黄金管制的具体内容各国有所不同，我国黄金管制的法规诞生在新中国成立之前的解放区，新中国成立以后又几经修改，但基本精神没有变：

1. 矿产、副产及回收金都必须交售给中国人民银行；用金要向人民银行申请，由计划分配，这就是对黄金实行统购统配管理。

2. 禁止民众自由买卖黄金。

3. 国家直接干预市场、管制价格。

4. 对黄金生产、加工、销售各环节实行计划审批管理，封闭运行。

从全球的角度看，世界上许多国家也都曾实行过黄金管制，有的国家比我们管制得还要严厉。黄金管制作为一种货币管理政策是金本位制发展的历史阶段性产物而具有普遍性。但因各国的具体情况不同，因而各国黄金管制的产生与消亡的时间进程并不相同而且存在差异性。作为一种国际潮流，黄金管制大多发端于二十世纪二十年代，解除于七十年代。黄金管制的目的是通过对黄金自由流通的限制，实现弱化或禁止黄金货币流通支付功能的发挥。黄金管制起初是基于节约黄金货币的使用，以维护金本位制的生命，但最终成为打压和废止金本位制的手段。

我国黄金管制从 1949 年至 2002 年持续了五十三年，相比较在国际上是黄金管制解除较晚的国家，但也不是最后一个国家。当今黄金管制作为外汇管制的一部分，仍然被一些国家实行，因为这些国家仍实行外汇管制，一般放开外汇管制的国家也会放开黄金管制。当今黄金储备是作为国家外汇储备的一部分，所以黄金管制与外汇管制有着密切的关联性，但黄金管制从建立到解除首先是金本位制演变的结果。

以黄金作货币材料，充当一般等价物的历史悠久，从金块发展到金币就经历了两千多年。铸金币诞生于公元前 700 年的吕底亚古国，至今已有 2700 年的历史。铸金币的诞生使黄金货币功能的发挥有了一个质的飞跃：使用更为方便、流通更为便捷、价值更为标准。所以铸金币的产生具有革命性意义，而将金币的货币功能推向极致的是两百多年前十九世纪金本位制的建立。

在我国，战国时期就已经出现了铁币和铜币，而且铜币直到清朝时还在使用流通，但由于铁币、铜币的价值很低，只能作为辅币，用于小额支付，所以货币从贱金属货币又进入到贵金属货币阶段，金银币成为主币。在金银双本位制时代，银币用于日常流通使用，而金币用于大额支付，但双本位的弊端是两种货币比价经常波动而难以管理。最终在黄金生产力突破的推动下，十八世纪英国率先建立了实际的金本位制，又经过近百年，英国议会于 1816 年通过立法建立了正式的金本位制。

基于英国在当时全球经济的中心地位，英国实行了金本位制后，欧洲各国也不得不向英国币制靠拢，陆续实行了金本位制。1867 年在法国巴黎召开的国际会议上通过决议承认黄金是世界货币的唯一形式，从而国际货币体系也进入了金本位制时代，黄金成为全球的硬通货。到 1914 年金本位制告一段落时已有 59 个国家实行了金本位制，包括了当时除中国以外的所有的主要经济体。

金本位制中的金价是固定制，因而货币体系的整体十分稳定。在国内，金币承担全部流通、结算的货币职能，黄金自由流通；在国际上，黄金是国际贸易的结算手段，黄金自由进出口。从而形成了自由铸造、自由流通、自由进出口的金本位三特征，民众因而可以自由拥有和自由交易黄金。正如马克思在《资本论》中指出的那样：随着商品流通的扩展，货币（财富随时可用的绝对社会形式）的权力也日益增大。黄金货币之王的优势随着商品市场的日益扩大而又转化为巨大的社会权势，“拜金主义”正是这一社会环境中的产物。

金本位制的稳定性至今仍为人乐道，每盎司 3 英镑 17 先令 10.5 便士的金价从 1717 年到 1914 年保持了近两百年（197 年）；35 美元金价从 1934 年到 1971 年保持了三十七年。更为让人难忘的是金本位制的自我调节功能：如果金币贬值，就会有大量金币流入黄金市场，从而减少金币流通量使金币升值到平衡点；如果金币升值，就会有大量黄金铸币，从而增加金币流通量使金币贬值到平衡点。同样通过黄金自由进出口也可以自我调节国际汇率，实现汇率稳定。尤其是与当今频发信用危机的信用货币体系比较，金本位制的超稳定性的优点十分突出，更显可贵。

2007 年美国次贷危机引发了百年一遇的金融海啸，其后 2010 年又爆发了欧债危机，充分地暴露了以美元为中心货币的国际信用货币体系的弊端。从个人到机构再到国家信用危机的深化，引发了近年来对二十世纪七十年代开始推进的黄金非货币化改革的反思，在此基础上开始了对当今国际货币体系进行改革的讨论，建立新金本位制又成为一个热点话题。所以，金本位制在人类货币史上留下了极为重要而且影响深远的篇章。

在人类的货币史上金本位制存在的历史并不是很长，如果从英国金本位制的建立算起金本位制的历史有两百多年，而如果从 1867 年巴黎国际货币会议算起，国际金本位制的存在仅有五十多年。而且，金本位制自身也在不断地调整变化，传统的金本位制实际在第一次世界大战前夕就已经停止了。黄金价值的稳定是其优点，但其信用供给的有限性与经济发展对信用的需求出现了日益增长的矛盾。基于解决这个基本矛盾的要求，金本位制的自身改革一直是围绕着黄金节约使用的目的而展开的。

为了节约黄金的使用而出现了金块汇兑本位制和金汇兑本位制。两者在运作上虽有所不同，但都是以纸币取代黄金做主要的货币流通支付手段，而纸币与黄金挂钩具有法定的含金量，以保证纸币价值的稳定。因而黄金成为国家货币发行的基础，为此各国开始纷纷建立黄金储备，作为纸币发行的准备金。在金块汇兑本位和金汇兑本位时期因为纸币有法定含金量，所以可凭本位纸币兑黄金，但黄金已成为一种由国家管理控制的资产，黄金管制也由此发端。

黄金此时虽不再是本国内流通支付的手段，但在国际贸易中仍是结算货币，直到 1914 年第一次世界大战的爆发，为了保护自身经济利益和防止黄金外流，各国纷纷看紧了自己的黄金储备，而宣布禁止黄金自由进出口。1922 年热那亚会议又决定黄金作为一种辅助性手段在外贸平衡中使用。1929 年全球经济危机爆发，世界主要货币都严重贬值，原有的含金量难以维持，金汇兑本位制被放弃。纸币严重贬值而又要保证纸币的流通支付的权威性，所以在这种情况下，国家对于黄金必然是采取使其退出货币流通领域的政策，这就是实行黄金管制的另一个目的。二十世纪三十年代黄金管制是各国普遍性的货币政策，而并非个案。

黄金管制就是国家对于黄金流通进行严格的控制，对内禁止一般民众自由买卖黄金，实行黄金国有；对外只有国家才有权动用国家黄金储备作为外贸结算的最后手段。因而黄金成为国家的一种重要的战略资产，而不再是一般民众可以自由使用和拥有的支付工具和财富储备形式。除此以外，黄金管制还被作为国家调控经济的手段予以实施。

二十世纪三十年代各国普遍实行黄金管制的原因即为上述，但各国具体的黄金管制的政策并不相同，其中以美国实行的黄金管制政策最为典型。

1929 年经济危机的数年后全球经济仍未走出困境，1931 年春夏又相继发生了全球性金融危机，引起了全球性挤兑风潮，欧洲银行纷纷停业或倒闭，黄金外流严重，因而一些国家脱离金汇兑本位制，使纸币贬值，从而获得短期贬值收益，并通过贬值货币将通缩和萧条转移到美国。当 1933 年 3 月 4 日罗斯福上任时，美国经济形势更加恶化，出现了银行挤兑和银行倒闭风潮，因而稳定金融成为刚刚当政的罗斯福政府的当务之急。

罗斯福首先采取的措施是整顿美国银行业，重建民众对银行的信心，并于 1933 年 3 月 9 日通过了《紧急银行法》，允许美联储按照银行持有国家证券面值的 100% 和支票及其他短期票据面值的 90% 向银行贷款，还可以向银行提供无抵押贷款，注入流动性，保证银行的支付能力，从而很快平息了挤兑风潮。但是，由于经济低迷，通货紧缩成为一个更为棘手的问题。

经济低迷与通货紧缩是两个相关联的问题，将通货紧缩变为通货膨胀有利于刺激经济，使之走出低迷。但是，如果直接使美元贬值，可能会引起其他国家货币相应的报复性贬值，前景难料风险很大。于是美国政府将目光转向了黄金。但让黄金升值从而实现美元贬值的好处是由民众而不是政府获得，而如果将民众的黄金收归国有，民众只能拥有纸币，不仅黄金升值的好处由政府获得，而且纸币贬值可以推动消费，扩大需求而使经济走出低迷，于是 1933 年 4 月 5 日罗斯福颁布了美国历史上最不寻常的行政命令之一——6102 号总统令。该命令宣布：

“禁止个人和企业囤积金币、金条和金　，只有少数特定人员和机构可以拥有少量黄金（约 5 盎司）；上交的黄金以每盎司 20.79 美元的比例兑美元纸币；

私藏黄金违反行政命令的人可获十年监禁和 25 万美元的罚款。”

美国政府为了收缴民众的黄金不仅动用了大量警察甚至还动用了情报机关。

1933 年 4 月 20 日美国政府又发布了 6111 号总统令，宣布除得到财政部批准，禁止黄金出口；1933 年 8 月 29 日 6261 号总统令要求美国金矿必须把生产的黄金交售给财政部，交售价格由财政部随后确定，这等于将美国金矿国有化。

在此后罗斯福政府又一直在市场中购买黄金，在三个月内逐步将金价由 20.76 美元拉升到 35 美元，从而使美元大幅贬值了 70%。1934 年美国又通过了《黄金储备法》，用没收的黄金产生的利润为资金建立了外汇平准基金，用于财政部对外汇市场干预或进行其他市场的公开操作。

美国黄金管制是对黄金生产、交易、进出口的全面管制，是其货币政策的组成部分，我国实行黄金管制也同样如此。二十世纪三十年代黄金管制之所以成为多数国家的政策，就是面对经济萧条，为拉动经济而纷纷使货币贬值，而黄金是实施这一政策的天然障碍，因而黄金管制就是为纸币贬值“清障”。这一点今天看得更为清楚，正是黄金非货币化的推进，纸币才得以走上了持续贬值的不归路。在货币博弈中黄金一直是一个不可或缺的角色，直到今天仍然如此。

当时黄金管制禁止了黄金货币在国内的流通支付功能，但黄金仍是公认的国际交易的支付工具。随后第二次世界大战爆发，欧洲变成了战场，保证战争供给和百姓基本口粮成了第一要务，各国为此不得不用自己的黄金输出以换取战争急需的物资，而这些黄金大部分流向了远离欧洲战场的美国。因而当大战结束时全球四分之三的官方黄金储备都汇集到了美国，数量达到了 2.2 万吨。巨大的黄金储备成为美元取代英镑成为国际中心货币的物质支撑力，从而实现了国际货币体系的“变天”。

1944 年二战结束的前夕，在黄金管制的条件下建立了布雷顿森林国际货币体系，在这一货币体系中，黄金的流通支付功能仍被禁止，而且国际贸易结算的主要工具也不再是黄金，而变为了纸币美元。但美元具有法定的含金量，被称之为美金。美国承诺以35美元兑1盎司黄金的国际义务，以保持美元价值的稳定性。而各国货币和美元挂钩形成稳定汇率，从而实现整个货币体制的稳定，因而黄金是这一货币体系运行和稳定的基础和基石。但是，美元的地位巩固后，美国废止了这一基石，布雷顿森林货币体系宣告瓦解。

1972年美国宣布不再履行以35美元兑付黄金的承诺，从而美元与黄金脱钩，布雷顿森林国际货币体系宣告瓦解。因此，国际货币基金组织开始推进黄金非货币化，并于1978年多数票通过了对《国际货币基金协定》的修正方案，在法律层面上完成了黄金非货币化改革。黄金不再是货币评价定值的标准，废止黄金官价，金价自由浮动，并取消了会员与基金组织必须用黄金进行往来结算的规定。至此从法规层面上讲，黄金的国际货币职能已被全部消除。

黄金非货币化是黄金管制的升级版，使黄金在布雷顿森林货币体系中失去了国内货币功能后又失去了国际货币功能，从而人类也完成了从商品货币向信用纸币的过渡。中国人是纸币的首先践行者，四百多年前明朝开国帝王朱元璋就禁金属币而推行纸币，但从全球视野看这仅是属于局部过渡性事件。二十世纪七十年代黄金非货币化的推进，才使纸币取代金属货币成为全球主导性的货币形态。全球经济也从此全部建立在了信用货币体系之上，这是人类社会开天辟地的第一次，因而信用货币的稳定和主导地位的维护成为政治家和金融家们的核心目标和首要任务。

黄金与信用纸币的价值形成机理完全不同，因而两者价格基本上是呈逆向运动的，所以两者成为天然的竞争者。这使得，以维护信用纸币权威性为核心价值目标的政治家和金融家们即使在实现黄金非货币化改革以后，也保持着高度的警惕防止黄金对纸币权威性的干扰和冲击。

2010年美国发生了一起令全球收藏家们关注的案件——费城琼朗博老妇人

遗产案。1933 年美国实行黄金管制，禁止黄金货币流通而收缴已发行的双鹰金币，并将其熔为金条。物以稀为贵，当代一枚双鹰金币的拍卖价高达 660 万美元，外加 100 万美元佣金。老人继承了上辈 10 枚双鹰金币而与政府对该遗产的合法性对簿公堂，最后老人败诉，10 枚金币的所有权被剥夺，理由是“这些金币从来没有合法流通”。这是因为如果政府承认金币继承的合法性，即意味对黄金货币权的承认，那这一案件就可能使金本位在法律层面上得到确认，而引起对信用货币体系的不可预知的冲击。

黄金非货币化要求各国实现黄金交易的市场化，所以二十世纪七十年代各国纷纷解除黄金管制。加拿大、澳大利亚、新加坡于 1973 年宣布解除黄金管制，日本和我国香港地区以及美国是 1974 年，现在只有少数国家还实行黄金管制。作为后来者，随着 2002 年上海黄金交易所开业，在实际上也宣告我国黄金管制的解除，但政治家和金融家并没有因黄金管制的解除而放弃对黄金市场的干预，只是在手法上由管制变为了压制而已！

国际货币基金组织在法律层面完成黄金非货币化改革之后，各国仍保留了数量巨大的黄金储备，到 2011 年仍高达 3.09 万吨，为人类数千年黄金总存量的 17.98%。对于这一现象我们往往解读为是黄金货币职能仍然存在的标志。但对欧美央行长期行为的观察可以发现，欧美经济发达国家拥有全球近八成的黄金储备，但很少用于国际支付，而是频繁地通过向市场抛售和贷出储备黄金，从而影响金价，这是长达二十余年金价持续走低的重要原因。保持金价的低迷能反衬出信用货币的坚挺，从而有利于保持美元的霸权地位，这是当今政治家和金融家的黄金战略视角。

保持一定比例的黄金储备有增加国家外汇资产安全性的意义。如在特殊的情况下，黄金储备可以成为对信用货币体系功能补充的工具以及信用货币支付能力的最后保障。但面对信用资产的汪洋大海，黄金储备对于信用资产的安全性保障只有辅助性作用，决定性的因素还是信用资产自身。而信用资产价值的稳定性与其社会权威性密切相关，所以为了树立信用资产的权威性而压制黄金是合理而必然的选择。保留巨大数量的黄金储备就是保留了压制黄金价格的能力，这是政治家和金融家们的战略性选择。现在，我们就不难理解为什么一些国家央行会做低价时卖出，高价时买入黄金的“蠢事”了，实际他们并不蠢，而是实现其战略目的的需要，但是否正确又另当别论了。

实施黄金管制基于节约黄金的使用，起初是为了维持金本位制的运行，但对黄金货币职能的限制而使黄金货币使用范围大大萎缩，成为终结金本位制的重要推手。从更大的视野看，黄金管制作为一种货币管理政策的存在是长期的，因为在当今黄金与纸币竞争的格局中，政治家和金融家垂青的是后者，而不是前者。因金本位约束了政治家们对社会经济的干预调控权；而金本位对金融家来说，会使他们在社会财富再分配的博弈中失去呼风唤雨的能力。所以，今天对于金本位制的复兴已有很多讨论，但最终能获得实际成果还有很长的路要走。或许只有信用货币体系矛盾发展到必须进行彻底改革时才有可能。

我国黄金管制的前世今生

我国的黄金管制始于新中国成立之前，早在 1949 年 4 月和 6 月华北解放区人民政府和华东军区就先后颁布了《金银管理办法》，随后华中、华南地区也相继跟进。该办法禁止黄金自由流通。新中国成立后的 1950 年，在之前的基础上政务院颁布了《金银管理办法》，三十多年后的 1982 年又经进一步修改后国务院颁布了《中华人民共和国金银管理条例》（以下简称“《金银管理条例》”），从而不断地强化黄金管制体制。虽然 2002 年 10 月随着上海黄金交易所的正式运行黄金管制已解除，但《金银管理条例》实废明存，至今未正式宣布废止。我国是世界上实行黄金管制时间较长的国家之一。

我国禁止黄金自由买卖，无论是矿产金、副产金，还是回收金，甚至从废料中提取的黄金也必须交售给人民银行按计划配售，这一政策实行了 53 年。这一政策的起因与当时的货币政策有关，但不是为了建立保证信用货币发行的准备金，而是基于当时黄金是人民币的市场竞争对手，以期通过黄金管制抑制黄金货币功能的发挥，最终迫使黄金退出与人民币的竞争，从而使人民币的市场权威得以确立。当时新中国从国民党政权接收的只有区区七千两黄金，所以没有条件把人民币的稳定建立在黄金的基础上，故只能以行政的力量推行人民币，因而必然要强力控制黄金，使其丧失货币的功能，减少或消除黄金对人民币权威的威胁。对于刚刚诞生的新中国来说，确立人民币的市场权威是稳定经济的前提与基础，这对于一个新政权来说显然是生死攸关的大事。因而我们从稳定经济、稳定政权需要的大局看，当时进行黄金管制是必要的，也是合理的。

黄金管制的实施使黄金完全丧失了国内货币职能，消除了竞争对手的人民币很快在市场上站稳了脚跟。我国的人民币体系与国际布雷顿森林货币体系比较，虽然都以纸币为主要的流通支付手段，但在布雷顿森林货币体系中的纸币价值是以黄金为基础的，而人民币则完全是建立在信用的基础之上的。对于国际货币体系来说这是二十年以后的事了，人民币与黄金挂钩不是不愿意，而是不能为，因当时没有与黄金挂钩的物质条件。

总的来看，在历史上我国是一个贫金的国家，多数的朝代年产金量只有三四万两（1 吨 =3.2 万两）。1911 年年产量曾达到过 15 吨，但这只是一颗很快便消失的“流星”，新中国成立时的 1949 年黄金年产量仅有 4 吨多。因此我国历史上沉淀下来的黄金数量并不多，而且为数不多的国家黄金储备绝大多数也被掠到了台湾。据报道，大约 450 万两的黄金分七次被运往台湾，可以说给新政权留下的黄金储备几乎为零（仅为区区的七千两），因而发行人民币不可能以黄金为基础，新政权没有用黄金支撑信用纸币权威的能力。

蒋介石政权垮台之前对民众财富强取豪夺，通货膨胀达到天文数字，1949 年 4 月国民党统治区商品价格比 1946 年 12 月的价格水平上涨了 5400 多万倍，也就是说每个月平均上涨 90%（米尔顿 · 弗里德曼著《货币的祸害》）。饱受通胀困扰的民众极端不信任纸币，而信赖金属货币，所以推出人民币的初期不少商家拒收，更多的人不敢储存人民币。发行的人民币很快又回笼，使人民币不能流通起来，这种情况下大量的黄金投机行为又借机兴风作浪。所以为了使人民币在市场上站住脚跟，把黄金挤出市场是一个必然的选择，于是就有了新中国第一场经济战线上的攻坚战——1949 年 6 月 10 日以迅雷不及掩耳之势查封了上海外汇黄金交易市场，黄金被禁止自由买卖，而 1950 年《黄金管理办法》的出台则是对黄金管制的法规化。

事物总是具有两面性，在无奈的情况下人民币与黄金脱钩，而完全建立在国家信用之上，比布雷顿森林国际货币体系崩溃早了 20 多年，因而与当时金汇兑国际货币体系形成了区隔，而独立的货币体系成为我国保证政治与经济独立性的基础，避免了 1971 年美国宣布停止以 35 美元官价兑黄金而产生的冲击。而今天我国开始推进与世界经济的一体化，因而也开始推进货币制度与国际接轨。与国际货币体制接轨是当今改革开放的需要，而在当时保持货币的独立性对政治与经济的独立性是极为必要的保障。

因在布雷顿森林国际货币体系中黄金仍具有国际通货功能，所以新中国开展国际贸易仍需使用黄金货币，但新中国在政治上选择了一边倒，成为社会主义阵营的一员而受到西方资本主义国家的全面经济封锁，所以新中国成立初期我国对外贸易主要是与社会主义国家进行，尤其是与当时的苏联进行，而且除获得无偿援助外的商业性贸易又主要是与其他社会主义国家以以货易货的方式进行，并不是用硬通货结算，所以黄金的硬通货功能在当时也被边缘化，而不能发挥。在黄金无用的情况下，黄金生产也被边缘化，得不到重视。

正是因为如此，黄金成为新中国少数到二十世纪七十年代中后期还尚未超过历史最高产量的产品。虽然从六十年代起就有高层领导多次发表谈话指出要重视黄金生产，但直到七十年代中期才有了根本性变化。所以，我国黄金生产力水平长期处于低位，产量极低，为长期黄金供给极度短缺留下了隐患，这也是我国在二十世纪七十年代中期以后不得不采用群众运动等非常规手段大力增加黄金生产的历史原因。

除蒋介石政权从国库中掠往台湾的约 450 万两黄金外，当时中国人民银行估计在民间还有存金约 500 万两，而 1949 ～ 1952 年的三年间矿产金总量为 29.294 吨，折合 93.74 万两，因而当时中国内地黄金总计保有量在 600 万两左右。1952 年中国人民银行黄金储备已达到 500 万两，也就是通过黄金管制在短短三年的时间里就把当时社会 80% 以上的黄金存量集中到了国库。由于国家控制，中国内地的黄金存量已基本变为国家储备资产，退出了市场流通，因而黄金不能再对人民币的流通支付功能造成威胁，人民币全面占领市场，黄金管制的第一期目标顺利达成。但这并不是黄金管制任务的终结，因为旧的问题解决了，新的问题又出现了。

二十世纪六十年代在天灾人祸双重作用下，我国经济进入了一个困难时期，农作物产量大幅减产，基本的粮食供应都难以保证，为此不得不从西方市场大量进口粮食，而那时国家创汇的能力很低，所以黄金成为主要的支付手段。从 1949 年至 1964 年我国总计生产了 248 万盎司（77.158 吨）黄金，而黄金储备不增反降，1962 年国家黄金储备比 1958 年又减少了 200 万盎司，由 500 万盎司下降到了 300 万盎司，因而我们推断此间先后出口了不低于 450 万盎司（约 140 吨）的黄金，以解燃眉之急。另外，中苏关系在六十年代开始破裂，与社会主义国家的以货易货的外贸体系也不复存在，因而国家对现汇的需求越来越大，黄金作为硬通货的功能开始日益显示了出来，所以保证国家对硬通货的需求成为我国黄金管制的历史新使命。

在新中国成立初期实行的黄金管制是基于内政的需要，为了保证人民币的市场权威性，但当内忧消失后又出外患，因而黄金管制在人民币权威地位确立之后不仅没有解除，反而被强化。这是因为当时我国创汇能力很低，国家外汇极度短缺，而相比较增加黄金生产，提高黄金生产量是成本最低、最可靠的增加外汇途径，所以黄金生产开始得到重视，因而就有了 1964 年 6 月毛泽东主席在当年中央工作会议上“要多挖金子、银子”的表态。毛泽东主席对于黄金的重视除国家生存的现实需求外，还有更深的历史渊源，在其革命的初期就已与黄金结缘。

曾担任毛泽东主席警卫员、已故老长征干部吴吉清所写的《在毛主席身边的日子里》一书中记载：1932 年 8 月毛泽东主席亲自选址决定建立了中央苏区秘密金库，存放收缴的黄金。当撤出苏区开始长征时，将金库中的金银分给部队，由战士负责背着行军撤离，这部分金银不仅成为长征的重要经济支柱，而且部队到达延安后，在反国民党经济封锁时也发挥了重要作用。解放战争时期，在西柏坡总部内也建有秘密金库，承担战略任务的部队出发时总会带一些黄金以备紧急之需。由此还发生了一个使开国大将黄克诚蒙冤的"黄金大案"。1945 年 9 月，黄克诚奉命率苏北新四军三师进军东北，数万大军行动需大量经费，为了应急除换取一定法币外，又携带了一万两黄金。虽然黄克诚一生清廉，但 1959 年为黑黄克诚，吴法宪在中央军委扩大会上据此提出黄克诚贪污黄金的指控，历时四年追查，没有找到任何问题。"文化大革命"又旧账重提，使多个相关人员受到牵连，深受不白之冤，直到 1980 年才彻底平反。毛泽东等老一代革命家对黄金在紧急情况时的作用的认知无疑是深刻的。

我国经济的另一个困难时期是二十世纪七十年代。到 1975 年"文化大革命"已进行了十年，在这十年间政治运动频繁，国民经济已到崩溃的边缘，连人民最基本的生活需求都难以保证，物资极度匮乏。那时为了解决民众的吃饭穿衣问题，中央决定引进 18 套大化肥、大化纤成套设备，投资 136.8 亿元，再加上其他进口设备，总投资超过了两百亿元。这是继新中国成立初期从苏联引进 156 个成套项目之后的第二次大规模引进成套设备。为此外汇需求大增，但因国家自身外汇短缺，在 1978 年甚至不得不到国际市场借用年息高达 15% 的现汇，以解燃眉之急。在这种情况下，周恩来总理把黄金生产作为一项战略性任务委派王震副总理亲自抓，从而开始了一场全民动员增产黄金的运动，以增加国家的外汇支付能力。

国家高层之所以关注黄金，我们还可从黄金在我国外汇储备中的比重窥见一斑。二十世纪五十年代黄金在外汇储备中的比重平均为 57.15%；六十年代因大量出口用于外汇支付，比重下降到了 39.79%；七十年代又上升到 65.79%，其中 1973 年黄金储备比重高达 91.34%。可见这三十年中黄金储备一直是国家最重要的外汇拥有形式，对于保证国家外汇支付具有重要意义。

1978 年我国开始推进改革开放使我国创汇能力逐步提高，外汇储备规模迅速扩大，现汇收入比重上升，到八十年代发生了以下标志性变化：

1. 八十年代我国外汇储备规模出现了一个数量级的增长。1982 年我国有史以来外汇储备首次突破了百亿美元大关，达到了 111.25 亿美元；八十年代外汇储备规模年均达 134.087 亿美元，是七十年代 11.669 亿美元的 11.49 倍；1990 年外汇储备达到 285.94 亿美元，是改革开放起步之年 1978 年的 18.04 倍。这些数据都表明改革开放事业的推进使我国二十世纪八十年代外汇储备在数量上有了极大的增长，国家外汇极度短缺的问题出现了缓解的势头。

2. 现汇数量增加而黄金储备一直保持在 1267 万盎司（394 吨）左右，所以八十年代黄金储备在外汇储备中的比重下降到 28.11%，比七十年代的 65.79% 下降了 57.27%。黄金由外汇储备主体部分变为从属部分。这开启了黄金储备外汇支付功能边缘化的进程。

3. 外汇供给形势的好转缓解了外贸支付的压力，因而 1982 年重新恢复了市场黄金首饰供应，以加速货币回笼，抑制已出现的通胀。虽然开始投入的黄金数量并不多，但也反应出黄金已开始从外汇职能向商品职能的回归趋势。我国黄金储备的功能由单一的满足国际市场硬通货需求开始向同时也要满足国内市场商品需求转变。

二十世纪八十年代我国外汇收入大幅增长的同时，黄金生产也持续发展，黄金产量年均递增 10.66%，1990 年的产量是 1980 年的 2.73 倍。在外汇增收、黄金增产的双重因素的作用下我国外汇支付能力大大提高，但是因引进和外贸的扩大，外汇的需求增长也很快，所以外汇短缺的基本格局依旧。甚至在 1981 年不得不宣布 1978 年签约的一批大型成套设备引进项目因存在外汇缺口而不能执行，国家信誉受到重创。

八十年代我国外汇储备格局虽发生了多方面的变化，但以解除黄金管制的要求衡量，这些还只是质变前量的积累过程，尚未到质变的临界点。1982 年虽然国际货币体系的黄金非货币化已经推进了十年，国内经济形势也已发生了很大变化，但黄金管制不仅没有解除，反而进一步被强化，这一年国务院正式颁布了《金银管理条例》。法规的进一步强化使黄金管制得以又延续了二十年，直到 2002 年，但是，解除黄金管制的条件在此时已开始酝酿形成。1982 年以后的这二十年实际是我国黄金硬通货功能不断弱化，而逐步转向满足国内需求的二十年。

为了改革长期被计划体制扭曲的商品价格，二十世纪八十年代实施了价格机制改革，因此引发了两位数的通胀，抑制通胀成为当时我国经济生活的一件大事。当时黄金硬通货的作用有所弱化，使得人民银行能够动用黄金储备作为抑制国内通胀的手段。1982 年恢复了黄金首饰供应之后，1985 年向市场一次投放一百吨黄金生产首饰，以加快资金的回笼，稳定国内金融市场。这一次向国内市场投入的黄金数量相当于 1949 ~ 1966 年十八年黄金产量之和，如果国家外汇极度短缺的问题没有缓解，是不可能做这样的选择的。虽然之后又很快收紧了国内市场黄金的投放量，但这一事件的本身就具有标志性意义。

进入九十年代，随着我国外汇收入的进一步增长，黄金在国家外汇储备中的地位逐步边缘化，商品属性日益显现。2000 年我国外汇储备比 1991 年增长了 2.94 倍，达到 1680 亿美元，而黄金储备一直没有变化，仍为 395 吨，以当年平均金价计算价值为 30 亿美元，仅占外汇储备总量的 1.75%，到 2001 年即黄金管制解除的前夕，我国黄金储备量较 2000 年上升了 26.84%，但黄金储备在外汇储备总量中的比重仅增长 0.24%，所占比重为 2.04%。总之，这些变化表明黄金储备在外汇储备中已被边缘化，所以因外汇短缺而实施黄金管制的必要性正逐步消失。

在黄金硬通货功能边缘化的同时，民间用金量快速增长。一是我们中华民族拥有深厚的黄金历史情结，有着强烈的需求欲望；二是改革开放使民众的经济收入不断提高，有了日益增长的购买力。但是，由于黄金仍处在管制状态，黄金商品市场和投资市场均未开放，民众用金需求增长主要是在黄金首饰市场上表现了出来。1982年我国已经向民众开放了黄金首饰的市场，黄金首饰市场成为当时民众合法获得黄金的唯一途径。

1982年为抑制通胀、加速货币的回笼而恢复了从二十世纪六十年代停止的黄金首饰的市场供应。开始时因民众经济收入水平低，黄金首饰需求量很小，只有4亿元左右（不足4吨）；八十年代虽有较快的增长，但总的需求年均也仅不到30吨；而进入九十年代出现了一个数量级的增长，我国迅速成为全球主要的黄金消费国，需求量先后突破了百吨、两百吨、三百吨三个“百吨”大关，1997年达到了创纪录的339吨，居印度、美国之后的世界第三位。黄金需求量的快速增长也拉动了黄金首饰加工业的发展，从而造成香港地区珠宝首饰加工厂大量内迁，所以与香港毗邻的广东省深圳市在不到十年的时间里便迅速形成了一个黄金首饰加工企业集群。

根据英国黄金矿业服务有限公司出版的《黄金年鉴》发布的数据，二十世纪九十年代十年间我国黄金首饰需求量高达2896.2吨，远远超出这一时期我国的黄金产量，这一时期我国矿产金产量总计才有1276.19吨，仅能满足需求的44.06%。1991～2000年我国黄金首饰消费量与矿业金产量变化如表1–1。

表1–1　　1991～2000年黄金首饰消费与矿产金量变化表

年份 项目	1991	1992	1993	1994	1995	1996	1997	1998	1999	2000
首饰需求（吨）	223.5	340.0	305.5	324.0	313.3	288.7	339.0	243.3	215.3	205.6
矿产金产量（吨）	76.16	84.03	94.55	90.20	108.41	120.61	181.61	177.62	169.09	176.91
矿产金/需求量（%）	34.08	24.71	31.15	27.84	34.60	41.78	53.72	51.74	78.54	86.05

（资料来源：黄金首饰需求量摘自《黄金年鉴》；矿产金产量摘自《中国黄金年鉴》）

黄金在外汇储备中的边缘化和黄金首饰需求的数量级增长，表明我国黄金的社会属性在二十世纪九十年代出现了由外汇向商品转变的趋势，也就是黄金货币属性的隐形化趋势。这一趋势的出现表明解除黄金管制的条件开始逐步成熟，但在这个时期解除国内的黄金管制还不到火候，主要是因为外汇支付矛盾还未从根本上解决。

我国外汇储备虽然1982年突破了百亿大关，达到了111.25亿美元，到九十年代末的1990年又增长了1.57倍，达到了285.94亿美元，而在这九年中有五年国际贸易是逆差，出现了赤字，因而保证国际支付的压力仍很大，所以在八十年代国家一直严格控制黄金国内需求的增长，每年只有三五吨的内配指标。进入九十年代初的1993年黄金储备虽然没有变化，但外汇储备却比1990年下降了25.86%，由285.94美元下降到212亿美元，发展形势并不乐观。当年黄金市场化改革大潮汹涌之时，国务院的应对之策是放开价格，而不是放开市场，以维护黄金管制为改革工作主轴，直到九十年代后期才真正出现转机，这是因为我们国家外汇储备又上了一个数量级，突破了千亿大关。

在黄金管制的情况下，我国对国内黄金需求采取抑制政策，因而黄金供给不能满足黄金首饰需求的增长。一方面这对我国黄金首饰制造业的影响巨大，是二十世纪九十年代后期黄金首饰加工业出现了一次大洗牌的原因之一，而现在黄金首饰制造业的佼佼者大多已是新世纪之后的后来者。另一方面，巨大的市场供应缺口刺激了地下黄金交易，而使黄金及黄金首饰走私泛起，而且久禁不绝。

我国黄金管制存在了五十三年，从产生到解除都是一个货币管理问题。二十世纪九十年代我国出现了黄金外汇功能的隐性化而使黄金储备在外汇储备中边缘化，是2002年解除黄金管制的根本原因。黄金外汇功能的隐性化并不是黄金外汇功能的消亡，黄金仍然是当今公认的绝对财富，所以一旦形势变化，它的货币功能又会由隐性变为显性，这已是一个共同的认知，但许多人并不是从一开始就认识到这一点的。黄金外汇功能的隐性论使黄金商品论一度大行其道。黄金商品论不仅是我国黄金市场化启动的指导理论，也是我国黄金市场组建方案的设计原则，笔者也不能免俗，也曾是黄金商品论的信奉者，虽然是最早对这理论提出质疑的人之一。黄金商品论是我国黄金市场化改革的第一个认知误区，直到 2000 年左右才在社会主流意识上得到更新调整。

黄金管制作为一个货币管理问题，其存亡与货币管理的需求密切相关。在我国，它的存在又以计划管理为基础，因而它的存亡又与我国经济改革密切相关。我国经济管理从计划体制向市场体制转轨改革是破除黄金管制的政治条件，所以黄金市场化随经济体制改革而推进。解除黄金管制，实现黄金交易市场化，从本质上讲是一个货币制度改革问题，它是我国经济市场化改革的一部分，因而也是一个经济体制改革问题。之所以 1993 年是我国黄金市场化改革元年，正是因为之前的 1992 年 10 月党的十四大刚刚明确经济改革市场化方向，而黄金市场化改革兴起是对十四大的直接回应。黄金市场化改革运动正是在十四大经济市场化改革的大旗指引下发生的，因而在我们分析货币管理改革的经济因素之后，还应对我国经济体制改革的政治因素变化做观察分析。

市场经济和计划经济是属于经济学中的两个概念，但在我国却深深地陷入了长期政治的纷争之中，即市场经济是资本主义生产方式的代表，而计划经济则是社会主义生产方式的代表。在两大社会阵营对峙的冷战时期，对于经济模式的选择就意味着政治上的选边站，已选择社会主义道路的中国自然是计划经济的忠诚实践者和市场经济的批判者。在中国，市场经济长期是被批判的异类，而颠覆这一传统观念的是邓小平，也正是这一拨乱反正使中华民族摆脱了迷茫，开始走向了复兴之路。

历史关头邓小平同志选择了担当

市场是人类社会交换的产物，并随交换的发展而发展，市场经济是商品经济发展的高级阶段。当今市场经济不仅已是人类主导性的生产方式和经济模式，而且已经成为人类主导型的生活方式，每一个人从一出生起每时每刻就都始终生活在商品交换之中，这是当代人类的一种生存状态，因而面对市场经济已是再自然不过的事情。但是，由于战后两大政治阵营冷战对峙，市场经济被赋予了浓厚的政治内涵。而在中国更因一次又一次危及人身安全的政治运动的发生，市场经济成为谈之色变、避而远之的凶神恶煞。因而，所谓市场化改革是当代发生的一个具有特定的政治内涵与经济特征的社会改革运动，为此我们需要从东西方两大政治阵营对峙谈起。

1945 年第二次世界大战结束，战场尚未打扫干净，反法西斯同盟便发生了分裂，一分为二为以苏联为首的社会主义阵营和以美国为首的资本主义阵营，这是政治目标追求的不同而出现的分裂。前者追求财富均等,分配公平而讨伐私有；后者捍卫财富私有，在保护人权的名义下讨伐平均。这是两大阵营的政治对立。于是，各自为了证明自己是人类社会的发展方向而开始了长达近半个世纪的经济上的和平竞争。以追求公平为经济目标的社会主义阵营国家采用了以行政指令为行为轴心的计划经济发展模式，而以追求财富私有权的资本主义阵营国家采用了以市场指令为行为轴心的市场经济发展模式。因而两大阵营的政治对峙又成为两种发展模式的比拼。计划经济曾使苏联取得令人观止的成就而成为大战后新兴独立国家效仿的榜样，但是，其社会资源配置低效率的弊端日益显现，随着1991年苏联的解体这种经济模式的比拼宣告结束。

对于两种经济发展模式的优劣长短的反思今天还在进行着，但摆在我们面前的一个现实是，随着苏联的解体，市场经济成为了世界主导性的发展模式，所以原来实行计划经济的国家纷纷推进经济改革，摒弃计划经济向市场经济转变。人们把这种从计划经济向市场经济转轨称之为市场化改革运动。中国的经济市场化改革也属于这个国际性运动的范畴。

二十世纪九十年代出现了一个经济转轨的国际潮流，而对于计划经济弊端的反思及改良思潮出现得更早（同样对于市场经济的反思及改良也在进行），可以上溯到二十世纪七十年代。而在我国，对于计划经济的反思和改革一度成为政治上的禁区，一些思想先驱因此而蒙难。将计划经济与市场经济对立起来的观念一直延续到改革开放的前期，突破传统思想的束缚，确立我国经济改革市场化方向的是邓小平同志，这是他在历史的关头敢于担当力挽狂澜之举。

我国在国际经济体制转轨改革运动兴起之前的1978年就已开始了经济改革。在经济改革之初就不乏对计划经济的批判与反思，但是批判与反思是基于改善计划经济运行效率，而不是否定，更不是要建立新的经济体制，因而我国经济改革是以企业改革起步的，主要是围绕着使企业成为自主经营、自我发展、自负盈亏的商品生产者和经营者而展开的。企业改革的目的是提高企业运营效率，构建有活力的经济细胞，从而完善和改进计划经济体制。一直到1992年中国共产党十四大才正式将建立社会主义市场经济体系作为经济改革的最终目标，从此从计划体制向市场体制转轨才成为我国经济体制明确而统一的改革目标。而我国经济体制市场化改革又恰是在国际上出现社会主义国家经济市场化改革运动的大背景下确立的，并成为了这一国际运动的重要组成部分。在“休克疗法”和“渐进改革”的两种转轨模式的选择中，我们正确地选择了后者并取得了成功，中国经济模式改革日益被世界关注。

我国经济体制的市场化改革是国际社会主义国家市场化改革运动的重要部分和成功者，而黄金市场化改革是我国经济市场化改革进程中的一个标志性的事件。我国黄金行业发展长期是在黄金管制的条件下推进的，因而具有很浓的计划经济色彩，这样一个行业也选择和开始了市场化改革在当时确实产生了很大的轰动，标志着我国的经济市场化改革已不可逆转。

1949 年新中国成立，我们以苏联为学习榜样逐步建立了完整的计划经济体系。这一经济体系曾寄托了我们民族复兴的希望，但这一经济体系在运行中的低效率日益成为影响我国经济发展的因素。经济改革的紧迫性日增，但对市场化改革方向和路径的选择，我们经历了数十年的探索过程。从闭关锁国到改革开放，我们走过了二十九个年头；而从企业改革到市场经济体制改革目标的确定又用了十四年的时间。

在经历了动荡与曲折之后，1978 年，我们终于告别了“动乱的十年”，而迎来了拨乱反正、改革开放的历史新时期。“拨乱”就是停止了以阶级斗争为纲领的政治路线；“反正”就是确立以经济建设为中心的经济路线；“改革”就是创建新经济体制，建立新型社会主义社会；“开放”就是走全球经济一体化之路，复兴中华民族。这是百年来民族图强的又一次历史选择。

为了民族图强，百年来仁人志士前仆后继，从维新改良到暴力革命，在我国近代历史上演出了一幕幕惊心动魄的剧目；社会思潮风起云涌，从孔孟之道到西方先圣，林林总总。但是，进步总是伴随着反复，我们经历了太多的曲折和挫折，因而当这次历史选择出现之时需要我们的民族有更深层的反思，需要更彻底的思想解放。

1978 年，中华民族的这次历史选择很大程度是被动的，是基于“文化大革命”十年浩劫已使我国经济面临崩溃边缘而不得不为之策。既缺少充分的理论准备，也缺乏前期方案设计准备，但改革迫在眉睫，因而在推进的过程中只能摸着石头过河，在探索中前行，所以改革开放推进的前期充满了认识的分歧和路径选择的争辩，甚至使这个难得的历史机遇选择面临夭折的危险境地。

1978 年 12 月 18 日举行的中国共产党十一届三中全会确立了以邓小平为核心的中央领导集体，做出了将党的工作重心转移到社会主义建设上来的决策，提出了经济体制改革的命题，从此开启了我国建立新型社会主义经济体制的改革进程。改革的初期基本上是着眼于改进传统的计划经济体制运行效率，改革的推进的切入点是企业改革，主要改革内容是扩大企业自主权，建立自负盈亏的新型企业制度。五年后的 1984 年，中国共产党十二届三中全会提出了要建立计划经济与市场经济相结合的经济体制，改革进入了经济体制改革阶段。

这一改革的核心是要确立市场机制对社会资源配置的基础作用，对于经济市场化改革取向的确立涉及对社会主义经济本质内涵的评价，因而争论并没有因十二届三中全会的召开而停止，特别是之后国际国内发生的一系列的政治风波，使对经济改革市场化取向的争论上升到了一个极高的政治层面。

1989 年是一个动荡的年份，一定会在人类历史上留下不可磨灭的记忆：这一年夏天，在中国发生了波及全国的政治动乱；10 月匈牙利政局剧变；11 月 9 日存在了 28 年的柏林墙被推倒；12 月 22 日，罗马尼亚政权变天，三天后其最高领导人齐奥塞斯库被枪决。随后，波兰共产党 1990 年竞选失败，团结工会领导人瓦文萨当选；多米诺骨牌效应使捷克也发生了政权更替。在东欧社会主义国家政权纷纷变色的同时，强大的苏联也开始动摇，最终于 1991 年 12 月解体。从此，第二次世界大战后形成的两大阵营长期对峙的政治与经济格局宣告瓦解，不复存在。

“苏东剧变”和 1989 年在我国发生的政治动乱所产生的影响是巨大的，在惊骇之后便是旷日的反思。基于不同立场和不同的思考角度，因而反思得出的结论也有天壤之别。一些人认为社会主义的经济基础是公有制，而计划经济是公有制的基本特征，所以在防止和平演变的旗帜下公开反对经济改革市场化取向。

反对市场化改革取向思潮认为发展市场机制是走资本主义道路，改革要问姓“社”还是姓“资”。在当时一些上层领导的支持下，这股思潮一度占据了社会的主导地位，不仅市场化改革的讨论受到打压，改革者失去了话语权，而且刚有起色的经济也在治理整顿中变冷。一时暗流涌动，气氛诡异，去从徘徊，“中国将向何处去”再次成为一个严峻的课题摆在了每一个中国人的面前。

在这个严峻的历史关头，已经退居幕后数年的邓小平显然没有失去理性的判断，并保持着一个革命者的坚定和冷静，为了推动遇礁而搁浅的中国前行之船，他没有逃避而是选择了担当，再一次亲临一线承担起了舵手的角色，负起引路的责任，他不再沉默，在挑战面前他看到的是机遇。

1991 年初春，北京的政治空气依然使人窒息。但是，2 月 15 日至 4 月 12 日上海《解放日报》先后刊出了四篇署名“皇甫平”的评论，提出冲破囿于姓“社”还是姓“资”的诘难，继续坚持解放思想，大胆改革。甚至在第二篇评论中明确提出“社会主义也要搞市场经济，市场和计划只是手段，并不是区分社会制度的标志”。这四篇评论是根据邓小平在上海过春节时的讲话精神而写作的，评论的内容反映了邓小平的观点，而邓小平亮明自己的观点就是表明自己已亲自参与到这场事关中国前途的论战。

四篇评论尚未发完，批评的文章就已接踵而至，改革要问姓“资”还是姓“社”，反对所谓中国的资产阶级自由化的看法在一些高层领导的影响推动下市场逐步扩大：6 月《人民日报》发表了邓力群的长篇文章《坚持人民民主专政，反对和防止和平演变》，重提要坚持阶级斗争。8 月下旬《求是》杂志发表《沿着社会主义方向继续推进改革开放》，文章说：“我们要划清两种改革开放的界限，一个很重要的方面，就是问一问姓社姓资。”除此以外，还有人对《解放日报》四篇评论文章的作者和相关人员公开诘难，最终由邓小平亲自出面表态处理，“皇甫平”事件才逐渐平息。

响鼓还要重锤，1991 年春节上海讲话遭遇寒流，所以 1992 年 1 月 28 日至 2 月 21 日，已 87 岁的邓小平南下广东视察进一步提高了讲话的“分贝”，他明确指出：“计划多一点还是市场多一点，不是社会主义和资本主义的根本区别……社会主义的本质是解放生产力，发展生产力，消灭剥削，消除两极分化，最终达到共同富裕……改革开放胆子要大一些，抓住时机，发展自己，关键是发展经济。发展才是硬道理。”在深圳他用了许多时间谈“姓‘社’还是姓‘资’”问题。他说：“深圳建设的成就明确的回答了那些有这样那样担心的人，特区姓‘社’还是姓‘资’，有的人认为多一点外‘资’就多一点资本主义，这些人连基本的常识都没有。”

邓小平“南巡”讲话如同一场及时雨，使干枯的土地获得了生机，一时加快改革开放成为社会舆论的最强音，更为重要的是给彷徨的中国经济改革指明了方向。邓小平“南巡”讲话使经济改革走出了政治纷争，回归了市场经济的经济属性，使我们找到了一条有别于苏联的经济发展之路——建设社会主义市场经济体系，从而也实现了一次观念革命。

邓小平在全党具有无可争议的权威地位，所以在这一个历史的转折关头发挥了一言九鼎的作用。“南巡”讲话明确了改革航船的前进方向，也迅速地统一了全党的认识。1992 年 6 月 9 日，时任党的总书记江泽民同志在中央党校省部级干部进修班上的讲话首次提出了“社会主义市场经济”这个概念，并得到了社会的广泛赞同。在此基础上，同年 10 月 12 日举行的中共十四大的报告中明确提出：“我国经济体制改革目标是建立社会主义市场经济体制。”至此，十多年改革取向之争宣告结束，中国从此走上了创建新型社会主义之路。

近代百多年来，无数仁人志士前仆后继地寻找中华民族的复兴之路，如今这一宏愿终于得以实现，我国经济发展进入了一个又好又快的历史时期，确立市场化方向二十年后的今天，我国已发展成为仅次于美国的世界第二大经济体和第一大外贸出口国，是至今仍保持着全球最高经济增长率的国家，成为引领当今全球经济发展的“火车头”。因此，“中国发展模式”也成为一个经济学术语而得到世人关注，“中国因素”成为国际经济频繁出现的词汇，而得到世人瞩目。

中国共产党十四大确立建设社会主义市场经济体制改革目标，对于黄金生产者而言最大的意义是解放了思想。随着改革开放的推进，黄金生产企业的发展环境已逐步发生了极大变化，市场机制日益增强，而因严格黄金管制使企业发展出现的“一头开放，一头卡死”的生存状态，即生产资料的市场化和产品统购统配的计划管理，使得黄金企业发展矛盾日益尖锐，但是在改革姓“社”还是姓“资”的诘问下，对黄金管制提出挑战还有许多顾忌。市场化改革目标确立以后，黄金行业这个计划经济色彩最浓的行业在十四大闭幕之后便立即提出了市场化改革的诉求，其突出表现是1993年黄金私卖的泛起，这开启了黄金市场化改革元年，并且黄金市场化改革的方向得到决策层的确认。

第二章 边远小镇打响"第一枪"

1992年社会主义市场经济目标的确定，是百年来仁人志士探索民族振兴道路之争的终结，是中华民族的历史性的思想解放，随着时间的推移其价值与历史地位逾得彰显。忐忑与迷茫不在，改革必然会得以大步推进。但是出人意料的是，黄金市场这个被视为计划经济最后的堡垒，竟最先被打开了缺口，举起市场经济之帜。而且这一事件是在一个边远小镇发端，几乎与中国共产党十四大的召开同时发生。

感王镇捅了一个大窟窿

邓小平同志“要大胆地试，大胆地改”的话语刚落，辽宁省海城市感王镇就出现了一个民营黄金市场，给黄金统购统配管理体制捅了一个大窟窿。据说是感王镇领导受广东启发：“为什么深圳沙头角可以有黄金市场，我们就不行？”他们把自己的行为称之为“闯禁区”。这种冲击《金银管理条例》的违规行为，因以推进市场化改革为帜，黄金市场主管部门如何应对，在当时成为具有政治方向标意义的事件。

1992 年 10 月，中国共产党十四大确立我国经济改革的最终目标是建立有中国特色的社会主义市场经济体系，使我国经济改革走出困惑，重新起航。市场经济不再是一个异类，而成为全党、全民追求的愿景，这是一次思想的大解放，从而使改革从对计划经济体制运行效率的改善进入到了对计划经济体制全面反思和全面探讨建立社会主义新型经济体制阶段。思想的解放必然推动出现一个更大转轨的改革热潮，而且带有更重的从改良到革命的转变色彩。

从对计划经济体制改良到对计划经济的扬弃，我国经济体制改革基本取向发生了根本性的调整，感王黄金市场正是这一个改革取向调整的产物，所以，从大方向看这种行为违纪却合理。黄金管制要求建立的是一个由人民银行对黄金统购统配的市场，人民银行是黄金交易的唯一合法者，具有垄断性和排他性，凡是不经过人民银行进行黄金交易均属非法，并将根据《金银管理条例》的规定受到惩处。但在邓小平同志“要大胆地尝试，大胆地改”的号召下，一些地方政府开始将处于违法状态的地下黄金交易市场引到地上，建立了多处民营黄金市场。

所谓民营黄金市场是由地方政府支持，拥有当地工商部门核发牌照，正式注册登记，但未经中国人民银行审批，因而没有黄金制品特许经营牌照的黄金市场。多数都是黄金首饰经营加工企业参与，从事黄金首饰买卖，但也有的从事黄金交易。在民营黄金市场供需双方直接交易，不再通过人民银行，因而直接冲击了黄金统购统配体制。我国民营黄金市场诞生在党的十四大之前，但在十四大确立了市场化改革方向以后才得到迅速发展，带动全国性改革潮流。民营黄金市场的发展带动了黄金私卖潮的出现，1993 年下半年至 1994 年上半年是一个高潮期。黄金私卖，即黄金不再交售给人民银行，由人民银行统购统配，而是直接进入市场，供需双方直接交易。

黄金私卖并非起始于 1993 年，二十世纪八十年代中后期就已经成为一个社会问题。有人推断这个市场在八十年代中后期交易量已达 20 万两，在当时这是一个不小的数量，为此国务院数次发文要求整顿。而根据《金银管理条例》规定，私自交易黄金超过 50 克就是大案，这是很严厉的，但地下交易却仍一直不能杜绝。原因有二：一是国内金价与国际金价存在较大差异，黄金私卖有利可图；二是体制内指标与需求有较大差距，黄金私卖有客观需求。对于地方政府而言，管理黄金私卖堵不如疏，既可以节约管理成本，又可以搞活地方经济增加税收，因而对之后出现的民营黄金市场取支持态度。

民营黄金市场虽经过了工商登记，具有合法性，但其业务有违《金银管理条例》的规定，不乏以黄金首饰交易为名，从事黄金交易之实。但在推进市场经济建设的大的社会氛围中，这种违规又有推进改革的意义。不仅有大量个体采金者进入了这个市场，而且一些大型国营金矿也进入这个市场交易，从而获得更多的效益。有人认为当年有三成的黄金产量进入了这个市场，导致 1994 年官方统计的黄金产量 19 年来第一次出现了下降。

感王民营黄金市场是当时全国最为知名的民营黄金市场，《中国黄金报》在1993年3月8日以《感王镇出现民营黄金市场》为题公开做了报道。在社会上引起了广泛的讨论，并产生了很大的影响。其示范效应是河南灵宝、山东烟台、陕西潼关等地也相继出现了民办黄金市场，黄金私卖形成潮流，对《金银管理条例》构成挑战，对黄金管制形成冲击。

黄金私卖潮从兴到灭虽只有一年多的时间，但影响深远。民营黄金市场虽然很快由兴转衰，但感王市场的黄金报价直到2002年上海黄金交易所运行初期仍在发挥着影子价格的功能，由此，我国黄金市场出现了二元结构。

感王镇是辽宁省海城市所属的一个乡镇，辽宁海城得改革开放之先机，经济发展迅速，二十世纪九十年代初已跨入了全国百强县之列，居第25位。其经济发展的经验是办大市场、搞大流通，其冬季鲜细蔬菜市场、西柳服装市场在当时全国闻名。而感王镇有手工打造金首饰的传统，许多人都有一手祖传的加工手艺，而且还有个体采金的传统。加工成的首饰大多卖给零售商，所以，在感王镇早就存在着一个非公开的黄金聚散地，久禁不止。吃到了办市场甜头的镇领导认识到堵不如疏，决定把地下交易引导到地面上，纳入政府的管理之中，促使其健康发展，减少负面影响。邓小平南巡讲话的发表给了他们巨大的改革勇气。1992年9月1日，感王镇经济特区内第一家黄金饰品店开业，到1993年1月已有106家金首饰企业完成商业登记，开业96家，其中私营企业93家，集体企业3家。感王镇市场交易使用国际伦敦金价，并随行就市与国际金价接轨，因而交易价格大大高于人民银行收购挂牌价，生产者有入市交易的积极性，另外也给投资者提供了跨市套利的机会。所以，感王镇黄金市场在很短的时间里就在全国有了名气，成为当时民营黄金市场的代表，并成为当时大胆推进经济市场化改革的一个标志性事件。

今天看来，1993年民营黄金市场是个"早产儿"。虽然此时黄金在我国外汇储备中出现了边缘化的趋势，但国家创汇能力仍不足，对满足经济发展而不断增长的外汇需求仍存在很大的不确定性，所以放开黄金管制的条件还不成熟。但在推进经济市场化改革的大旗下，这种“造反”冲击黄金统购统配管理体制的行为抢占了道义上的制高点，显然如用法律惩罚的手段予以处理难以行得通，所以中国人民银行首要的应对之策是“堵”，防止感王镇事件向外传播，将其影响限制在最小范围。于是，人民银行在第一时间就向感王市场发出了整改通知。

感王民营黄金市场诞生在党的十四大召开之前，如果再将筹备的时间计算在内，几乎是在邓小平南巡讲话之后感王黄金市场的组建工作就已启动。人们在敬佩感王镇领导的政治敏锐性的同时，对感王黄金市场出现的政治背景也有种种传言。人民银行对感王黄金市场只是要求整改而不是取缔的这种网开一面的举动对传言也是一种印证。感王镇行为或许有高层的默许，但真实情况至今并不明了。

人民银行根据《金银管理条例》于 1992 年 12 月 28 日发出通知指出：感王镇未经人民银行批准，擅自非法收购矿产黄金和开展金饰品生产、批发、经营业务，严重影响了黄金的收购和储备，扰乱了国家黄金价格政策及金饰品市场秩序。通知要求辽宁省人民银行立即将感王镇擅自开办黄金市场的情况向省政府报告，拟请省政府责成感王镇政府立即停止新点的审批。人民银行对市场的整改提出的要求之一是按当地人民银行和工商行政管理部门的要求对金店重新审查，对确有经营条件的当地店户暂予保留，外来客户一律吊销执照，退出市场。另一个整改要求是缩小各店户的经营范围，取消生产、批发权。不得办理黄金收购业务，业务范围被限制在金饰品零售、代客加工和以旧换新业务之内，这在当时已是一个不小的突破。

该通知虽然将感王镇政府未经批准兴办黄金市场明确为非法，但并未因此宣布感王黄金市场非法，也没要求其关闭停业，而是要求整改，这实际上又承认了感王市场的合法性。这样处理的本身就是对《金银管理条例》的突破。所以，

1993 年 1 月 15 日中国人民银行辽宁分行又发出通知指出，对于感王市场处理只是个案，其他地区的所有这类市场应一律取缔。对于感王黄金市场的网开一面，是否因传说感王市场有国家高层的认可支持就不得而知了。当黄金私卖潮退却之后，辽宁感王黄金民营市场成为全国硕果仅存的民营黄金市场，虽然其不再具有主导全国黄金交易的影响力，但感王市场报价成为国内人民币金价与国际金价接轨的指示器，一直到 2002 年上海黄金交易所运行实现了人民币金价市场化以后，感王市场的这一功能才被边缘化而逐步消失。

中国人民银行对辽宁省感王民营黄金市场的封杀并没有得到社会的一致赞同，相反在中共十四大已确定市场化经济改革方向的政治背景下，辽宁感王市场得到许多方面人士的力挺，并展开了一次黄金市场开放的社会讨论。1993 年 4 月在辽宁海城召开了由辽宁省宣传部和理论研究部以及海城政府组成的三十多人参加的以感王民营黄金市场为主题的研讨会，讨论了感王市场出现的必然性和合理性，同时分析了因此而对我国黄金产业发展的影响。1993 年 6 月辽宁省党校课题组完成了《感王市场该不该办？》的专题报告。该报告指出当今黄金已是一般商品，黄金市场开放，实现自由交易天经地义，理所当然，开放黄金市场有利于抑制黄金外流，有利于发展我国的黄金生产，有利于充分利用黄金资源，开放黄金市场势在必行，而黄金市场开放后不一定是只能由政府、主管部门和人民银行经营，而应实行多种经济成分共存，实行官民并举，并可吸引外资。在以上观点的支撑下得出了以下结论：“总的来看，感王镇的民营黄金市场已得到大多数人的认同。他们认为这个民营黄金市场的创立，是新形势下解放思想、实事求是的产物，适应了发展社会主义市场经济的要求，符合三个有利于的标准。这样的黄金市场不在感王出现，也会在其他地方出现，这是一个不以任何人的主观意识为转移的必然趋势，应当给予肯定、支持和培育。”这些力挺感王黄金市场派的高分贝言论今天看来是多了些政治性的争辩而少了一些理论提升的缜密，因此显得有些口号式的空泛。

感王市场的出现产生了连锁反应，感王市场还是以黄金首饰市场的名义开展经营活动，而此后陕西潼关就挂出了黄金交易中心的牌匾，直接开展黄金交易。1993 年 4 月 7 日上海《文汇报》发表署名文章《呼唤黄金市场》，认为上海要把改革开放的步伐迈得更大一些，黄金市场这一步不能不当机立断地跨出去。同年 7 月国家黄金局负责人透露，已会同轻工部、外贸部、有色总公司等部门呈文国务院要求修改《金银管理条例》。种种情况表明黄金市场化的呼声和行动并没有因人民银行对感王市场的整顿而停止，反而是在更大的社会层面上发展推进。

在加快经济改革、建设市场经济体制的政治氛围中，感王黄金市场的违法行为得到相当多人的赞许，对感王镇政府的这种“自主行为”表示敬佩，说他们是“冒着乌纱帽风险”的改革者。即使中庸者也认为感王虽有些超常规，但这是一个新事物,不易先下结论,而应给予一个尝试的机会看它是否符合“三个有利于”，证明不对，再改不迟。感王市场作为一个敢闯禁区的典范，一时参观访问者络绎不绝，到 1993 年 4 月已有北京、山东、河南、吉林、黑龙江等十多个省市的各级领导参观访问过感王市场。沈阳军区所属各军分区 5000 多官兵进行国情教育也来到感王市场。感王镇作为感王黄金市场的推动者和管理者对未来有更多的期待：成立以六名专家做顾问的金银首饰加工学校、引进外资建立加工基地、建成花园式市场等等。

得到民意支持的民营黄金市场并没有因人民银行对感王黄金市场的整顿而抑制住发展势头，黄金统购统配管理体制的冲击压力日增，那么下一步国务院将如何应对?

1993年：黄金市场化改革元年

国务院基于对未来“八五”时期我国外汇储备情况的评估，确定“八五”期间黄金工作的方针是在稳定国家储备的基础上搞活黄金经营。稳定国家储备就要把保证国家外汇支付能力放在首位，因此国家仍要对黄金实行管制；搞活黄金经营就是根据新情况适当扩大黄金的服务功能，这是一项新的黄金管理任务。搞活黄金经营包括更积极地参与国际黄金市场交易，还可以搞一些黄金租赁等。这些措施是为了增加黄金储备的流动性和盈利性，而在国内要进一步培育发展金币市场，并要增加黄金首饰制造用金的供应，发展黄金珠宝首饰业以繁荣国内市场，努力扩大出口。这一工作方针的确定表明“八五”期间我国决策高层对黄金的功能定位不再是以单一的满足外汇需求为目的，而开始考虑满足内需，管理目标已开始多元，但这些调整变化都是要在黄金统购统配管理体制中进行的。

因“八五”时期保持黄金统购统配管理体制不变，所以黄金发展经济政策也要保持稳定，不做大的调整，继续保持以金养金政策，在以金养金政策的基础上增加固定资产投资，扩大黄金生产规模，确保实现“八五”末黄金产量“保九争百”（即1995年黄金产量确保90吨，争取100吨）的预期目标。所以，完成“八五”黄金产量目标是当时决策层最关注的目标，而黄金政策的稳定是工作主轴，黄金管理体制改革并未列入“八五”工作日程。

1993年民营黄金市场的发展将黄金私卖公开化并推向了历史高峰，因而打乱了政府原来的工作部署，政府不得不将黄金管理体制的改革提上了工作日程。

在我国经济市场化改革目标已通过党的十四大确认、经济改革市场化取向已达社会广泛共识的情况下，黄金管理市场化改革取向已是一个必然选择，这在当时已是没有争论和怀疑的，但问题是如何达成这个目标，即路径如何选择？对此认识并不一致，而有以下三种意见：

1. 一步到位，解除管制。

这部分人士认为1993年破除黄金管制的条件已经成熟，即黄金已成为一般商品，黄金市场化改革应一步到位，实现黄金交易方式由人民银行统购统配计划管理向市场自由交易转变。理由是在二战以后，黄金作为货币和货币本位的功能已逐渐消失，尤其是1972年美国不再以固定美元金价兑换黄金之后，布雷顿森林体系瓦解，西方国家相继放弃了金本位制，纸币和黄金基本脱钩，黄金基本上失去了在国际货币体系中的支配地位，从而还原为一种商品。在国际贸易中，黄金不再是兑现与支付的主要手段，而只是起国际支付准备金的作用。看一个国家金融状况如何，也不是看黄金的多少，而是看外汇储备的多少。

这是黄金商品论者，他们认为黄金已是一般商品。黄金市场开放是大势所趋，黄金进入市场自由买卖天经地义、理所当然，开办黄金市场也无可非议。黄金商品论者为民营黄金市场造市，为其合理性提供理论的依据。黄金商品论的对错我们先不做置评，只就其自身而言，“黄金不再是国际贸易的兑现与支付的主要手段，看一个国家金融状况如何，也不是看黄金的多少，而是看外汇储备多少。”此话并无错误。但是，问题是当一个国家没有外汇或外汇极度缺乏时，黄金就比一般商品在外汇支付上更重要，因而黄金是当今唯一的外汇替代品，仍可做一种支付手段而为金融提供支持，是一个国家外汇储备重要组成部分。而当时我国的情况恰恰如此，为了保证国家外贸的支付能力，而需继续对黄金进行管制。内需和外需比较，当时满足外需对于国家经济发展更重要，而只能选择管制抑制内需，使数量不多的黄金优先满足国际贸易支付需求。因此，黄金商品论不是解除黄金管制的充分理由，决策层没有采取一步到位的改革路径，相反而是紧急叫停了民营黄金市场。

2. **条例仍存，体制依旧**。

这样主张的人士多数并不否定黄金市场化改革，而是认为在“八五”期间还没有推动黄金市场化的基本条件：我国外汇储备仍非宽裕，确保外汇支付能力仍有不确定性。如果立即放开管制，黄金大量流失对保证国家外汇支付能力可能有难以预见的风险。有这样认识的人认为，现在推进黄金管制的解除，建立自由交易的黄金市场是件新事，但不是好事。虽各自理由有许多差异，但当时改革慎重派，并非是少数，从高层对“八五”黄金政策以稳定为主的决策就可窥知一二。

1993 年 3 月 17 日出台的国办 73 号通知只是对黄金收购与配售价格做了小幅调整，而完全没有涉及黄金管理体制改革，对黄金市场化改革呼声没有做任何回应。这显然有违民意，落后于形势，所以通知下达后反应不佳，黄金私卖潮与民营黄金市场兴起，统购统配体制已固守不住，必须改革。五个月后，国务院再发 63 号函，明显地加强了改革推进力度，并将管理体制改革列入了日程，这也是一种自我修正和调整吧！

3. **放开价格，管住产品**。

在黄金管制尚不能解除的条件下推进黄金市场化改革就不能一步到位，而是分步实施，逐步达到目标。这样的改革方案设计是基于黄金具有商品与金融双重属性的认定，因而可以根据不同属性的黄金进行不同的管理体制改革方案设计。黄金市场化改革不再是“齐头并进一刀切”,而是可以根据实际情况选择推进方案。原国家黄金局黄金经济发展研究中心是这一种观点的代表。

我国第一个有关黄金产品管理市场化的研究成果，是 1992 年由国家黄金局黄金经济发展研究中心的课题组完成的，公开发表于《中国黄金经济》和《工业经济研究》。该课题分析认为，在黄金商品属性回归的条件下对黄金统购统配管理改革具有合理性和必要性，但黄金的金融属性仍存，所以我国黄金市场化改革的路径是“职能分流，管理分开”，即对金融属性黄金（黄金储备）和商品属性黄金（市场配售黄金）采取不同的管理方式，前者管住，后者放开。

1993 年 6 月，该中心课题组又完成了《我国黄金市场现实模式选择》的研究报告，主要的观点综述公开发表在《中国黄金报》1993 年 8 月第 97 期。该研究报告在确定黄金放开管制，走向市场改革方向之后，对实现这一改革目标的路径提出了三种模式选择：一是职能分流、双轨运行模式，即将黄金按用途分为“货币黄金”和“商品黄金”。“货币黄金”仍按原计划管理体制管理，“商品黄金”按市场机制管理，放开价格走向市场。二是开放价格、统收专营运行模式，即把黄金价格机制的市场化改革放在黄金产品管理改革的突破口位置上，通过价格机制的市场化推动黄金企业经营机制的转变。三是开放市场、自由交易运行模式，即进行硬件与软件建设，建立自由交易的黄金市场，在建立现货实物交易市场的同时，还要着手黄金期货市场的建设。在比较了以上三种开放模式的利弊之后提出现阶段“开放价格，统收专营”模式具有更大的现实可行性，并提出黄金市场化的路径是先开放价格再开放产品分两步走是该课题的核心政策建议。

从 1993 年国务院 63 号函的内容看，与国家黄金局经济研究中心课题组提出的“开放价格，统收专营”模式选择是相符的，但黄金双重属性条件下的市场化改革思路并没成为社会主流，而黄金商品论成为了社会主流意识。所以，建立一个黄金市场，完成黄金流通市场化成为黄金市场化的最终目标。这一认识上的误区使我国黄金金融市场的发展一度滞后于黄金商品市场的发展。当上海黄金交易所开业时就已发现其自身功能的不足，因而时任中国人民银行行长的戴相龙在开业致辞中就提出上海黄金交易所要从黄金商品市场向金融市场转变的要求，但至今上海黄金交易所的市场定位仍悬而未决。这表明对黄金市场化一开始的认识误区不仅影响了我国黄金市场化路径选择，也影响了上海黄金交易所的长远发展。

1993年当时情况是，要推进黄金市场化改革已是社会主导性的思潮，而在推进黄金市场化的路径选择上又存在认识上的分歧，社会上主流思潮与人民银行对黄金统购统配体制的维护又形成了对峙，在这样的情况下如何选择和平衡需要更高政策决策层做出判断和决断，这就是国务院出台63号函的时代背景。国务院考虑的着眼点一定是大局，这个大局也就是使国家外汇支付手段增强，所以决策的基本依据是对我国外汇支付能力的现状和未来前景的评估。

当时的情况是经过数年改革开放的推进，1982年我国外汇储备历史上第一次突破了百亿，在整个二十世纪八十年代外汇储备虽呈增长趋势，但波动性很大。在此期间外汇储备年平均水平为145.487亿元，1990年达到了285.94亿元，而1993年又下降到212亿元。而且，这一时期随着对外贸易规模的扩大和成套项目引进的增加，外汇支付的压力并没有因外汇储备的增加而减少，外汇仍处于短缺状态。基于这样的现状和未来许多未知的不确定因素，显然放开黄金管制的条件尚未完全具备，所以国务院63号函其首先是一项强化黄金管制、维护黄金统购统配管理体制的政策，而不是一项大力推进市场化改革的政策，并且之后又数次下文多次重申必须加强黄金产品管理，维护黄金统购统配体制，这是我们对国务院63号函政策取向的一个基本判断。但是，63号函也对黄金市场化改革诉求做出了回应，明确了市场化改革方向，所以1993年是黄金市场化改革的起始年，但不是完成之年。国务院63号函的出台成为1993年黄金市场化改革进程的转折点。

国务院63号函的出台不但终结了黄金私卖潮，也为1993年黄金市场化改革运动画上了一个句号。因而1993年我们实现了国内人民币金价与国际美元金价的接轨，只是迈出了市场化的第一步，即使是非常重要的一步，但离全面市场化还有很远的距离。实际上，之后我们又走了十年，才完成了黄金市场从无到有的历史阶段。国务院63号函的工作主轴和宗旨是稳定黄金统购统配工作体制，维持黄金管制而对黄金市场化改革仅是破题，但还提不上是对黄金市场建设的具体推进。但是，国务院63号函出台立即得到了积极回应，很快扭转了乱局，其中的奥妙不是大力推动了黄金市场化进程，而是实现了利益格局的再平衡。很快我们就可以看到此后人们的行为都是在这个新的利益平衡的舞台上演出着各种剧目，所以，直至平衡打破再平衡后，改革才又进入了一个新阶段。利益格局的再平衡稳定维护了黄金管制的大局，但也打破了“八五”黄金经济政策要稳定的工作主轴，开始了一系列经济政策调整与重构，因而又出现了新的矛盾和新的改革形势。

1993年成为我国黄金市场化改革元年，既有必然性，也有偶然性。经过多年的困惑和争辩，党的十四大终于确立了经济市场化改革目标，建立市场经济体制成为全党、全民的共识和愿景，所以黄金市场化改革诉求有其必然性。但是，黄金市场化改革在没有预案和缺少准备的情况下，由一个边远乡镇引爆，因而具有偶然性，也出人意料。虽然黄金私卖潮很快平息，又重回黄金统购统配管理轨道，但此后我国一元化的黄金统购统配的市场格局被打破，出现了人民银行统购统配市场与民营黄金交易市场并存的二元市场结构，即使感王民营市场已被挤压到极小的从属地位，但其报价在之后的十多年的时间里仍具有市场影子价格的作用，直到2002年上海黄金市场运营以后，实现了国内外金价完全并轨其才被完全边缘化。

1993年之所以是我国黄金市场化元年，除了黄金市场从此进入二元结构时期外，更为重要的是国务院63号函首次明确地确立了黄金市场化方向，并形成社会共识，因而之后的任何黄金市场化改革举措都成为应有之意，极少再有异议。1993年国务院63号函下达后，黄金私卖潮退去又回归黄金统购统配管理轨道，黄金产品市场化改革暂时偃旗息鼓，但改革打破了旧的利益格局而将黄金行业管理体制改革推向了前沿，原有黄金经营政策体系开始了调整重构，使市场对黄金社会资源配置的作用得到极大的强化，这些改革为六年后黄金产品市场化改革再启动做了铺垫。因此，1993年是我国黄金市场化改革历史上重要的一页。

解读国务院 63 号函

国务院 63 号函是国务院对中国人民银行《关于提请解决黄金市场有关问题的请示》的回复，是关乎我国黄金市场化改革进程的重要文件，拉开了我国黄金行业管理体制市场化的序幕，确立了黄金产品市场化方向，稳定了当时的市场秩序。它不是声讨黄金统购统配体制的檄文，也不是向黄金市场化进军的号角，可是它确为黄金市场化奠定了政策基础。全文仅两千字不到，但内涵丰富，使我们的解读两倍于原文。国务院 63 号函名为《国务院办公厅关于调整黄金经济政策问题的复函》。全函有六个章节，对其解读可分为四个层次：主题是维护黄金统购统配管理体制；为此而采取的行政与经济措施；引起的经济政策调整；最后是今后推进黄金市场化的若干前期准备工作。可以说国务院 63 号函的内容都是围绕维护黄金统购统配而展开的。

在 63 号函的第二和第四节重申各地区、部门和单位都必须执行《中华人民共和国金银管理条例》，严禁黄金私下交易和走私，取缔各地自发的黄金市场，在国家交易市场未建立之前，金饰品生产企业必须向人民银行购买黄金原料，不得向黄金生产企业直接收购，对于违反规定的要追究法律责任。1994 年 6 月国务院又下达了 73 号通知，专门强调取缔自发黄金市场，加强黄金产品管理，表明 63 号函下达后体制外的非法交易仍十分严重，再次下重手维护黄金统购统配管理体制，明确了 1994 年 7 月 6 日以后如仍存在非法黄金交易市场的地区，要追究有关人员和当地政府主要负责人的责任。通知要求黄金生产企业要按规定上报生产与交售情况，对交售量明显少于生产量的企业，可视情况停发专项贷款和流动资金贷款，禁止个体及无证非法采金和个人采选加工黄金及倒买黄金矿石，对黄金饰品生产、加工、批发、零售企业实行定点管理，对于擅自开办的黄金制品的经营企业立即给予取缔，严格监控黄金流通，跨省携带批量黄金必须有齐全的相关证件、文件，没有的以缉私罚没处理，走私黄金超 50 克便可视为大案处理，严禁各地设立各种形式的黄金期货市场和进行黄金期货交易。

“维护黄金统购统配管理体制，确保国家储备需求”是国务院 63 号函明确而清晰的主题，而且之后又反复多次强调这个主题，一方面说明这是当时政策决策层最主要的关注点，另一方面表明完成这个任务的艰巨性。为了抑制 1993 年黄金私卖潮的泛起而采取的各项行政性措施不能说不严厉，但实际仍有大量黄金在黄金统购统配体制外进行交易，致使 1994 年黄金产量官方统计出现了 1975 年以来第一次的负增长，较 1975 年下降了 4.6%。有人分析认为当年大约有 30% 的产量是在体制外完成交易的。禁止体制外交易，维持黄金统购统配体制需要加强行政的、法律的监控和加大惩处力量。1993 年黄金私卖潮得以平息，这方面工作的加强也是一个非常重要的原因，但并不是决定性的唯一原因。从二十世纪八十年代出现地下交易到九十年代黄金私卖潮，监管和惩处力度一直在强化，而体制外交易始终没有杜绝，还有愈演愈强之势，因而只有加强行政与法律的监控和惩处是不够的，因为这只是治标而不是治本。

人类的任何行为都是趋利的，之所以有人会冒极大风险进行地下交易无非为利。我国黄金在统购统配体制中是国家定价，而收购价从七十年代中后期开始一直低于国际金价，进入九十年代初，虽然国际金价比八十年代末是下降的，但因人民币大幅贬值，所以国内金价虽然不断上调，但与国际金价的差距不是缩小了，而是扩大了。1993 年 8 月，以当时汇率折算的国际金价每克已达 107.18 元，而国家收购价仅为 54.56 元，也就是国内金价仅是国际金价一半的水平，巨大的利益空间必然会诱发一些人铤而走险。因此，消除国内价差才是巩固黄金统购统配体制的根本，因而必须进行黄金价格机制改革。

国家并不是没有认识到利益机制的作用，国家从二十世纪八十年代后期明显地增加了金价调整的频率，国内金价一直上调，但与国际金价并不同步，两者差距不仅没有缩小反而扩大，黄金地下交易也久禁不止。因而分期小步调价方式已不能适应发展的形势，最终国务院 63 号函推出了金价并轨改革，即由固定价变为浮动价，与国际金价并轨，随国际金价的变化而变化，这是国务院 63 号函的最大亮点。对这个的评价基于两点：一是这一改革使金价一次上调了 88.4%。由每克 54.56 元上调到了 96.48 元，使黄金生产者的利益得到了极大满足。而体制内更大利益的获得抵消了体制外的诱惑，所以金价并轨成为稳定市场秩序、巩固黄金统购统配体制的关键性因素。二是价格机制的改革冲击和突破了原有利益格局,成为加快黄金行业体制改革的“引爆器”和黄金产品市场化改革的“助燃剂”。金价并轨原本是维护黄金统购统配体制的措施，却在此后推进黄金市场化改革上发挥了重要作用，这或许是超出当时许多人的预料。

黄金价格机制市场化改革是最为社会关注的改革，据此有人认为，我国黄金工业从此步入了市场经济时代，但实际情况可能并非如此乐观。首先，黄金价格机制市场化改革是作为维持黄金统购统配计划管理体制的措施。其次，黄金价格由固定变为浮动，但价格调整仍是人民银行通过行政指令完成的，而不是交易者自由交易产生的价格，价格形成机制仍是非市场化的。再次，这次价格形成机制的改革仅是一个过渡性措施并未一步到位，而仍留有 10% 的价格收入用于行业经费。更为确切地说，国务院 63 号函所制定的黄金价格机制改革仅是向黄金价格形成机制市场化向前迈出了重要的一步，打破了坚冰，但仍与最终的目的地有很大距离。

1993 年国务院 63 号函推出黄金价格机制改革虽然并不是完全的市场化改革，

但对于推动我国黄金市场化改革具有多方面的影响，其意义甚至超过了黄金价格机制改革本身。首先是这一价格机制改革使以金养金政策失去了资金来源，因而原黄金发展经济政策体系和黄金行业管理体系的改革也随之提上了工作日程；其次是价格在实现市场对社会资源配置基础性作用中居重要地位，是资源配置方向的指示器。所以，我国黄金价格形成中市场化要素的增加必然会对黄金企业经营机制的转轨产生极大的推动作用，而进入了一个新的企业市场化改革发展阶段。

作为抑制黄金私卖潮的关键一举——实现国内金价与国际金价并轨后，原有的利益格局被调整，必然要对原有的经济政策做出调整，这是国务院 63 号函的另一个重要内容。国务院对“八五”期间的黄金政策原定保持与“七五”的衔接不变，但金价的并轨使原来的以金养金政策终结，因而不得不对“八五”期间黄金经济政策做出重新安排。建立在以金养金政策基础之上的黄金地勘基金、生产发展基金、行业管理经费都没有了资金来源，因而作为“八五”后两年的过渡性临时安排，63 号函明确“八五”期间的地质储备承包费由财政部门补助支付，每收购一盎司黄金补贴 50 元，黄金行业管理经费每年 5 千万元，由人民银行的批发零售价差中支付，为期两年。这意味着在以金养金政策基础上建立的黄金投资体制和行业运行体制的转轨只有两年过渡期，因而使黄金行业管理体制的改革任务空前紧迫了起来。黄金产品管理市场化改革的延后，黄金行业管理市场化改革的前移是国务院 63 号函出台带来的又一个重要变化，或者说这是为延后黄金产品市场化而付出的代价。

1993 年在经济改革市场化取向已在最高决策层达成共识，并在党的代表大会上形成正式文件，所以黄金市场化改革方向的确立已是水到渠成，之后关键是推进进程的规划和路径的明确，但国务院 63 号函对此基本没有涉及，只是对两件前期工作做了如下安排：

1. 责成中国人民银行会同相关单位着手研究国家黄金市场建设前期方案，这虽然只是前期准备，但这是国务院 63 号函对黄金市场化改革取向的明确宣示，是 1993 年黄金市场化改革元年的标志之一，虽明确了要组建规范的国家级的黄金市场的目标，却并无进度时间要求。建立国家黄金市场的改革目标是在要求关闭地方黄金市场的背景下提出的，其更重要的政策宣示是黄金市场建立是国务院的业务权限，而地方政府无权决定建立黄金市场。使人没有料到的是，在黄金市场建设上的中央与地方的博弈时起时伏延续至今，2011 年国务院再次对地方黄金市场展开了清肃工作，而此时与国条院 63 号函下发时间又过去了十九年。

2．请国务院法制局会同人民银行等部门提出对《金银管理条例》的修改意见，报国务院审批。国务院 63 号函在确定金价并轨的同时也取消了对黄金企业的经济优惠政策，如优惠贴息贷款等随之取消，要求黄金企业走向市场。但是，黄金管制并没有解除，黄金流通环节仍是计划体制，这显然有悖于《全民所有制工业企业转换经营机制条例》的要求。而当时不是废止《金银管理条例》，而是进行适当修改以便能和《全民所有制工业企业转换经营机制条例》相衔接。人民银行内部曾要求当年 11 月前汇总各地意见，年底完成修改任务，但要将南辕北辙的两个性质不同的事物合二为一，并取得平衡显然存在问题，最终成了一个难以完成的任务。

这两项准备工作的完成情况：

1．责成人民银行研究国家黄金市场组建方案，九年后的 2001 年人民银行向国务院提出在上海建立黄金市场的报告，获批后于十年后的 2002 年建成上海黄金交易所，该项任务宣告完成。

2．责成国务院法制局会同中国人民银行提出对《金银管理条例》的修改意见报国务院审批。二十年过去了该项工作还在进行中，何时能有最终结果至今仍是一个未知数，原因可能是多方面的。时过境迁，形势变化是一个重要原因，因为《全民所有制工业企业转换经营机制条例》也是一个过渡性的政策文件。

当年国务院责成有关部门提交《金银管理条例》修改意见是着眼于与当时的企业改革相呼应，要求按照《全民所有制工业企业转换经营机制条例》的有关规定修改，后者的核心是全面落实企业经营自主权，而当时黄金还不具备完全放开管制的条件，所以还不能给予黄金企业全面的经营自主权，这是其症结所在。另外，原《金银管理条例》仅是对黄金产品管制的法规，而从发展的观点看黄金管制最终是要取消的，所以《金银管理条例》应是废止而不是修改完善。我国黄金法规体系建设应是在废止《金银管理条例》基础上依据市场化原则的重新构建。

放开黄金产品管理是改革方向，而且现在已经基本实现，所以到今天修改《金银管理条例》已无意义。黄金产品已进入了市场，随着黄金产品的日益丰富，黄金市场功能日益多元化，其作为金融市场一部分的地位日益重要，现在黄金法规建设的方向是要让《黄金市场管理办法》尽快出台，但这个新兴市场还在发展之中，对其法制化规范还有一定难度。

除以上两个未来改革的前期安排外，国务院63号函还确定了两项现实的市场化改革。一是改革黄金投资体制，具体内容是保留贷款规模，取消低息优惠。从本质上讲这是利益格局的调整，即金价并轨是黄金利益向生产者的让渡，而取消低息优惠是黄金利益从生产者向社会的让渡，也是一种改革的权益平衡选择。二是要求人民银行与所属加工企业脱钩，解决人民银行黄金业务政企不分的问题。人民银行拥有黄金分配权，又拥有黄金加工企业，很容易造成市场不公平竞争，产生腐败，社会反应强烈，这也是黄金市场整顿的组成部分。

1993年并没有实现黄金交易的市场化，黄金管制依旧，但黄金市场化改革已从很小范围的讨论发展到了一场民间的自发的实践运动，从民间的呼吁又变为了国家决策层的确认。从此黄金市场化改革的方向得以确立，因而我们将1993年视为我国黄金市场化元年。但这场来势汹汹的黄金市场化潮只维持了很短的时间便消退了，又回到了黄金统购统配的运行体制之中，这又给了我们哪些启示呢？

第三章 利益格局的再建与重组

感王之火并未燎原，而黄金管制依旧，但既然旧的利益格局已经被打破，新的利益格局必然要建立起来，所以因黄金价格并轨引起的改革不得不向前推进了，这也是使黄金管制体制最终崩塌的力量集聚。在平静的背后，利益相关方的体制改革以前所未有的深度向前推进着，但表现的形式并不相同，改革的动力经历了一个从外到内的发展进程。

利益格局变动之源：金价调整

1993 年黄金私卖潮来去匆匆，迅速回归黄金统购统配管理体制，关键是国家进行了国内外金价并轨改革，从此切入观察可以发现，金价调整对市场交易者利益格局调整具有巨大作用。价格是商品价值的货币形式，市场交易不仅是商品的让渡，也是价值的交换，因而价格调整是交易参与者利益格局调整的工具。国内外金价并轨也就是进行了一次利益格局的调整。“不识庐山真面目，只缘身在此山中”，对于这一点多年后的今天我们才有清晰的认识。

黄金管制不仅是对黄金产品交易过程进行管制，而且也是对黄金价格的调整进行管制。在传统的金本位制中，黄金的交易流转是自由的，其价格的调整是通过市场机制实现的。进入金汇兑本位时期，黄金交易流转被管制，因而价格的调整不能再通过市场化机制得以实现，而变为由各国央行调控。各国央行或直接定价，或通过市场干预对金价变化施加影响。在黄金管制的环境中，国家不仅是黄金产品流向的掌握者，也是交易者利益分配的掌握者。这种情况一直持续到 1998 年，当时西方主要的国家央行达成协议，退出对黄金市场的干预，实现了金价调整变化的市场化。

2002 年 10 月以前的五十三年里，黄金价格是由人民银行管制，金价调整权属国务院。1949 年至 1993 年 8 月的四十四年左右的时间里，我国金价不与国际金价挂钩，国内金价仅是参考国际金价变化和生产成本变化对国内金价进行调整，在这期间调整金价 12 次，平均 3.7 年调整一次；1993 年 8 月至 2001 年 6 月的八年的时间里，国内金价与国际美元金价挂钩，随国际金价的变化调整，这期间不定期调整 22 次，平均 4.3 个月左右调整一次；从 2001 年 6 月 11 日开始进入定期调整时期，每周调价一次，直至 2002 年 10 月上海黄金交易所开业，金价调整实现市场化。这些调价活动的背后都反映了参与者利益格局的变化。

以国际金价为参照物，国内金价调整变化经历了高于国际金价、低于国际金价和与国际金价并轨三个历史阶段。前两个历史阶段金价变化反应了国家对黄金利益格局调整的政策取向，而后一个历史阶段的金价变化调整是市场参与者博弈的结果，反应了市场供求关系的变化。这是两种不同的价格形成机制，是两种不同的利益格局调整方式，但最终的目标是相同的。以时间为坐标划分可以看出：

1949 年至 1973 年的二十五年间国内金价高于国际金价，为第一个历史阶段。

1974 年至 1992 年的十九年间国内金价低于国际金价，为第二个历史时期。

1993 年至今是第三个历史时期，即国内金价与国际金价并轨时期，其中 1993 年至 2002 年的十年间金价是行政指令调整，2003 年至今是市场机制调整。

每一个历史时期都持续了很长的时间，反应了这一时期国家政策的取向，所以从金价的变化可以看到国家政策调整的轨迹和参与者的利益分配变化，因而对于金价变化历史阶段的分析是我们认识黄金产业发展和改革的最佳切入点。

1. 1949 ~ 1973 年国内金价高于国际金价的历史时期。

1949 年至 1973 年的二十五年国内人民币金价基本上都是高于以汇率折算出的国际美元金价。这反映了当时国家为了增加黄金产量缓解外汇短缺矛盾而以经济杠杆撬动生产积极性的政策取向，是用价格补贴的方式向黄金生产者利益倾斜。具体情况如表 3–1。

表 3-1　　1949 ~ 1973 年国内金价与国际金价比较

年份	国际金价		人民币兑美元平均汇率	国内金价（元 / 克）	国内金价比国际金价 ±（%）
	美元 / 盎司	元 / 克			
1949	35	2.54	2.26	3.05	20.08
1950	35	2.54	2.26	3.05	20.08
1951	35	2.54	2.26	3.05	20.08
1952	35	2.54	2.26	3.05	20.08
1953	35	2.95	2.62	3.05	3.39
1954	35	2.95	2.62	3.05	3.39
1955	35	2.78	2.47	3.05	9.71
1956	35	2.78	2.46	3.05	9.71
1957	35	2.78	2.46	4.18	50.36
1958	35	2.78	2.46	4.18	50.36
1959	35	2.78	2.46	4.18	50.36
1960	35	2.78	2.46	5.46	96.40
1961	35	2.78	2.46	5.46	96.40
1962	35	2.78	2.46	5.46	96.40
1963	35	2.78	2.46	7.71	77.34
1964	35	2.78	2.46	7.71	77.34
1965	35	2.78	2.46	7.71	77.34
1966	35	2.78	2.46	7.71	77.34
1967	35	2.78	2.46	7.71	77.34
1968	35	2.78	2.46	7.71	77.34
1969	35	2.78	2.46	7.71	77.34
1970	35	2.78	2.46	7.71	77.34
1971	40.8	3.23	2.46	7.71	38.76
1972	50.2	4.21	2.25	7.71	83.14
1973	93.3	5.94	1.99	8.10	36.76

在这二十五年间国际金价平均每克折合人民币 2.95 元，而国内实际金价平均每克为 5.4 元，国内金价比国际金价高出 89%，即每克高于国际 2.61 元。尤其是二十世纪六十年代国内金价是国际金价的 2.53 倍，是这一历史时期的高峰期。以这个价差计算这二十五年中通过价格补贴使黄金生产者获得近 5 亿元（4.7892 亿元）的增收。当时每次提高黄金收购价从表面看都是因为当时众多小

企业生产成本高，亏损严重，而给予补助，但更深层的原因是国家急于增加黄金生产，解决外汇极度短缺矛盾而在经济利益上向生产者倾斜，体现了以经济优惠刺激黄金生产的政策取向。

二十世纪六十年代对于中国是个多灾多难的时期，先有六十年代初的天灾人祸造成的空前的经济困难；后有六十年代中后期发生的“文化大革命”引起的政治动乱，导致维持人民的最低生活需求都已捉襟见肘。所以先有大量进口粮食补充国内供给缺口，后有大量引进成套项目，增加化肥化纤产量，以应民众吃饭穿衣之需，然而这些都需要大量外汇，所以使本来就短缺的外汇更加紧张，增加外汇收入就成了摆在国家领导人面前的一项头等大事。在这样的形势下增加黄金生产便超越了一个工业部门自身的发展追求而具有更大的国家战略价值。

1959 年 10 月，当时的国家副主席董必武指出：“黄金，包括白银，不仅在工业上的用量可观，更重要的是在国际市场上，黄金是自由的外汇，增加黄金生产是扩大积累、扩大进口的一个简捷便宜的办法。各地凡是有条件生产黄金的都应积极安排生产。”之后在 1964 年五六月中共中央工作会议期间又多次指出发展黄金生产的重要性，对此毛泽东主席 6 月 11 日回应指出：“董老提倡挖金子、银子是对的，要多挖金子、银子。”1972 年 3 月周恩来总理重病在身仍在病房亲自嘱托王震副总理说：“你要把金子抓一抓。”这是将发展黄金生产置于国务院直管业务的由来。

除价格补贴外，对黄金生产还实行免税和物质奖励等经济优惠政策。这些政策有一个共同的特点是使生产者直接得到优惠好处，因为当时发展黄金生产是采用群众运动的方式起步的，个体采金者是生产的主体力量，所以经济优惠一定要体现在每一个生产者身上，但这样的经济优惠刺激政策的最大的问题是没有解决国家对黄金生产的基本建设的资金投入问题。新区的开发在一段时间里只有投入没有产出，因而价格补贴和税收减免都不能对新区开发的积极性产生刺激作用。

而且随着国家对黄金外汇需求的增加，对黄金生产的发展寄予了更大的期待，所以已不能再满足于“走古人的路，采先人的坑”，靠搞群众运动提高产量了，而需要在扩大再生产上有一个大的进步，因而必须解决新区建设的资金投入问题。

新区开发资金投入来源：一是国家拨款，二是企业自筹。在当时计划经济体制中，资金无论是来源于财政，还是来源于企业，资金的筹集与分配都是通过国家行政力量实现的。此后，国家对黄金经济政策的调整就是围绕解决黄金基本建设资金的矛盾而展开的，因而为了筹集黄金基本建设资金，1973 年以后国内金价由高于国际金价变为低于国际金价，这一历史时期持续了十九年。

2. 1974 ~ 1992 **年国内金价低于国际金价的历史时期**。

“文化大革命”造成的十年动乱，对我国国民经济造成极大破坏，到后期连保证民众吃饭穿衣的最基本需求都出现了问题，因而国务院决定引进一批化肥、化纤成套设备，从而对外汇产生了更大的需求压力，国务院将解决这一矛盾的希望更大的寄托于增加黄金生产上，因此在二十世纪七十年代中期以后国家对发展黄金生产给予了更多的关注。为此 1975 年时任国务院副总理的王震亲自挂帅，动员一切力量增加黄金生产，因而使黄金生产进入了一个持续二十年的高速发展期，至今仍为业内人士津津乐道。

为了加快黄金生产发展，国家政策取向是对黄金生产给予多方的经济优惠和政策扶持。因而，在这期间黄金价格也不断上调，但金价始终低于国际金价，成为一个持续的过程，这显然不是偶然发生的事件，而是国家有目的的战略选择。

在这一历史时期，我国黄金生产者仅能获得部分价格收入，这简直是大力刺激黄金生产的一个悖论，而且在这一历史时期还取消了黄金价格补贴，显然这些变化直接减少了黄金生产者的经济收入，损害了黄金生产者的利益，从而也为 1993 年黄金私卖潮的泛起埋下了伏笔。

从 1974 年开始国内金价调整发生逆转，在此后的十九年国内金价基本上都是低于国际金价，差距最大的1980年国内金价仅为国际金价水平的48.71%，在这19年中平均国内金价比国际金价低27.92%，即近三成。具体情况如表3–2。

表3–2　　1974 ~ 1992年国内金价与国际金价比较表

年份	国际金价		人民币兑美元汇率	国内金价（元/克）	国内金价比国际金价 ±（%）
	美元/盎司	元/克			
1974	159.30	10.19	1.99	8.44	-17.27
1975	161.00	10.15	1.96	8.44	-16.95
1976	124.80	7.78	1.94	8.44	8.61
1977	147.70	8.83	1.86	8.44	-4.30
1978	193.40	10.45	1.68	8.44	-19.14
1979	309.60	15.43	1.55	9.08	-41.15
1980	612.40	29.54	1.50	14.39	-51.64
1981	459.90	25.29	1.71	16.07	-43.45
1982	375.00	22.79	1.89	16.07	-29.49
1983	423.70	26.98	1.98	16.07	-40.44
1984	360.70	27.02	2.33	16.07	-40.52
1985	317.30	30.00	2.94	24.00	-20.00
1986	368.00	40.82	3.45	27.31	-33.10
1987	446.00	53.35	3.72	32.13	-39.78
1988	436.80	52.25	3.72	35.20	-32.63
1989	380.80	57.79	4.72	48.20	-16.59
1990	383.60	64.39	5.22	48.20	-25.14
1991	362.10	62.99	5.41	48.20	-23.48
1992	360.00	63.78	5.51	48.20	-24.28

1974年至1992年的十九年间国内金价每克平均低于国际金价9.29元，在这期间我国总计生产了702.021吨黄金，从理论上推算因国内的低金价政策而使黄金生产者减收65.2178亿元，这一金价变化趋势显然有悖于大力支持黄金生产的政策取向，但这个变化源于此时发展黄金生产的政策体系的调整，也有其合理性。

发展黄金生产必须有资金以进行固定资产投资、扩大黄金生产能力，但当时起步发展黄金生产是采取了群众运动的方式，1957年国务院《关于大力组织群众生产黄金的指示》明确指出："发动群众和组织群众探金、采金、淘金是目前发展黄金生产的可靠方法。”但因个体和小型黄金生产者的生产规模小，很难纳入国家投资计划，获得国家财政拨款。另外，为了应对国家对外汇的紧迫需求，当时黄金行业存在着许多边探、边建、边采的“三边项目”，即使列入了国家计划但漫长的审批程序也不能适应当时的紧急需求，所以必须另辟国家计划拨款之外的资金供给渠道，于是“以金养金”政策运用而生。

以金养金政策就是将黄金价格中的一部分变为黄金发展基金，用于勘探、新矿开发和行业管理部分的经费支出。即以老生产区创造的资金流用于新区建设。建立黄金发展基金一是可以解决发展黄金生产的资金需求；二是不要国家投入，而使黄金基本建设投资得以解决，使黄金行业得到发展。这在政策决策层看来是非常好的政策架构，所以这一政策是二十世纪七十年代中期至九十年代初的一项主导性的黄金基本政策，即使 1993 年决定取消黄金专项基金之后，高层领导们仍在进行建立黄金自我滚动发展的政策体系的可能性的探讨，时任国务院副总理的邹家华 1995 年的一个批示写道：“请地矿部、冶金部研究，扩大勘探很有必要，黄金企业有否可能靠自己的收益不断投资、不断扩大，形成滚雪球机制，一部分靠国家贷款。”因为在这一历史时期一部分黄金价款变为了黄金生产发展基金，所以就使得国内金价大大低于国际金价。

3. 1993 ~ 2002 **年国内金价与国际金价衔接同步变动的历史时期**。

在金价的第一个历史阶段，金价变化趋势反映了国家对黄金生产者价格补贴的政策取向，而从利益格局的调整看，是非黄金生产者利益向黄金生产者的让渡；第二个历史阶段反映了国家集中筹集黄金发展资金的政策取向，而从利益格局的调整看，是现实黄金生产者利益向未来潜在黄金生产者让渡。在统收统支的计划经济体制中，生产企业没有独立的利益诉求，所以在国家行政力量的主导下这样的无偿利益让渡不会有很大的困难，但是，当黄金生产者成为商品生产者，有了企业独立的经济诉求之后，对这种无偿的利益让渡就产生了抗拒力，最终使黄金生产者成为了以金养金政策的造反者和破坏者。因为以金养金政策是建立在黄金统购统配管理体制基础之上的，所以 1993 年黄金生产者以推进市场化改革为帜，将对黄金统购统配体制的挑战付之了实际行动。

黄金生产者的反抗的表现方式是黄金私卖，获取高价从而对黄金统购统配的管制体制造成了极大冲击，所以作为应对黄金私卖潮之策而决定变黄金固定价格制为与国际金价相衔接的浮动价格制，进行了黄金价格形成机制的改革，从而 1993 年以后我国金价进入了一个与国际金价相衔接的历史时期。

这段历史时期从 1993 年 8 月到 2002 年 10 月经历了大约十个年头，金价的调整频率从数月加快到每周调整,从不定期到定期,总计调整了 121 次(见表 3–3)，频繁的金价调整也直接增加了中国人民银行管理工作量。虽然这一改革使国内金价与国际金价变化日益同步，由 1992 年以前十九年间平均近三成负偏离，变为 1993 年至 2002 年间的 0.26% 的负偏离，保护了黄金生产者的利益。但因仍处在黄金管制体制中，所以价格的调整仍是靠行政指令实现的，作为指令发布者的中国人民银行的管理成本和工作难度因此都极大的增加了。而且在中国经济日益开放的形势下，中国人民银行既是黄金交易管理者又是交易的参与者的角色定位，使之承受的市场经营风险越来越大，一旦价格调整出现滞后，就会造成国内金价与国际金价失衡，而出现黄金走私或投机套利使中国人民银行蒙受经济损失。黄金统购统配管理体制与市场机制的不协调性日益严重，而难以解决，这是最终解除黄金管制，推进黄金管理体制改革，建立黄金交易市场的深层原因。

这一价格并轨改革产生的另一个重要的影响是因为实现了国内金价与国际金价的联动而极大的压缩了两者的偏离度，而两者价差的消失即意味着生产发展基金的资金来源的枯竭，因而以金养金政策也宣告终结，我国黄金发展经济政策体系因此进入了一个再构期。从利益格局调整的角度看，这次改革的最大受益者是黄金生产者，金价一次上调近九成，因而生产者利益诉求得到了满足，从而使冲击黄金统购统配体制的压力大大缓解，黄金管制又得以延续了十年。而这次改革的利益最大的损失者是黄金行业管理部门，因黄金生产发展基金的取消，不仅使行业主管部门失去了部分调控行业的经济能力，而且连自身生存所需的经费也都失去了来源，所以黄金行业管理体制改革也被迫提上了改革日程。

与国际金价接轨在当时看来只是为了稳定黄金统购统配体制而采取的应对之策，是一种战术性措施，但是多年后的今天可以清楚地表明，黄金价格形成机制的改革具有牵一发而动全身的作用。价格机制改革直接触动了改革的核心问题——利益格局调整，而利益格局的调整必然会使各利益相关方采取行动，以达到新的利益平衡，从而引发了多方面改革的推进，所以从 1993 年开始我国黄金行业管理体制改革进入了一个历史新阶段。

表 3-3　　1993 ~ 2002 年国内金价与国际金价比较表

年份	国际金价		人民币兑美元汇率	国内平均金价（元 / 克）	国内金价比国际金价 ±（%）
	美元 / 盎司	元 / 克			
1993	359.82	66.46	5.76	75.85	13.82
1994	384.15	106.48	8.62	94.46	-11.29
1995	384.05	103.11	8.35	93.88	-8.95
1996	387.87	103.64	8.31	95.48	-7.87
1997	331.29	88.31	8.29	89.25	1.06
1998	294.09	78.30	8.28	81.50	4.06
1999	278.57	74.17	8.28	77.48	4.45
2000	279.11	74.31	8.28	74.85	0.73
2001	271.04	72.16	8.28	71.61	-0.76
2002	309.68	82.45	8.28	84.25	2.18

4. 2003 年至今国内金价形成机制市场化历史时期。

2002 年 10 月上海黄金交易所正式运行，人民银行随之于 2002 年底停止了黄金收兑业务，从此退出了黄金交易，黄金管制解除，我国的黄金价格形成进入了市场化时期。这个时期与 1993 ~ 2002 年的十年一样是国内金价与国际金价相衔接，而最大的不同是之前是以行政指令实现两者的互动对接，而现在是交易者直接的多空博弈，实现供求平衡产生市场价格。因而前者仍是属计划管理范畴，而后者才是市场机制的建立。

2003 年至今国内金价与国际金价具体比较情况如表 3–4 所示。

表 3–4　　2003 ～ 2012 年国内金价与国际金价比较

年份	国际金价		人民币兑美元汇率	国内平均金价（元 / 克）	国内金价比国际金价 ±（%）
	美元 / 盎司	元 / 克			
2003	363.32	96.73	8.28	96.70	-0.31
2004	409.17	108.94	8.28	110.01	0.98
2005	444.45	117.04	8.19	117.39	0.30
2006	603.77	154.73	7.97	154.89	0.10
2007	695.39	169.93	7.60	170.40	0.28
2008	871.96	194.86	6.95	195.87	0.52
2009	972.35	213.54	6.83	215.35	0.85
2010	1224.52	253.96	6.45	265.87	4.69
2011	1571.68	318.88	6.31	328.69	3.08
2012	1668.50	334.73	6.24	339.81	1.52

在这十年中多数年份的国内金价与国际金价的偏差都不到 1%，而近年出现的偏差率有大幅增加，反映了因我国黄金需求快速增长在供求关系平衡的拉动下提高了人民币交易的金价，也就是出现了人民币金价溢价。2006 年至 2012 年七年间上海黄金交易所人民币金价对国际美元金价的实际溢价分别为每克 0.29 元、0.21 元、0.67 元、0.37 元、0.84 元、1.64 元和 1.67 元，人民币金价对美元金价的溢价呈持续扩大趋势，这意味着中国黄金市场中因需求旺盛而使卖方在市场交易中占有相对强势。

金价调整是利益格局变动之源，谁掌握了金价调整权谁就握有利益格局的决定权，从金价调整变化可以看到我国黄金利益格局的变化轨迹。以解决黄金短缺为目的的政策体系中，为刺激黄金生产而向生产者倾斜，在价格形成机制设计之初因充分考虑到了这一点而实行了价格补贴。但是，随着以金养金政策的推出变为了生产者利益让渡的金价形成机制，对作为商品生产者的黄金生产者利益造成了直接损害，最终导致了 1993 年黄金私卖潮的出现。国内人民币金价与国际美元金价接轨后，国家行政部门退出了对金价的干预，而变为了交易者之间的市场博弈，因需求旺盛而有利于卖方，出现了人民币金价溢价扩大的趋势。

动力萎缩，六年改革沉寂

1993 年黄金私卖潮来也汹汹，去也匆匆，如同大海退潮顷刻归于平静，随之而来的是一个长达六年的黄金市场化改革的沉寂期，黄金管制如旧。对这个改革沉寂期的出现我们探根索源还要从黄金生产发展基金谈起。

新中国成立初期并没将黄金生产置于重要地位，之所以二十世纪七十年代中期我国高层做出大力发展黄金生产的决策是因为那时在“文化大革命”的冲击下，我国经济已陷入崩溃的边缘，连保障民众吃饭穿衣的基本需求都出现了问题，为此决定引进数十套大化肥、大化纤成套设备，这是五十年代从苏联引进 156 项工程之后的第二次引进高潮，而使我国本来就已极度紧张的外汇供应承受了更大的压力。在这样的背景下，发展黄金生产被提上了工作日程。1975 年王震副总理亲自抓黄金生产是具有“救火”般的急迫，但匆忙起步既缺乏资源又少资金，开始只能用发动群众扩大民采的办法提高产量，但即使全党动员、全民动员每年也仅能增产一吨多黄金，几年搞下来年产量还不到 20 吨。这是因为民采只能是“沿古人走的路，采古人采过的洞”，采表面露头的低水平生产，而不能搞大规模生产，生产效率也很低。因而要大幅提高黄金产量就必须搞现代化大工业的黄金生产，但这首先需要解决扩大再生产的资金投入问题。

如前所述，当时黄金矿业投入资金来源无非是两个：一是财政拨款，二是行业自筹。而 1979 年黄金生产发展基金的建立是两者的结合，是以财政拨款为辅，行业自筹为主。1975 年国家从 6 月 1 日起在价格之外增加 100 元政策补贴，

1979 年将这 100 元改为黄金总局统一掌握的黄金发展基金，但资金改为由人民银行支付，来源于国内收购价与国际金价之差，这就是黄金生产发展基金的由来。1980 年人民银行拨付的政策补贴增加到 200 元，中央财政补贴 100 元，总计 300 元。其后又多次调整，一直执行到 1993 年。

由于黄金扩大再生产的资金绝大部分是来源于国内外价格之差，因而被称之为以金养金政策，还被形象地比喻为“猪八戒啃猪蹄，自己啃自己”，这没有任何的贬义，而是对现实的描述。从 1979 年到 1992 年的十四年间，国内金价比国际金价平均低了 32.91%，也就是在这期间我国黄金生产者仅获得了不足七成的价格收入，其余则成为黄金生产发展基金的资金来源。按照每年的价差计算，这一时期筹集黄金生产发展基金的总规模达 82.5964 亿元，再加上财政补贴，生产发展基金规模超过百亿。而这时期黄金行业的固定资产总投入仅为 67.9392 亿元，年平均不足 5 亿元（4.8528 亿元），所以可以说这时期黄金行业扩大再生产的资金投入全部来源于黄金生产发展基金，建立黄金生产发展基金对于发展黄金生产的意义是显而易见的（具体数据见表 3–5）。

表 3–5　　1979 ~ 1992 年生产发展基金与固定资产投入资金表

年份	价差（元 / 克）	产量（吨）	从价差中筹集的基金额（亿元）	固定资产投入（亿元）	固定资产投入为基金（%）
1979	6.35	20.874	1.3255	0.7908	59.66
1980	15.25	24.256	3.6990	1.1596	31.35
1981	9.22	25.201	2.3235	0.8810	37.9
1982	6.72	27.259	1.8318	1.5523	84.74
1983	10.91	30.561	3.3342	1.7839	53.50
1984	10.95	33.926	3.7047	1.6475	44.47
1985	6.00	39.082	1.4070	1.6342	116.15
1986	13.51	44.420	6.0011	2.9025	48.37
1987	21.22	47.802	10.1436	5.5508	54.47

续表

年份	价差（元 / 克）	产量（吨）	从价差中筹集的基金额（亿元）	固定资产投入（亿元）	固定资产投入为基金（%）
1988	17.05	48.986	8.3521	9.4931	113.66
1989	9.59	56.360	5.4049	10.5388	194.99
1990	16.19	66.175	10.7137	10.2798	95.95
1991	14.79	76.160	11.2641	9.1419	81.16
1992	15.58	84.026	13.0913	10.5830	80.84

黄金发展基金的建立解决或极大缓解了当时黄金扩大再生产与资金投入不足的矛盾，甚至一时还出现了“无点可布，有钱没有项目”的情况。1986 年为解决地质勘察资金不足的问题在生产发展基金内又设立了地质勘察基金，地质勘察基金维持到黄金发展基金取消的“八五”末。生产发展基金也是当时国家黄金局承担行业管理职能进行生产规划和生产力布局调整使用的资金，以及行业管理行政经费。可以说黄金行业管理机制就是建立在黄金发展基金的基础之上的。

黄金生产发展基金的建立解决了黄金扩大再生产急需的资金问题，并在较短的时间内初步建成了完整的管理机构框架，但今天看来这似乎是用战术性的措施解决战略性问题，管了眼前丢了长远。经济自收自支，滚动发展存在很大的局限性。1985 年当时国家领导人听取国家计委的工作汇报后指出：“黄金问题要好好研究一下，一年多搞 20 吨行不行。干脆黄金公司少交点利润就是了。”显然高层是希望用经济的手段刺激黄金生产能有一个更大的发展，但生产发展基金的建立使黄金生产者连全部的价格都不能获得，特别是随着成本的上升，黄金企业连生存都遇到了困难的时候，价格的扭曲成为黄金生产发展的重大障碍。为了加快黄金生产国家明确要给予财政补贴，但黄金发展基金建立以后，财政补贴逐步取消，实际国家是减少了对黄金生产的支持，这有违政策的初衷。黄金生产发展基金的存在也影响了黄金行业管理部门政企不分的体制改革。

黄金生产发展基金是在实行社会统一核算，企业不负盈亏责任的计划管理体制中建立的，而我国 1979 年开始推进改革开放，率先启动的是企业改革，意在创造有活力的经济“细胞”，改革的指导理论是企业本位论，即将不承担经济责任的产品生产者转变为自负盈亏的商品生产者，企业逐步有了企业的独立经济目标诉求，所以，很快受利益的驱使而出现了黄金体制外即隐形地下黄金交易市场。当时进入这个地下市场交易的主体是个体采金者和个体金首饰加工者，而黄金生产的主导力量——成规模的国有金矿还不敢挑战《金银管理条例》的权威，但在体制内的博弈早已浮上台面。表现在二十世纪八十年代后期以后每年的黄金工作会议上提高收购价总是会成为主要议题，并把能否提高，提高多少作为衡量会议成果的标准，几乎每年都要上调金价，但因人民币兑美元汇率的调整使人民币金价与国际金价的差距不是缩小了，而是加大了，因而要求大幅上调收购价的呼声一直非常高。

1993 年黄金生产者高举黄金市场化改革之帜对黄金管制提出的挑战就像一个“围魏救赵”的故事。推进市场化改革是名，利益诉求是实，所以实现金价并轨，生产者的利益诉求得到的最大的满足后，推动黄金市场化改革的动力便消失了，因为真实的目的已达到，大功已经告成。黄金生产者是 1993 年黄金市场化元年的最大受益者，并成为“放开价格，管制产品”的改革路径选择的拥护者。因这一条路径选择虽是维护和坚持黄金统购统配管理体制和黄金管制的政策，但国内金价与国际金价的并轨，由固定价格制变为浮动制而使黄金生产者的利益诉求有了制度性保证，从而黄金管制不再成为其利益诉求的主要障碍因素，黄金统购统配也不再是生产者的革命对象。

1993 年金价与国际金价并轨产生的最大挑战是我国黄金生产者开始直接面对国际市场风险，但改革之后的 1994 年、1995 年、1996 年这三年的国际金价超常稳定，这三年的平均金价的波动变化不足 1%，而且呈上升之势。这三年国际金价分别是每盎司 384.15 美元、384.05 美元和 387.87 美元，所以国内人民币金价稳中有升，平均价格分别为每克 94.46 元、93.88 元和 95.48 元，因而在这期间黄金生产者并没有感受到改革后市场风险的冲击，而充分地享受着改革带来的利益收获。

利益格局处于平衡状态，使市场化改革推进的迫切性弱化，但宏观经济的市场化改革以更大步伐向前推进，所以，人民银行为应对新形势而在 1996 年便将黄金市场化方案设计提上了工作日程。黄金市场化的沉寂并不是黄金市场化的停止。

风云变化即在瞬间，从 1997 年开始国际金价进入了一个下行通道，因而 1997 年 1 月我国出现了半个多世纪以来金价第一次下调，终结了我国人民币金价只涨不跌的历史，由 95.73 元每克下调到 90.4 元，下降幅度为 5.57%，并且从此每隔数月便下调一次。持续不断下调国内收购价使黄金生产者日益感到了市场不确定风险的威胁，此时黄金生产企业的第一反应就是要求国家实行价格保护，并以此时黄金仍由国家管制，实行统购统配为由要求人民银行给予价格补贴，而且振振有词：现在虽然已与国际金价接轨，但长期是低价收购，现在黄金企业遇到困难给予补助也是应该的。

开弓没有回头箭，已进入市场就不能回避市场风险。随着国际金价的持续下跌，国内金价从 1996 年的每克 95.48 元下降到 2001 年的 70.75 元，下降了 24.85%，由此产生的直接影响是黄金行业盈利大幅下降：1997 年下降了 12.03%，1998 年下降了 21.52%，1999 年、2000 年、2001 年虽有所上升，但 2001 年实现利润总额仍比 1996 年下降了 18.36%。因而此时出现了一批亏损企业，使企业扭亏为盈和扶贫解困成为行业的重点工作。价格下降对黄金生产的负面影响也立即显现。1998 年、1999 年全国黄金产量分别下降了 2.2% 和 4.8%，2000 年、2001 年恢复增长，但到 2001 年也仅恢复到了 1997 年的水平。这种情况为 1975

年以来的二十多年所罕见。

人民银行 1998 年 2 月第三次下调国内金价，由每克 88 元下降到 80.5 元，同时宣布如国际金价低于 80.5 元则实行价格上浮 3% 的保护。这样的市场环境使黄金生产者对黄金统购统配的计划管理体制在认识上发生了变化，认为只有保留这一计划管理体制才能让国家为黄金生产者提供避免市场风险冲击的“防波堤”。因此，黄金生产者不仅失去了推动市场化改革的动力，而且在对未来不确定的恐惧和不安中对黄金统购统配的计划管理体制的评价也由批判变为肯定。原经贸委黄金局主要负责人在一篇公开发表的文章中说：“中国的黄金工业一直在统购统配的管理体制中运行，这种体制曾给黄金工业带来辉煌。”可见 1997 年以后改革的氛围发生了极大变化。

恩格斯在《社会主义从空想到科学的发展》一书中指出：“一切社会变迁和政治变革的终极原因，不应当在人们的头脑中，在人们对永恒的真理和正义日益增进的认识中去寻找；不应当在有关的时代哲学中去寻找，而应当在有关时代的经济学中去寻找。”对于黄金市场化改革，恩格斯一言中的，我们一定要从经济学角度寻找人类社会和经济变革的原因。无论是 1993 年黄金私卖潮的泛起，还是之后出现的六年改革沉寂，以及 1999 年黄金市场化改革再启动，都可以从利益诉求中找到答案。而每一次利益格局的调整都会伴随着一次或革命，或改革，或改良的社会运动。

断炊之变：黄金行业管理体制改革

新中国成立之初，黄金仅是冶金部有色金属司小矿种处管理的小矿种中的一种。首个对全国黄金生产统一管理的专业管理机构是中国黄金矿产公司，于1965年成立，其总部设在吉林长春，负责全国黄金生产、建设工作，但组建不久很快便遭遇“文化大革命”被当作反面教材批判，勉强维持到1969年被撤销。所以1975年时任副总理的王震出山亲自抓黄金生产时，工作机构还处空白状况，因而建立国家的黄金生产管理机构的任务便列入了首批工作之一。

1976年1月冶金部黄金局成立，1988年升级为国家黄金局，以国家级黄金专业管理机构为龙头，各级地方性黄金管理机构也陆续建立了起来，到二十世纪九十年代我国主要产金区都已建立了黄金专业行政管理机构，基本形成了一个完整的管理工作体系。黄金行业管理机构建设与加快发展黄金生产的决策相适应，是落实加快发展黄金生产的组织措施，发挥了重要的作用。

国家黄金局作为全国黄金工业的主管部门，对黄金工业实行统筹规划、监督、协调；对黄金资源的勘探、开发和生产建设实行统一管理，其日常工作主要是项目审批、资金管理、物资调拨、政策协调等，和当时许多工业管理部门一样具有很强的计划经济色彩。与多数国家行政机关不同的是，其他国家行政机关的运行经费来源于财政拨款，而国家黄金局经费来源于黄金生产发展基金。当我国确立了社会主义市场经济改革目标以后，放权予企业，使企业成为自主经营和自负盈亏的经济体成为改革方向，所以工业管理部门的改革被逐步提上了工作日程，对于黄金行业管理机构的改革同样如此，但 1993 年启动黄金行业管理体制改革并不是决策者的预先有计划的行动。

对于“八五”期间我国的黄金工作，1990 年 10 月国务院黄金工作领导小组第二次会议有以下安排：会议确定“八五”末黄金产量目标是“保九争百”，即 1995 年黄金产量目标是保证 90 吨，争取 100 吨。为了保证这一产量目标的完成，要求对现行的各项优惠政策，如以金养金政策（生产发展基金、地质勘察基金、价格补贴）、外汇留成和合理的价格等，可以调整，但不宜大动，要保持基本稳定。特别明确日常工作由国家黄金局等部门负责，并要求由国家黄金局牵头第二次黄金工作会议的筹备工作。

总之，国务院决策层的工作思路是以黄金产量“保九争百”为中心目标，保持政策的稳定。对于黄金市场的发展要在维持黄金统购统配的前提下，适度增加国内黄金投放量，更积极地参与国际市场交易，并没有黄金管理体制改革的安排。“八五”的工作宗旨是稳定，不论产品管理体制，还是行业管理体制改革都是如此。但 1993 年黄金产品市场化浪潮平息后却将黄金行业管理改革推上了前台，黄金行业管理体制改革成为弦上之箭，势在必发，这与黄金行业特殊的运行机制相关。

为了解决黄金扩大再生产投入资金问题，1979 年建立了黄金生产发展基金，并明确由国家黄金局管理使用，因而黄金局许多业务都是围绕着黄金生产发展基金的管理使用而展开的，形成了以黄金生产发展基金为基础的管理运行模式。一旦这个基础没有了，建立在这个基础之上的行业管理体制就要瓦解重建，所以 1993 年金价并轨致使黄金生产发展基金被取消，行业管理体制改革也立即被提上了工作日程。我国黄金行业管理体制与黄金生产发展基金的密切关联性表现在以下多个方面：

1. 黄金发展基金是黄金行业固定资产投资和地质勘探投入资金的主要来源，对于我国黄金产业的发展具有重要的地位，使黄金行业形成了一个以生产发展基金为中心的相对自收自支的特殊行业运行形态。

2. 对生产发展基金项目审批和监管是各级黄金管理局的主要业务工作，其业务机构主要也是围绕生产发展基金管理设置的。

3. 在紧迫的形势下组建起来的各级黄金管理机构的经费也未纳入国家财政预算，而是在黄金发展基金中列支，因而黄金发展基金也是各级黄金管理部门人员的“饭费”来源。

黄金生产发展基金的使用分配比例根据具体情况多次调整。1987 年规定：75% 以上用于黄金工业固定资产投资；15% 分配给省、地、县黄金管理部门，除公用性开支外，大部分应用于地方黄金工业发展；5% 机动，由中国黄金总公司掌握；黄金总公司的公用性开支，由财政部和人民银行逐年核发。1989 年黄金生产发展基金由每两 300 元下调到 200 元，黄金生产发展基金的分配比例为：67.5%（135 元）用于固定资产投资和科研费用；20%（40 元）分配给各级地方黄金管理部门，除用于共用性开支外，大部分应用于地方黄金事业的发展；5%（10 元）作为黄金总公司机关经费、外事经费等公共性开支经费；7.5%（15 元）机动，由黄金总公司掌握。

黄金行业不同于一般工业部门，在 1979 年至 1993 年的十五年间建立的是一个以特殊渠道资金（生产发展基金）来源为基础的发展模式，因而也形成了以特殊政策（以金养金）为基础的行业运行体制，如图 3–1 所示。

这种特殊的行业运行体制对生产发展基金有着极强的依存性，一旦黄金生产发展基金取消，行业扩大再生产的投入及行业管理经费都将成为无源之水，原来建立的行业管理体制也必然瓦解而需开始管理体制的重构，这就是 1993 年黄金行业管理体制改革被推向前台的原因，可以说这是断炊之变。

黄金行业管理体制改革在当时政策环境中的途径有两个：一是权力移交，将属于企业经营的业务管理权还权于企业；综合行业管理权移交政府综合部门。二

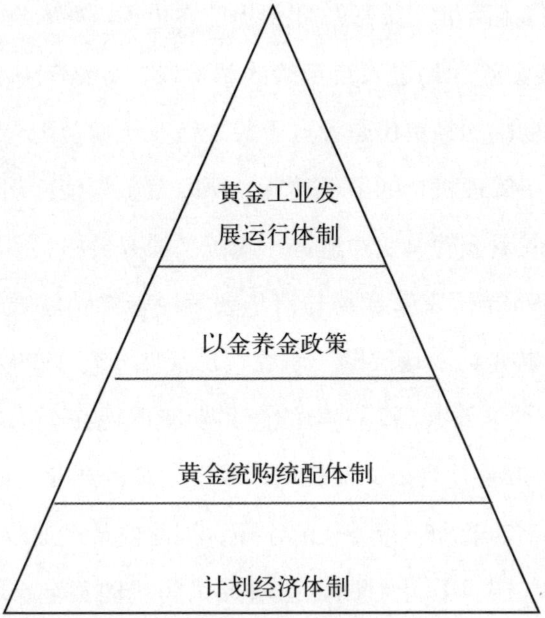

图 3–1　黄金行业管理结构图

是机关转型，各级黄金管理机关的最终去向有三个：撤并，即将人员合并到其他政府综合经济管理部门；转型，即由行政型机关转型为经营性企业；少数地区保留黄金局建制，经费纳入地方财政支付。

黄金行业管理体制改革并非在“八五”黄金发展改革的计划之列，所以不仅国家黄金局缺少准备，而且国家决策层也缺少预案。因而黄金管理体制改革也没有一个统一的整体方案，而是根据实际形势发展分头、分步实施。国务院 63 号函为黄金行业管理体制改革设计了两年过渡期，为此黄金价格并轨没有一步到位，而保留 10% 价差作为过渡期黄金局管理经费的来源，到“八五”末每年有 5 千万元的经费。之后根据朱镕基总理批示精神，1996 年 2 月国务院 16 号函将经费拨付延长到“九五”期间，并将黄金局的经费增到 8 千万元。因国内外金价逐步并轨，价差已经不复存在，所以明确该款项由中国人民银行从黄金收售价差款中支付，但从 1997 年开始金价持续下跌，中国人民银行黄金收售业务出现亏损，已无力支付，因而该项政策只执行了两年，到 1998 年便提前终止了，并未延长到“九五”末。

1993 年以后黄金管理局进入自身的改革阶段，关注的热点发生了变化，一方面因改革的过渡期内的经费仍是源自于黄金行业统购统配管理体制，另一方面过渡期的延长有利于管理机构的平稳转轨。所以黄金管理部门开始更多地强调黄金的特殊性，为延长黄金管制发声造势，成了“放开价格，管住产品”改革路径选择的同盟军。1995 年国家黄金局与清华大学经管学院联合进行了“黄金在国民经济中的地位及其走向市场问题”研究，历经四年在 1999 年底结题，最后的结论是：黄金是一种准公共品，黄金的商品功能体现在个人品性质，属于竞争性产业；黄金的货币功能体现公共品性质，属于政策性产业，在可以预见的将来，黄金具有一定的货币功能和不可替代的作用，因此要从产业政策、体制和法律及资金方面提供支持。基于以上判断，该研究认为我国黄金市场是有限的黄金市场，而不是国际自由市场。黄金市场开放分步进行，2005 年前是准备过渡阶段；2005 年至 2010 年为初步开放阶段；2010 年后走向成熟，成为亚洲黄金交易中心。这个进程规划明显的比现实发展慢了一拍，但也真实地反映了当时国家黄金局的诉求。

国家黄金局于 1994 年撤销改为冶金部内设局；1997 年在国家机构改革中冶金部撤销，冶金部黄金局变更为经贸委黄金局；四年后的 2001 年国家机构再调整，经贸委黄金局随经贸委的撤销而撤销；2002 年国家黄金局机关正式转型为企业，建立了中国黄金集团公司，完成了机关转型过程，大约经历了十年时间。地方黄金管理机构的改革要快一些，只用了三年多的时间，“九五”初就已大体完成。

如果说 1975 年至 1992 年的十七年间是黄金行业管理机构从无到有的建“庙”进程，而 1993 年至 2002 年的十年，我们工作是拆“庙”，是要把建起来的工作机构打散重建。然而，拆“庙”容易，送“神”难，黄金行业管理体制改革难点是人员的重新安置。1993 年各级黄金管理机关出现了多元化经营的热潮，目的就是为安置机关人员创造条件，另外，政策还号召机关人员“下海”，自谋生路，为此对凡是调出机关到其他单位的就业者给予奖励，自己创业的都给予“创业费”，提前退休者保留基本工资等奖励政策纷纷出台。今天如果我们仍仅是对每一个具体项目进行盘点，1993 年黄金行业管理机关多元化热潮中创办的企业能生存至今并发展壮大者寥寥，意气昂扬的下海弄潮的成功者也不多，为此付出了不少的代价。但是，如从大局看这场看似被动的改革使我们提前迈开了进入市场的第一步，为我们获得一个难得的历史发展机遇打下了基础。

当即将要告别二十世纪眺望二十一世纪时我们是忐忑不安的，因持续的金价下跌和转型改制改革的双重压力使黄金工业的发展步履蹒跚，不敢对未来过分乐观。但出人意料的是，当我们步入全面市场化发展环境之时，恰逢黄金市场熊市结束、历史大牛市的到来。这是黄金工业发展的难得机遇，但只有有准备的人才能抓住机遇，中国黄金业抓住了这次历史机遇而进入了一个发展最好的历史时期。原因就是牛市到来之时我们的管理体制改革也基本完成，在理念上、人才上、机制上、体制上经过近十年的转制、探索、洗礼已经大大地成熟了起来，这就使我们面对市场变化时有了更高的敏锐性，提前一步便多了一份抓住机遇的把握。

进入新世纪我国黄金业的进步不再是历史的自我比较，而是在国际坐标中的再定位。2007 年我国的黄金产量超过了百年之冠的南非成为全球新的冠军，并在此后的数年中将与第 2 名的差距由不足一吨扩大到百吨；同年我国的黄金制造业超过了意大利、土耳其，居印度之后的全球第 2 位；黄金消费量在 2008 年超过美国居印度之后全球第 2 位；2011 年已探明的资源量超澳大利亚、印尼居南非之后的全球第 2 位。这些指标标志着我国黄金产业已进入了世界第一集团军，成为世界黄金业发展的引领者。

中国黄金集团公司、福建紫金黄金矿业集团、山东黄金集团公司、山东招金黄金集团公司是当今国内名列前茅的四大黄金集团公司。他们的前身都是黄金行业行政性管理机构，由于迅速地实现了身份转换、职能转变才使他们乘上了这次大牛市的东风迅速发展起来，产量排序已有进入全球前十五名大金矿山排序的能力。

黄金首饰业绝处涅槃

黄金首饰业是目前最主要的用金领域，二十世纪九十年代首饰制造用金量占总用金量的近八成。进入新世纪因投资需求大幅度增长，首饰品制造用金所占比重有所下降，但仍占总需求六成左右，仍是最大的用金领域。因此，黄金首饰制造商是黄金最大的买家，是黄金市场的重要参与者。无论是实金市场、贷金市场，还是黄金远期市场，黄金首饰制造商都是一个很重要的存在。近二十多年来我国黄金首饰制造业与国际上一样也是最大的用金领域，但金首饰生产商在市场上的表现与国际同行并不相同。

我国黄金长期以来首要是作为外汇储备的一部分，用于外贸支付，对国内消费实行严格控制的政策，因而二十世纪六十年代便取消了黄金首饰的市场供应。原有的黄金首饰加工企业因此严重地萎缩，只是在美术工艺品行业还保存少量生产金首饰的企业。据统计二十世纪八十年代初全国仅有金银珠宝企业 38 家，每年产值不足八千万元，其中六成还是出口加工。1982 年我国才恢复了黄金首饰的市场供应，这一变化给这些金首饰加工企业带来了发展的机遇，但因为黄金投放量不多，只有 1.5 吨左右，所以当年只确定了 7 家企业为黄金首饰生产定点厂。

1985 年发生了一件对我国黄金首饰业具有重大意义的事件。国家一次投放 100 吨黄金生产首饰，其中 50 吨投放市场，50 吨用于储备。这主要是基于回笼货币，抑制通货膨胀的目的。按当时的牌价计标可回笼 54.4 亿元人民币，而且在黄金销售环节还可实现 11.4 亿元增值，在金首饰商业流通环节可产生相同增值。黄金首饰的总增值率高达 71%，因而在经济上对于国家是十分划算的。但这只是一次偶然事件，并不是持续的政策突破，此后国家又对国内黄金消费重申要严格控制。虽然如此，金首饰需求持续增长是总趋势，因而黄金首饰制造业得到了发展。1990 年生产企业由 1980 年的 10 家增加到了 96 家，创造的工业总产值增长了 20.8 倍，达到了人民币 17 多亿元。

进入二十世纪九十年代黄金首饰市场需求更有了一个数量级的增长，由八十年代末的两位数上升到三位数，需求量超过了每年矿产金数量（见表 3–6），我国成为全球重要的金首饰需求国。黄金首饰需求增长主要得益于民众因经济的发展而使家庭收入的持续增长。

表 3–6　　　　二十世纪九十年代金首饰需求变化表

项目＼年份	1991	1992	1993	1994	1995	1996	1997	1998	1999	2000
金首饰需求量（吨）	223.5	340	292	324	316	289	339	243	215	206
矿产金产量（吨）	76.16	84.03	94.55	90.20	108.41	120.61	181.61	177.62	169.09	176.91
矿产金产量比金首饰需求（%）	34.08	24.71	32.38	27.84	34.31	41.73	53.57	73.09	78.65	85.88

（数据来源：金首饰需求量取自《黄金年鉴 2001》；矿产金数量取自《中国黄金年鉴》）

黄金首饰需求市场的扩大必然会推动黄金首饰制造业的发展。九十年代末黄金首饰生产企业由 1991 年的 106 家增加到 500 多家。其中有相当一部分是从香港迁往内地的首饰企业。首饰制造业曾是香港八十年代的十大支柱产业之一，受内地改革开放的吸引，九十年代香港首饰业掀起了一个内迁潮，与香港毗邻占有地利的深圳成为港商内迁的首选。做为香港八十年代十大产业之一的首饰加工业因而逐渐消失，而深圳很快成为中国黄金首饰加工中心，形成了一个黄金首饰企业集群。

黄金首饰业作为一个加工型产业发展的决定性因素包括三项，一是黄金原料的供给保障，二是产品的市场需求，三是廉价的劳动力形成的低成本。显然当时影响中国黄金首饰制造业发展的只是第一个要素，而后两个要素我国具有独一无二的优势。二十世纪九十年代黄金首饰市场出现了日益扩大的供给缺口，而供给不足的原因是黄金原料的供给不足，虽然那时国家已经增加了黄金的市场投放量，但与需求差距仍很大。因而当体制内供给不足时就会产生走私，用境外资源来填补国内市场空缺，黄金地下交易日盛，因而对于黄金的走私的查禁并没有因1993 年黄金私卖潮的退却而放松。

在这种情况下,哪一个黄金首饰企业拥有更多黄金分配指标谁就有竞争优势，谁就有更多产品提供给市场，谁就能获得更多的利润。当时在深圳落脚的港商经营的黄金首饰制造企业在机制上、地理条件上比内地的国有首饰企业有着明显的优势，因而在二十世纪九十年代中后期黄金首饰业出现了一次大洗牌，内地黄金首饰企业或倒闭转产，或南迁深圳。深圳在这个时期迅速地发展成为我国最大的黄金首饰加工基地，集中了我国 80% 的黄金珠宝首饰加工生产力。

这次首饰业的“洗牌”，只是生产力布局的调整，使生产力进一步的集中到深圳，而北京、上海、南京、沈阳这些历史上曾经的生产中心在相当大程度上都没落了。但这次黄金生产力布局调整并没有改变黄金供给不足的问题，所以，我国金首饰生产商一方面要面对竞争性的产品市场压力，另一方面还要面对垄断性原材料市场短缺压力，在双重的压力下发展步履维艰，因而他们是黄金市场化的积极参与者和拥护者。黄金首饰制造商推进黄金市场化改革一方面拆求人民银行增加黄金分配量，另一方面诉求在国内黄金供给不足的情况下扩大市场开放，增加黄金进口。但是，当时国家外汇短缺问题还没有根本解决，不仅不能大量增加国内首饰制造用金，而且增加黄金进口同样会增加用汇而使外汇短缺矛盾加深。

所以当时黄金首饰制造商的黄金市场化改革诉求无解，其产生的影响是：

1. 黄金地下交易进一步发展。因不能从人民银行获得足够的黄金原料，首饰加工商存有自然地接受非正式渠道的原料黄金的需求，而大量个体采金者的存在，使体制外交易有了黄金提供者。另外，黄金统购统配管理存在的漏洞，也为体制外交易提供了机会。因此，深圳成为我国当时地下黄金交易最活跃的地区之一，久禁不止，花样翻新。另外，由于地利条件的存在，深圳也成为境外黄金流入的主要口岸。1999 年，国家允许深圳人民银行开展黄金寄售业务就是将这种用境外黄金填补国内市场供给空缺的交易公开化、透明化。

二十世纪九十年代出现的黄金地下交易实质是日益增长的黄金民众需求对单一的外汇黄金封闭管理体制的冲击。这种冲击具有持久性，不是一个指令、一次整顿就可以解决的。1993 年公开的黄金私卖潮被抑制了，但地下交易规模比八十年代不是缩小了，而是扩大了。有需求便有供给，是市场的客观规律。这一时期供求缺口高达百吨，由此可以推断地下交易的巨大规模。

2. 黄金地下交易不仅存在着巨大的风险，而且在法律的高压下其发展也受到了极大的限制，因而在体制外获得黄金原料只能是一种辅助的手段，而不能完全解决黄金原料供给短缺的问题，所以许多企业因没有足够的黄金原料而陷入困境不得不转产或倒闭。这就是九十年代末黄金首饰制造业发生的第二次“洗牌”，但表现已不是内地企业向深圳转产，而是深圳一批港资黄金首饰企业的倒闭转产。当新世纪黄金首饰业再一次出现发展高潮时，绝大部分企业已经是后来进入的新面孔，而第一批进入者绝大部分已经被淘汰了。第一次黄金首饰业的重新“洗牌”，促进了生产力布局的集中度，形成深圳产业集群，而第二次“洗牌”则将深圳企业集群的质量提高了一步，一批低层次的小企业被淘汰，一些优势企业的市场占有率迅速提高。所以当新世纪来临，我国黄金首饰制造业进入新的发展期时，不再是星星之火闪烁，而呈现骨干大型企业力主沉浮的局面。如今，前 5 家黄金首饰制造商占有总产量的50%以上的市场份额。

3. 从1982年恢复黄金市场供应到九十年代中期的十多年时间里，黄金首饰始终是首饰市场的第一品牌，占有绝对的主导地位。一花独秀，甚至一度成为首饰的代名词，但这一现象在九十年代后期发生了变化。九十年代后期，首饰品种日益多元化。突出的表现是铂金首饰的异军突起，并在短短的几年内便取代黄金首饰成为婚饰首选。1994年之前还不知铂金是何物，1994年铂金首饰亮相中国首饰市场，全年销售量也仅有1.5万盎司，而到了2002年已经达到了148万盎司，9年间增长了97.67倍，我国成为全球第一大铂金首饰市场。而形成鲜明对照的是，此时黄金首饰需求却走入了一个持续衰退期。在1997年达到339吨的高峰后持续了5年下降。到2002年下降了41.12%(见图3-2)。首饰市场因此“变色”，由“金灿灿的秋天”，变成了“白皑皑的冬天”。

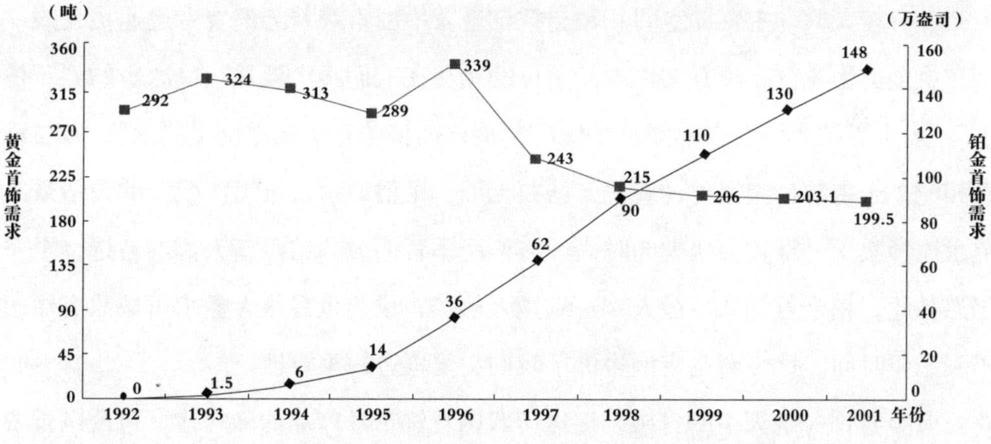

图3-2　1993～2004年黄金首饰与铂金首饰需求图

（资料来源：《中国黄金消费白皮书》）

首饰市场变色的原因有多种，其中一个重要的原因是黄金管制的体制因素。黄金管制对当时黄金制造业的影响表现在：一是黄金供给数量不能满足发展的需要，因而诱发黄金地下交易。二是数量不多的供给又是计划分配，资源配置不能优胜劣汰，不能向优势企业集中，整个行业运行质量不高，其结果是黄金首饰的品种和质量与民众需求出现了日益扩大的差距。但这些体制性的制约因素在今天看来也有积极的意义：一是推动了黄金首饰企业重组与升级，因环境的恶劣使优胜劣汰机制得到了更大的发挥，十年发生行业两次洗牌在其他行业是少见的。二是加速了黄金首饰替代产品的诞生，从而推动了我国首饰产品的多样化。首饰市场由“黄”变“白”，对黄金首饰是失败的标志，而对我国首饰市场是一个进步，它带来了一次首饰市场消费文化的突破。

铂金首饰的兴起是黄金管制的产物。首饰生产商在黄金首饰生产受限的情况下，转产铂金首饰成为其生存的一个选择。铂金没有管制，进口相对自由，因而生产者有较大的自主发挥空间。铂金首饰进入中国市场并为消费者迅速接受的一个秘诀是文化先行。没有文化内涵定位的铂金在人们眼中就是一块冰冷的“不锈钢”，而世界铂金协会在中国市场推广铂金首饰将铂金文化定位于“水”，并与钻石相配，于是铂金镶钻首饰就将“洁白无瑕、柔情似水、永恒不变”的爱情最高追求诠释集于一身，很快就为时尚一族们所垂青而成为结婚新人们的首选，至今仍然如此。铂金首饰从不被人知道到被人热捧，成为世界最大需求市场只有短短不到十年时间。这一商业案例告诉了我们文化再造的重要性。

黄金首饰一统天下的打破，促进了我国首饰市场产品的多样化，也使以重量计价的黄金首饰开始将文化要素置于产品开发的重要位置，从而使黄金首饰的档次提上了一个新的层次。2002 年开放黄金管制，实现了黄金交易市场化，我国的黄金首饰制造业也进入了一个新的历史发展期。这个新发展期是在一个历史新高度上的再出发，所以在新世纪的第一个十年我国黄金首饰生产与消费均已是仅次于印度的世界第二，并有望在近年成为冠军。

首饰制造业作为一个加工型产业，其面对的是一个多品种市场，具有多种选择的可能性，因而其发展具有“陆路不通走水路”的特征，所以其推动黄金市场化改革缺少激烈性，但是其锲而不舍。即使 1993 年黄金市场化改革高潮退去，黄金生产者回归黄金统购统配体制之后，黄金首饰制造商仍是市场化诉求的坚持者，此后每一次对黄金统购统配管理的冒犯和越界都是从首饰制造领域发端。黄金首饰制造行业成为一个暗潮涌动的领域。这是因为黄金首饰制造商直接面对竞争性市场，不仅表现为不同黄金首饰商间的同业竞争，也表现为不同首饰商间的品种竞争，所以黄金首饰制造商对市场变化极为敏感，为了应对变化就必须千方百计规避黄金统购统配体制的束缚。相比较黄金生产者居产业链的上游承受最终产品市场竞争的压力就小得多。黄金首饰制造商推进黄金市场化的过程也就是市场博弈求生存的过程，在这个过程中我国黄金首饰制造业的竞争是惨烈的，但也正是数次绝处涅槃而使我国黄金首饰制造业不断进步。

进入新世纪的第一个十年，我国黄金首饰业进入了一个新的发展期，首饰消费需求持续增长，2012 年需求量达到了 502.75 吨，是 2001 年的 2.47 倍，成为仅次于印度的第二大首饰需求市场，黄金首饰又成为我国首饰市场的第一大销售品种。外部原因就是黄金管理市场化，在使原料短缺问题得以根本解决的同时，十年牛市也拉动了首饰消费市场的人气，产品市场规模扩大。内部的原因是黄金产品与营销创新，使黄金首饰业运行质量有了提升，重新赢得消费者的认可。

如果说黄金管制曾是约束我国黄金首饰业发展的重要因素，那黄金管制放开后，进入全面市场化环境的黄金首饰业发展的第一要素就是创新，因为这是形成核心竞争力的关键。虽然新世纪黄金产品创新使我国黄金首饰市场已琳琅满目，但黄金首饰市场琳琅满目的背后同质化竞争又日益突出，表明发展已进入商业形态的创新阶段，即品牌细分定位的创新阶段。新世纪为黄金首饰业的发展提供了机遇，但也提出了挑战，挑战的核心是如何在发展的质量上实现新的突破，从以量发展转移到以质发展上来，提高产品的文化与技术含量，做细产品，做深企业。面对挑战、战胜挑战才能获得发展，黄金首饰业进入新世纪面临更多新问题，愿其一路走好。

从旧体制维护者向改革者的蜕变

中国人民银行是国家的中央银行，最基本的职能是货币的发行与管理，管理国家的黄金储备也是其职能之一，因为黄金是国家外汇储备的组成部分，但在黄金统购统配管理体制中人民银行还负责黄金的收购和销售，黄金收售之间存在价差，这个价差就是人民银行的收入。人民银行不仅是黄金的管理者，还是黄金的经营者。而且国内金价曾是国家定价，人民银行有很大话语权，所以在很长一段时间里存在的收售价差是很大的，因而人民银行的黄金收售价差收入颇丰，这笔收入计入专用账户，由国务院监管。

有确切数据的案例是：1982 年当年一次向市场投放黄金 100 吨，但是收购价每克 16 元，而配售给黄金首饰企业的价格为每克 43.2 元（每小两 1350 元），售价为收购价的 2.7 倍，每克相差 27.2 元，因此人民银行收入收售价差即是 27.2 亿元人民币；1989 年黄金收购价为每克 42 元，而工业用金配售价为每克 63.2 元（每小两 1975 元），售价为收购价的 1.5 倍，当年配售指标 5 吨，因而人民银行收入为人民币 1.06 亿元。

从 1979 ~ 1988 年的十年间，其中 1983 年、1984 年两年的售价比购价高 170%，为历史之最，而这十年间年均售价比购价高 72.48%。1989 ~ 1998 年的十年年均售价比购价高 20.4%，比前一个十年大幅压缩了 52.08 个百分点，下降了 71.85%，1997 年、1998 年更下降到 10% 以下，1998 年 10 月以后黄金收售价差一般按 2% 控制，向合理范围回归（见表 3–7）。长期价差的存在使人民银行的黄金专用账户的资金可能超过了百亿。

表 3-7　　　　　1979 ~ 1998 年黄金收售价差表

年份	平均收购价（元/克）	平均售价（元/克）	售价比收购价溢价（元/克）	售价比收购价溢价（%）	备注
1979	9	14	5	55.56	
1980～1981	12.5	16	3.5	28	
1982	16	42	26	162.5	1～3月售价38.4元，4～12月43.2元
1983～1984	16	43.2	27.2	170.9	
1985	22.4	26.4	4	17.86	
1986～1987	32	48	16	50	
1988	38.5	55	16.5	42.86	
1989～1992	48.1	63.4	15.3	31.81	
1993	65.42	83.96	18.54	28.34	1～4月收价48.1元，售价63.4元；5～8月收价51.2元，售价80.8元；9～12月收价96.46元，售价107.68元
1994	96.96	107.68	10.72	11.06	
1995	93.22	103.68	10.46	11.22	
1996	96.23	106.87	10.64	11.06	
1997	89.25	97.08	7.81	8.77	1～6月收价90.39元，售价100.54元；7～12月收价88元，售价93.62元
1998	86.59	92.06	5.47	6.31	1～9月收价88元，售价93.62元；10～12月收价82.36元，售价87.36元

1993 年黄金价格并轨改革，国内金价与国际金价接轨，不仅黄金收购价接轨，售价也要接轨，收售价与国际金价都不能有大的偏离，任何偏离都有可能刺激黄

金走私的泛起，不仅冲击黄金统购统配的工作体制，而且也会扰乱国家金融秩序，所以 1993 年以后黄金收售价差迅速缩小，最终 1998 年以后黄金收售价差确定控制在 2% 左右。这一价差基本是黄金走私的运输成本水平，如价差控制在这一个水平就没有了大规模黄金走私的条件。但这一发展现实一方面大大压缩了人民银行的利润空间，另一方面对人民银行的价格调整技巧和时机掌握提出了更高的要求，增加了人民银行运营的难度和压力。人民银行此时不仅是黄金统购统配管理的执行者，而且是维持黄金管制的风险直接承受者，所以黄金统购统配工作体制能否顺利运行在很大程度上将取决于人民银行承担市场风险的能力大小。

1993 年价格并轨后的三年间国际金价超常稳定，因而人民银行对于价格偏离度的控制相对容易，即黄金收售价差能维持在 10% 左右，人民银行经营风险不大，所以从表面看黄金统购统配工作体制运行依旧。但是 1997 年金价进入了下行通道，因而 1 月份出现了我国历史上的第一次金价下调，由 95.73 元每克下降到了 90.4 元，但金价继续下跌，到了 7 月份金价比去年同期下降了 10.79%，由每盎司 383.47 美元下降到 343.19 美元，下调金价的窗口已经打开，但这次调价受到了黄金生产部门激烈的狙击。

1993 年金价并轨并未改变金价形成机制，仍由国务院定价，而国务院定价的基础是各相关部门协商一致，在不一致时就不能定案，而且行文也有个过程。在金价的调整协商阶段，国际金价与国内收购价又出现了 5.52% 偏离，与国内配售价更偏差了 17.23%。人民银行无论是收购价，还是销售价都已高于国际金价，这个偏差就是巨大的盈利空间，于是大量境外黄金开始流入，形成了一个新的黄金走私潮，很快就有几个大案相继暴露，但也只是冰山一角。为堵住漏洞必须改变定价机制，提高金价调整的效率。

为了加快金价调整的效率，1977 年以后金价由国务院调整变为人民银行自主调整并加快了调整频率，但与市场随时都在变化的金价相比，这种行政性调价总是慢半拍，给黄金走私的泛起提供了机会。据报道，1997 年香港进口黄金 400 多吨，而当地只能消费 70 多吨，其余 300 多吨都流向了内地。对此我们无法证实它的准确性，但有个确切的指标反映了黄金走私的客观存在。首先，1997 年我国黄金产量超常的增长了 50.5%，而正常的增长率最高也不会超过 15%，增长量中肯定有一部分是境外黄金流入的产物；其次，统计的矿产金虽超常增长，但仍小于人民银行的收购数据，还有一部分境外黄金改头换面直接通过人民银行变现套利；再次，1997 年我国黄金首饰需求创历史新高，而人民银行的配售量却减少，显然一些黄金首饰并非自产而是来自境外。以上多种因素叠加使得 1997 年境外流入的走私黄金可能超过百吨，那时有人估计每走私 1 吨黄金可获得 800 万元，那么也就是不法分子在这次走私潮中获利过 8 亿元，不仅冲击了统购统配工作体制，而且干扰了我国的金融市场。

人民银行作为黄金统购统配的执行者面对两方面的压力：一方面是黄金生产者的压力，为了保护黄金生产力，收购价一般略高于国际金价；另一方面是黄金首饰商的压力，必须压缩售价的升高幅度。最终的结果是人民银行将收售价差由 50% 多下降到 2%，以当时的金价计算也就是收售价差约每克在 1.5 元左右，以当时的产量和回收黄金数量估计，即使全部都完成交易大约也就是 200 吨左右，也就是说人民银行每年只有 3 亿元左右的增值收入，如除去人力、物力、资金等成本支出大体就所剩无几了。此外，人民银行还必须承担市场价格变化产生的风险，因黄金从收购到售出要有一个流通及加工过程，因而就会出现高买低卖的情况，而产生了亏损，特别是 1997 年之后的连续五年金价持续下跌，更使经营的风险加大。对于人民银行来说原本没有任何经济亏损风险的黄金收售业务竟成了亏损户，这表明在环境日益市场化和日益融入全球经济一体化的情况下，黄金统购统配工作体制的维持日益步履维艰。

1997 年以后，金价的持续下跌使黄金生产企业经营状况恶化，盈利萎缩，亏损企业增加，他们要求人民银行给予价格补助。黄金首饰市场需求持续下跌，黄金首饰生产商发展也出现困难，竞争加剧，也要求人民银行给予政策扶持。然而，人民银行自己已是在亏损的状态下维持前行，已自顾不暇。多重市场矛盾叠加使黄金管制的大厦颓象已现，对此作者 1998 年 2 月份在《中国黄金经济》发表的《黄金‘统购专营’能持否？》中做了如下分析：

黄金货币性管理的模式是统收专营，而黄金商品性管理的模式是市场自由交易。七十年代初国际上就因世界币制改革而实现了黄金的非货币化，引发了各国黄金管理政策的调整，纷纷开放黄金市场，到目前为止世界经济发达国家已没有一个对黄金统收专营了。而我们国家并没有与世界同步，“统收专营”的管理政策一直延续至今。这一现象说明我国黄金商品化进程的相对滞后，这是一种滞后效应。事实是随着我国黄金商品属性的不断强化，黄金统收专营政策体系神圣、权威的正统性开始日益面临挑战，进而面临一个尴尬的处境。

我国黄金完成向商品黄金转变的九十年代初，对黄金统收专营的管理体制提出了质疑，始于人们的口头和文字讨论，进而发展到 1993 年黄金私卖潮的出现。这次黄金私卖潮只有半年多的时间，但影响是极深远的，它又将黄金商品化进程大大地推进了一步，以此为契机国家推出了一系列改革措施：

1. 确定了我国黄金工业市场化的改革取向，这是政府层次上的第一次明确表态。

2. 将《中华人民共和国金银管理条例》的修正列入工作议事日程，这表明我国黄金管理的法律基础也将向黄金商品化方向发展。

3. 明确责成中国人民银行着手黄金市场的方案设计。这表明我国黄金管理方式变化的基础硬件建设也开始起步。

4. 将国内黄金收购价由固定价格制度变为浮动价格制度，并与国际金价接轨，使黄金企业从产品生产者转向商品生产者迈出了关键性一步，为黄金行业从计划机制转向市场机制奠定了一个重要的前提条件。

我们还应看到1993年之所能将黄金私卖潮抑制住，行政的力量发挥了作用，但更主要的是统收专营体制具有制度潜力。当时国内金价比国际金价，按人民币计低50%，所以可以采取大幅度提价的方式，一年内将金价提高一倍。而当前金价低迷，由此而导致金价一跌再跌，统收专营的制度自身已无上调价格的能力，而只能采用黄金保护价（即国内金价高于国际金价），这实际是以牺牲消费者的利益（国内金饰品价格偏高）来保护生产者的利益，当然会受到黄金生产者的欢迎。这就是当前黄金行业希望保留统收专营政策的原因，这与1993年的情况是大相径庭的，那时黄金矿山是冲破统收专营的积极行动者。但是在我国日益对外开放的经济环境中，这种价格的保护只能是暂时的，原因是我国资源配置已存在国内外两个市场。国内黄金价格的高势，必然刺激国外黄金和金饰品的流入。中国黄金的消费者转而成为国外黄金的消费者，中国则成为国外黄金的销售市场。这实际也是一种突破统收专营体制的方式，即国外黄金在体制外流动。更为要害的是这种体制是为暂时既得利益而牺牲了黄金业的长远利益，因为它最终会使中国黄金业失去市场生存空间，而这是我国黄金工业发展的生命线。当时，这种情况已经发生，一方面是黄金生产上报量和银行收购量大幅超常增长，而配售量则大幅下降。在黄金统收专营的情况下暂时把经营的压力放在了中国人民银行身上，具体表现是黄金配售困难，收购资金占用大量增加，人民银行经营出现亏损等。但只要在这种价格机制的状况下，国外黄金流入将不可抑制。这种情况存在越长，境外黄金流入的趋势将越强。况且中国人民银行也不可能持久坚持下去。因此，金价的再次降低势在必行，已成定局。

再分析一下降价后的情况，根据当时国际金价的现状，国内金价每克需再下调10元以上，这样的价格将会使40%以上的金矿亏损。黄金生产者为了求生存必然要采取对策措施：一是降低成本，从节约中求利益；二是通过黄金深加工追求新的附加值。后者便又会形成对统收专营的突破。

以上分析表明在目前的形势下，黄金统收专营体制已处于左右为难的窘困境地：如采取高于国际金价的保护价，境外黄金的大量流入不可避免，形成体制外交易而突破统收专营体制；如与国际金价完全接轨，甚至低于国际金价，在国际金价低迷、生产成本上升的情况下，生产者不得不采取各种避险增收的手段，也会出现对统收专营体制的突破。这一情况表明，这一制度的潜力虽不能说已经到尽头,起码可以说已力不从心了。或许我们还可以将统收专营政策再延续一段时间，条件是我们必须找到一个既可以保护生产者，又可使境外黄金流入无利可图的价格方案，当然这个方案的前提是中国人民银行的利益也可以保证。可知在拟定这个方案时，所需调整的多方利益关系的困难程度是极大的。即使方案可行，在操作中一有不慎，也将毁于一旦。

以上分析结果使我们不能不承认，虽然我们不能预言黄金统收专营政策改革的准确日期,但这个前景已越来越清晰,离我们越来越近了,或许就在不远的将来。

形势比人强，无论是谁面对这样的现实出路只有一个，即推进改革，再造主动。黄金市场化改革沉寂的6年是改革条件逐步成熟的6年，党的十四大确立了经济改革的市场化目标后，市场经济的建立已深深扎根于中国的广袤大地，黄金统购统配工作体制的困境正说明了黄金市场化改革条件正在成熟，人民银行的角色开始转变，由黄金统购统配工作体系的执行者和维护者开始向黄金市场改革的推动者转变，改革的动力源由体制外转向了体制内，这是一个重要的变化。

当时作者认为黄金管理体制改革已经临近，为了摆脱被动，人民银行要主动推动改革，但没有料到那时已是人民银行启动改革的前夜，当1999年新年钟声刚刚响过，便传来了改革再启动的种种信息，并以极快的速度推广开来。

第四章 一切从零开始

1999年是黄金市场化改革面临“临门一脚”的时刻，但并非已瓜熟蒂落，因为我们是在一张白纸上作画，一切都以零为起点，所以认识需要厘清、场地需要选择、模式需要确立、税制需要创新……这是一个需要不断探索的过程，在这个过程中挫折和调整在所难免。

1999年：黄金市场化改革再启动

从“八五”开始国家加大黄金的市场投放量，使人民银行面对市场进行的黄金商业收售业务比重日益增加，逐步成为当时我国黄金的最大经营者，也有了自身的利益诉求，这是人民银行的现实身份的转变。而另一方面黄金管制依存，人民银行作为黄金统购统配的执行者又有公共管理的职能必须面对黄金供需双方的利益平衡诉求。这种双重身份使人民银行遭遇尴尬，保证自身利益难求市场利益平衡，着眼市场利益平衡自身利益又难以保障。虽然人民银行努力设法在两者之间取得平衡，但现实是严峻的，最终人民银行黄金业务出现的经济亏损达数亿元。

1997年国际美元金价下降了14.59%，1998年又持续下降了11.23%，因人民币汇率变化，人民币金价下降幅度小于美元金价，分别为6.52%和8.68%，两年间国内四次下调金价，金价下降了14.64%。因金价持续下降在黄金产业链上的各环节引发的矛盾有增无减，为摆脱尴尬的局面人民银行推进改革已势在必行，开始只是在年初的专业会议上决定进行十分谨慎的小步改革，这些改革有：

1. 以白银市场化改革为黄金市场化改革的先导。

率先建立白银市场，让白银率先脱离统购统配管理体制，实现从计划分配向自由交易转变。

我国长期存在银本位制，银币的流通，一直延续到新中国成立前夕，所以为了确保人民币迅速占领市场，1950年将白银与黄金一起列入管制对象，而出台了《金银管理办法》。但是，在国际上白银早已丧失了货币功能而成为一般商品，而且在二十世纪九十年代白银市场已供大于求。所以，放开白银市场并逐步将多年形成的上万吨白银储备出售，不仅可以盘活沉淀资金，而且对国家金融稳定无任何影响，并且可以通过白银市场的建设为黄金市场探索道路，积累经验，这是一个风险不大而很有意义的改革。

早在 1996 年人民银行就已考虑让白银率先脱离管制体制，委托国家黄金局和中国有色工业总公司对建立白银市场做前期方案研究和可行性报告。当时这两个单位的倾向性意见是在天津市组建白银市场。上海金属交易所闻讯，结合自己业务的发展的需要，也积极建议上海市开始行动，争取把国家级白银市场建在上海，这也是之后上海市争办黄金市场的缘起。因而 1999 年人民银行提出推进白银市场建设已是旧事重提，只是把多年的准备付诸实践而矣。

基于这样的一个基本现实，白银市场建立的进程也很快，1999 年 12 月上海华通白银市场就已挂牌，2000 年 1 月正式运行。上海华通白银市场今天看来不能说是成功，但上海华通白银市场的发展经验与教训为黄金市场提供了多方面的借鉴，因而在作为我国黄金市场探索者的角色上发挥了积极的作用。

2. **对黄金统购统配体制做突破性改革探索**。

可能在今天看来当时所谓的突破选择有些太小儿科，但因而透露出的改革动向在社会上引起的影响是很大的，因为人们知道这些看似微不足道的变化就是进行“万里长征”战略转移的开始。当时决定对黄金统购统配突破的改革有以下几点：

第一，在一些地区试行开放回收金管理，进行金首饰以旧换新业务。旧首饰可以由定点首饰加工企业收购。

按黄金管制的要求，所有旧金、废金（包括旧金首饰）也都必须交售给人民银行，而金首饰制造商的原料必须由人民银行配售。这个改革显然突破了以上规定，在试行改革区的首饰生产商可以通过以旧换新的方式从市场直接获得黄金原料，这是在黄金统购统配体制上打开了一个缺口。但现实反应并不强烈，因为要落到实处还存在税收及其他法律方面的问题。

第二，在一些地区实行个体和小企业金矿产品定点企业代购，由定点企业收购精炼后，再由人民银行收购。我国存在许多个体和小型金矿，其生产的黄金因含量低，由人民银行收购后还需交自己的定点精炼厂加工成合格标准金条后才能售出。这样比收售大型矿山生产的合格金条的交易周期长、占用资金多，而且还要承受金价变化不确定性的风险，所以这一改革可以减少人民银行的市场风险，这是以人民银行委托的方式下放黄金收购权的改革试验。

这两项改革均是在一个小范围内进行，总的看，在社会上引起的关注度并不很大，而对我国黄金市场产生较大影响的是黄金寄售业务的推出。

3. **在深圳开展黄金寄售业务**。

在黄金管制的经济体制中黄金进口也需由人民银行审批，实行垄断性管理。1999 年人民银行授权人民银行深圳中心支行试办黄金寄售业务。黄金寄售，就是国外银行将黄金交深圳支行代售。具体的办法是按售出之日的国际金价由深圳支行以美元与国外银行结算，购买者以人民币与深圳支行结算。黄金寄售所需的外汇指标由深圳支行内部调剂解决。黄金售寄业务的开展实际上是将黄金进口常态化、规范化。黄金寄售业务的推出，对于解决深圳首饰加工业黄金原料供给不足的问题贡献极大。最高年份黄金寄售交易量超过 60 吨。另外，此举也减少了人民银行的工作压力，降低了经营风险。

1999 年改革再启动的推动者是黄金管制政策的维护者和执行者——中国人民银行。这个角色的转变说明黄金统购统配体制的运行确实已到了步履维艰的状况。但是，对于启动黄金市场化改革人民银行是慎之又慎，起步不仅涉及范围很小，而且十分低调。所以起初人们对沉寂六年之后黄金市场改革再启动能走多快、走多远并没有多大的底数和太大希望。但是，一些地方政府此时的高调介入，使黄金市场化的谨慎启动变为了一个不可逆转的前行过程，并且迅速地将国家黄金市场建设推进到了实施阶段，黄金市场终于呼之欲出了，不再是一个未来的遥不可及的愿景。

虽然1993年上海市就曾对外宣布为配合上海金融中心建设将要建立黄金市场，但随着1993年国务院63号函的出台便成为了历史的云烟随时间飘散而去，再无人提及。1999年黄金市场化改革再启动后，北京市率先向国务院提出申办黄金市场报告，其后上海、天津、深圳、沈阳才相继以不同的形式表示了相同的意愿。多城市申办黄金市场使犹抱琵琶半遮面的改革形势为之一变，不仅大大增加了黄金市场化改革的社会氛围，而且也大大推进了黄金市场的建设进程，很快黄金市场化改革便进入了“快车道”。

据说当年北京市把申办黄金市场作为仅次于兴办中关村高科技园的二号工程，为此成立了以常务副市长和副秘书长牵头的申办领导小组，并于11月份向国务院正式呈报了筹备黄金市场的申请报告。为表示重视，当时的市委书记贾庆林和市长刘淇分别上书当时的党的总书记江泽民和国务院总理李鹏，并由北京首创集团、中国戴梦得投资有限公司和中国黄金总公司作为主要发起人承担具体筹办工作。在此基础上又联合中国工艺美术集团、山东招金集团、中国工艺品进出口公司等总计6家企业共同筹建了北京稀贵金属交易公司作为负责北京黄金交易所建设和管理的工作平台。该公司于2000年5月11日成立。相比较北京是这5个申办城市中领导最重视、工作最认真的城市，但是并不是最幸运的城市，因为这些努力最终没有“开花结果”，而是“花落他家”。之后北京市在黄金市场化的进程中似乎总不能踩在点上，北京稀贵金属交易公司的后继者始终没有实现突破。2012年北京原首钢厂区开发规划中，黄金市场建设也赫然名列其中，看来黄金市场一直是北京人挥之不去的情愫。

上海市是一个幸运儿，国家级黄金市场最终落户上海。上海市对黄金市场的关注是与上海市建设国际金融中心城市紧密相联的，无论是1993年表示上海金融中心要有黄金和黄金首饰市场，还是1996年积极关注白银市场建设，1998年调研黄金市场建设前景都是出于同一个目的。黄金管制的存在使金融市场体系长期存在一个空白，而处于残缺状态，所以，上海市一直是黄金市场化顺势而为的参与者。但上海并不是1999年的积极行动派，当北京已开始推进申办黄金市场之时，上海还是一个看客。当时上海市民间也有行动，如有市人大代表向市政府上书，但并没有很大的反响。直到2000年初上海市政府才决定由市经贸委牵头组成工作组，开始黄金市场的申办工作，在此时上海华通白银市场已经开业运行。白银市场是黄金市场的先导，因而上海是另起炉灶自己重新搞一套，还是依靠白银市场在此基础上建立黄金市场呢？经过一些企业的积极工作后，最终上海市选择了后者。对此选择上海市领导称之为“只求所在，不求所有”。因此上海市退出了黄金市场的筹建而改为以上海华通白银市场为牵头单位，但最后华通白银市场也退出了，而改为由中国人民银行牵头，依托上海外汇交易市场的交易平台建设上海黄金交易所，这是后话。国家高层拍板黄金市场落户上海，今天看来有更多的政治选择成分，就硬件而言当时上海和北京并没有太大的差距，而是难分伯仲。

深圳在一定程度上说在这场争办黄金市场的竞争中是失落者。深圳是我国黄金首饰加工业的聚集地，因而是黄金主要的交割地，而且在1999年已开展了黄金寄售业务，所以在实际上已形成了自由交易的市场机制。黄金市场落户深圳有着众多的合理性，但深圳市并不是申办的积极推动者，因黄金寄售业务的开办而使深圳有关人士产生一种误念，认为就是黄金市场不设在深圳而因有黄金寄售业务在，深圳也是中国实际的黄金交易中心，所以确保黄金寄售业务是最大诉求。另外，黄金业务由中国人民银行深圳分行经办，而深圳分行是直接由中国人民银行领导，深圳市政府过多介入也有不便之处。因而起初深圳对申办黄金市场既缺乏热情，也缺乏准备，但当大局已定再做努力均已晚矣，2000年黄金市场落户上海，同时也停止了深圳的黄金寄售业务，深圳保留黄金寄售业务的希望落空，即使有关人士激烈表示反对也于事无补。

天津、沈阳两个城市的申办愿望只是停留在表达层面，而未有很多的实际推动工作。

多城市申办黄金市场成为1999年经济改革的一道风景线，使黄金市场化改革成为了一个不可逆转的现实。在这道风景线中还有一个亮点，这就是作为黄金市场的探路者白银市场的筹建。1999年白银市场建设与1996年启动白银市场建设前期方案研究时不同，人民银行没有依靠白银生产管理部门筹建市场，而是授权于当时商品流通主管部门——内贸部，由上海华通有色金属市场承担白银上市任务。其筹建历程和黄金市场不同，从一开始就是要利用现有的有色金属市场组建，也没有多城市争办的情况。

1999年11月14日国务院批准白银脱离统购统配体制，白银管理的市场化改革具体内容是：

1. 取消白银统购统配的管理体制，放开白银市场，允许白银生产企业与用银单位产销直接见面。

2. 取消对白银生产管理企业免征增值税和拨付白银地勘资金的特殊政策。

3. 取消对白银制品加工、批发、零售业务的许可证管理（银币除外），对白银生产经营活动按照一般商品的有关规定管理。

4. 支持和鼓励国内白银生产企业有计划地组织白银出口。

5. 适当限制白银及其制品进口。

6. 利用现有的有色金属交易市场组织白银上市交易。

白银市场化改革基本思路是：在观念上要从白银货币论向一般商品论转变；在管理上要从交易管制转为自由交易；在政策上要从特殊优惠向普惠制转变。从解除白银管制的角度看这是必然的构成要件，但是从市场生存发展的角度看，这个改革的基本思路有很大的局限性，而为后来的现实所证实，白银市场不能算是成功，但黄金市场化改革初期也深深地打上了这个改革思路的烙印。

具体组织白银上市的是华通有色金属现货中心批发市场，这个设在上海的有色金属交易市场是由中国华通物产企业集团、中国金属材料总公司、华通有色金属投资管理有限公司、华通上海物产有限公司共同投资组建的全国性有色金属现货批发市场，于1998年9月28日开业，应该说华通市场本身也是一个年轻的市场，但其开业一年后便承担了白银上市、筹建国家级白银市场的任务。

1999年11月14日国务院批复白银放开管制，开放市场；11月23日国家经贸委批复同意华通有色金属现货中心批发市场组织白银上市；年底招商试运行，并拟定2000年1月4日正式开业。从以上时间踪迹就可以看出白银市场的筹备是何等的紧张，前后筹建历程不足两个月。不要说要组建的白银市场是我国还没有的一个新兴市场，就是一般市场两个月完成文件的审批过程这也是极快的。这其中的原因不得而知，但我们不能把这视为高速度，而只可以说是匆忙。匆忙的筹备必然会对可能发生的问题缺乏足够的应对准备，对建设一个国家级的白银市场也缺乏深入的制度研究。正是匆忙的筹备铸成我国白银市场“先天营养不足，后天发育受困”。当白银市场的筹办者认识到问题的严重性的时候已晚矣。

我国白银市场的建设自身虽不能说是成功，但其最大的贡献是作为黄金市场化改革的先行者，无论是经验还是教训，是成功还是失败，都为黄金市场的建设提供了有益的借鉴，从而使黄金市场避免重蹈覆辙的命运，实际情况也的确如此。

1999年，黄金市场化改革结束了六年的徘徊和犹豫之后，小步再启动，但很快就成为了不能回头的弦上之箭。当年白银市场建立已无悬念，这意味着《金银管理条例》的突破已成事实，因而随后黄金管制的解除也就成了应有之意。1999年5月和6月人民银行先后制定了“中国黄金市场改革”和“中国黄金市场”两个工作方案，并在地方政府申办黄金市场的推动下，黄金市场组建的前期组织筹办工作也已启动。所以，1999年我国黄金市场已不再是一个在书斋中、会议上讨论的话题，而是一个已能听到心律跳动的怀胎九月即将出世的“婴儿”，让人充满期待。

1993 年是黄金市场化改革启动元年，黄金私卖潮来势汹涌，但之后很快便沉寂了。而 1999 年黄金市场化改革再启动，最初仅是来自人民银行金银管理年度工作会议的一些信息的透露，便以星星之火燎原之势成为不可逆转的社会运动，反映了形势变化已使黄金统购统配管理体制到了难以为继的程度，改革已势在必行。但是，对 1999 年黄金市场化改革出现的不可逆转之势，从严格意义上讲并没有做好充分准备，所以 1999 年黄金市场化改革再启动后也不是万事俱备，还有许多新问题摆在了改革决策者的面前需要探索、决策。首先遇到的一个现实问题就是黄金市场的属性定位问题。

黄金商品论与黄金特殊论

1999 年黄金市场化改革已是不能回头的弦上之箭，白银市场的建立已无悬念，黄金市场的筹建前期工作已经启动，黄金市场已是九月怀胎即将临产的新生“婴儿”，但对这“婴儿”的性别判断又立即成为了一个改革的现实问题，即我们要建设一个商品黄金市场，还是金融商品市场，或双重属性的市场？对黄金社会属性的判断首先是一个理论认识问题。1999 年黄金市场化改革再启动，一个黄金商品论与黄金特殊论的讨论也同时展开。

理论是对事物发展规律性的总结与揭示，可指导人的行为，决定人的前进方向，改革的进程就是一个不断寻找和深化认识改革理论的过程。而回首黄金市场化改革的推进莫不是以理论认识的突破为前提，而每一次改革的困顿又莫不是与理论认识的误区相关联。1999 年黄金市场化改革在实践层面上的推进，也推动了黄金市场化理论上的探索，突出的表现是对黄金商品论的质疑，由此引起了对黄金市场社会属性定位的讨论。黄金市场属性定位是黄金市场化改革的基础理论之一，也是一个认识不断深化的过程。

黄金市场的社会属性之所以成为一个存在歧见和争论的理论问题是因为当代人类对黄金在社会生活中的作用与地位发生了分歧，而分歧发生的原因是对黄金非货币化的推进前景的不同评估，而产生了黄金商品论与黄金特殊论之争。黄金商品论者认为黄金非货币化就是黄金商品属性回归，当代黄金已成为一种一般商品；黄金特殊论者则认为在黄金非货币化的条件下，黄金仍是金融属性的商品。

因而前者认为我国黄金市场化的目标诉求是建立一个黄金商品市场，而后者认为应是建立一个跨商品与金融两个市场的特殊市场。

黄金作为一种自然界客观存在的物质，其商品属性是其自然属性决定的，在当代人类科学技术条件下，对其自然属性的认识已十分清楚，并且稳定。但其社会属性是不断变化的，在不同的时代其社会地位与功能并不相同。最早黄金是人类用于祀祠神灵的神秘物质；之后又成为帝王显示权势的专用品；十九世纪随着金本位制的建立，黄金成为了货币之王，并随着人类社会交换商品规模与范围的扩大，货币拥有的社会权势越来越大，拥有货币就可以拥有一切，因而作为货币之王的黄金的金融属性表现强势，成为人人追求的绝对财富，金融属性表现突出。在金本位时代黄金市场作为货币市场的核心市场，为央行控制。当代黄金管制又是外汇管制的一部分，于是就有了黄金货币论。

以黄金为中心货币的货币体系一直延续到二十世纪七十年代，由于 1971 年美国宣布美元与黄金脱钩，停止履行以 35 美元官价兑黄金的国际义务之后，国际货币基金组织不得不开始推进黄金非货币化改革，并于 1978 年完成了黄金非货币化的法律改革进程，黄金商品属性回归。黄金商品属性回归的突出表现是黄金商品需求占了实金市场的主导地位，而投资需求退居从属地位。1992 ~ 2001 年的十年中年均黄金需求的近九成（86.7%）是商品需求，而投资需求仅占 13.3%，于是黄金商品论又由此而生。

黄金非货币化铸就了美元在当今信用货币体系中的绝对霸权，美国成为全球唯一可以用增发纸币来消灭财政赤字的国家，并通过“铸币税”掠夺了大量全球财富，所以美国是黄金非货币化最大的受益者，也是最积极的推动者和鼓吹者。美国拥有当今的金融话语权，是当今金融游戏规则的制定者，所以认为黄金已完全丧失货币职能而沦为一般商品的黄金商品论迅速成为了当今国际金融界的主导性思潮。

我国基于外汇长期短缺，一直将黄金作为外汇支付手段而对其实行严格的管制政策，而黄金管制的政策基础就是黄金货币论。所以，1993 年黄金生产者基于利益目标诉求而对黄金管制提出挑战时就必须扬弃黄金货币论，而举起黄金商品论的大旗，其逻辑是黄金管制的理论基础没有了，在这个基础上建立的黄金管制的工作体系也就失去了合理性。1993 年黄金生产者率先提出了黄金商品论，成为 1993 年生产者“造反”的指导理论，而且黄金商品论并没有随 1993 年黄金私卖潮的平息而消失，而是深深地扎下了根。也可能出于和 1993 年黄金生产者同样的需要，当 1999 年人民银行推进黄金市场化改革时，黄金商品论又一次成为指导性理论，所以将建立一个黄金商品市场作为其推进黄金市场化改革的最终目标诉求。往前追溯我们从 1993 年国务院 63 号函就能看到这一改革思维逻辑的端倪。

原来的政策形成逻辑是：黄金是外汇，因而国家要对黄金产品管制，为了增加国家外汇支付能力而实行特殊经济优惠政策以刺激黄金生产的发展。对原政策体系改革的逻辑是：黄金是商品，因而放开管制实现自由交易，政策优惠取消，回归一般性商品管理。所以，国务院 63 号函在实现国内对金价并轨的同时也取消了对黄金生产采取的所有扶持性政策。以黄金商品论为黄金市场化改革指导理论在 63 号函中反映得十分明确。

1999 年率先放开白银管制，白银市场作为黄金市场的探路者就是一个从货币管理向商品管理的产物，而且白银市场模式在一段时间内都是推进黄金市场筹建的模板，无论是北京，还是上海的黄金市场筹建都是定位于建设一个商品黄金市场。

我国黄金市场化改革发端于二十世纪九十年代，此时也正是黄金非货币化推进的高潮期。主流经济学家大多是黄金商品论的拥护者和鼓吹者，把黄金在货币领域中的存在称之为是人类愚昧的“野蛮的遗风”。各国央行纷纷减少黄金储备，向市场抛售量达到了历史高峰。商业银行纷纷减少黄金业务，远离黄金市场。伦敦五大黄金做市商，先后有两家退出了黄金市场，中止了黄金业务。所以，我国黄金市场化改革深受黄金商品论的影响就不足为奇了。

黄金商品论在1993年是黄金生产者作为挑战黄金管制的理论武器而使用的，具有一定的实用主义倾向，缺少更为缜密的思考与研究。当时黄金商品论并没有得到改革决策者的认可，但社会影响是深远的，所以虽然很快在统购统配工作体制巩固后而失声隐形了，但1999年黄金市场化改革再启动之后，黄金商品论又泛起而成为推进黄金市场化改革的指导理论。

世界黄金协会从1996年开始就积极地参与我国的黄金市场化改革，与人民银行保持着密切的联系，担当人民银行推进黄金市场化改革的咨询者角色，在推动黄金市场理论研究和国内外黄金资讯交流上做了大量工作。

1999年11月，世界黄金协会发布了由其委托中国改革基金会国民经济研究所著名经济学者樊纲领衔完成的《中国黄金管理体制改革与市场开放——基本思路与方案设想》。该报告对未来黄金市场的描述是："实行会员制，由符合一定资质要求的大型生产商、采购商和经销商等组成，交易所只进行现货交易。"这显然是一个黄金商品批发市场的定位，因为会员构成中没有投资者，对于金融机构在黄金市场中的作用，归纳为以下三点：

1. 作为市场的经销商，发挥市场"蓄水池"丰枯调剂作用，保证交易的连续性。

2. 参与国际黄金市场交易为国内生产商与加工商提供套期保值服务，之所以必须利用国外市场进行套期保值就因为国内是一个商品黄金市场因而没有这样的功能。

3. 在外汇汇率未完全开放前，为实现国内外价格平衡，建议建立黄金平准基金，该基金由商业银行具体操作。这个建议表明一个没有金融功能的单一商品黄金交易市场的稳定需要外力的支持，这本身就说明方案的设计存在结构性缺陷。

由于这是一个商品黄金市场的设计方案，所以在这个方案中金融机构不是市场发展的推动者和创新动力，而只是一个围绕实物黄金交易需求的服务商。在这份研究报告的发布会上有一位受邀嘉宾，他是人民银行国家级金融研究机构的领导和著名的金融学者，他的发言更为直白。因当时已是深秋，正是北京居民冬储白菜的季节，因而他说，黄金已是和北京市民的冬储白菜和萝卜一样的一般商品，当时会场一片哗然。

在该报告完成之前，人民银行已于1999年3月份提出了“黄金市场化改革方案”，并于5月在北京、6月在深圳召开座谈会征求意见，世界黄金协会参与了讨论，已经了解了人民银行黄金市场化改革的基本取向，所以在此之后完成的《中国黄金管理体制改革与市场开放——基本思路与方案设想》的基本政策取向也与人民银行的“黄金市场化改革方案”一致。因为世界黄金协会作为人民银行推进黄金市场改革的支持者，是共同的目标推进者，不会另起炉灶，另搞一套。所以该报告反映的是人民银行“黄金市场改革方案”的总体精神，更有人认为发布这个研究报告就是人民银行在行动前社会舆论攻关的一部分，是放出的一个试探性的气球。该报告的发布表明当时人民银行是以黄金商品论作为推进黄金市场化的指导理论，以建立黄金商品市场为改革目标。

黄金商品论是1993年黄金生产者挑战黄金管制的理论武器，而那时人民银行是黄金货币论的维护者，但是，种种事实表明1999年人民银行开始成为黄金商品论者。这一转变有其特定的时代背景：1992年党的十四大确立了经济改革的市场化目标，所以1993年黄金生产者提出市场化改革要求后立即就占领了当时的政治道义上的制高点，别人很难再对黄金商品论提出质疑。更为重要的是，当时第一要务是稳定黄金统购统配体制，并不是推进黄金市场化改革，因而没有要深入讨论黄金市场化改革理论的现实需求，所以当时也没有深入展开对黄金商品论的讨论。而1999年人民银行推动黄金市场化改革的第一要务是“止损”，实现从黄金收售业务中的退出，将黄金交易风险从人民银行转移到市场上去，因而人民银行上报国务院的是黄金流通体制改革报告，而不是黄金市场化改革报告，黄金商品论恰恰可以为人民银行这种责任的转移提供合理的理论支撑。而之后各地方城市争办黄金市场即意味着要求高度统管的黄金市场向地方的分权，在金融市场监管体系没有任何松动的情况下，以黄金商品论将黄金市场定位于商品市场可以减少向地方分权的阻力，增加分权的合理性。总之，当时各方面改革诉求都可以从黄金商品论得到支持，所以就不难理解为何黄金商品论会大行其道了。

黄金商品论在黄金市场化改革的初期作为黄金管制的批判武器发挥了作用，但以黄金商品论为指导把黄金市场化最终目标诉求定位于建立一个商品黄金市场却是陷入了一个误区，因为黄金非货币化并不等于黄金非金融化。现在虽然在法律层面上完成了国际货币体系的黄金非货币化进程，但黄金仍然是金融市场的重要存在。不仅人类数十年生产的黄金到 2011 年仍有三分之一以上（36.45%）即 6.25 万吨作为金融资产为官方和私人拥有，而且在金融创新的推动下出现了黄金市场交易标的虚拟化的趋势，当今九成以上的交易是投资者进行的虚拟交易，故黄金市场成为了一个金融属性主导的市场。所以，当今黄金不是一般性消费型商品，黄金市场也不是一般性实物商品交易市场，显然不能以黄金商品论作为黄金市场建设的指导理论。

1999 年黄金市场社会属性成为一个理论讨论的热点，《中国黄金经济》杂志是当时的一个重要的讨论阵地，有多篇研究成果在该杂志上发表。在讨论的过程中有越来越多的人认识到了黄金商品论的局限性，从而黄金特殊论开始被关注。黄金特殊论认为，在黄金非货币化的条件下，黄金市场不是一个一般的商品市场，也不是一个一般的金融市场，而是一个跨商品和金融市场交易的以金融属性主导的特殊市场。第一个以黄金特殊论为指导理论、讨论我国黄金市场建设的专题报告是由北京黄金经济发展研究中心、山东黄金集团、中国人民银行山东分行 1999 年 8 月联合举办研讨会后，发表的《关于黄金产品市场化改革的若干问题及建议》，对黄金市场改革的目标和黄金市场建设提出了一系列建议，这个研究报告与1992年原国家黄金局经研中心完成的黄金产品市场化研究报告有着一脉相承的渊源。之后又有2000年10月国务院发展研究中心产业经济部完成的《新时期中国黄金市场开放：相关政策研究与建议》。但两者在路径选择上有所不同，前者主张分权，后者主张集权。

《关于黄金产品市场化改革的若干问题及建议》主要的内容是：因为当今的现实是一部分黄金是以货币的形态存在，一部分黄金是以商品的形态存在，不同形态存在的黄金所承担的社会职能不同，所需的管理方式也应不同。我国统购统配管理体制的最大弊病是职能不分，管理混淆，以单一的货币管理体制涵盖了对商品黄金的管理，特别是二十世纪七十年代以后出现了黄金商品属性回归的趋势之后，这种单一的货币管理模式日益面临挑战。因而改革是要实现黄金管理的三个分开，即一是将商品黄金与金融黄金分流，二是在分流的基础上管理分开，三是央行和商业银行职能分开。在以上三个分开之后，平行推进不同属性的黄金市场建设，而黄金市场是黄金商品市场和黄金金融市场的组合体。

显然黄金特殊论者基于黄金的商品与金融双重属性而把黄金市场化改革的目标确定在黄金职能分开的基础上，黄金商品市场和黄金金融市场并进发展。后来对黄金市场交易的进一步研究指出，黄金市场是金融属性主导的市场，而将建立一个自由交易的黄金商品市场作为黄金市场化最终目标是“捡了芝麻，丢了西瓜”，是对黄金市场化改革认识的一个误区。

黄金商品市场和黄金金融市场推进，即两类市场分阶段同时向前推进。其中：

以实物黄金交易主导的商品黄金交易市场，发展是先有形市场后无形市场，先即期交易市场后远期交易市场，先对内后对外开放的一个渐进的发展过程。

以黄金衍生物交易主导的黄金金融市场是在人民银行与一般商业银行职能分开的基础上产品不断丰富发展的过程。其中包括，央行对黄金储备动态化和法制化管理；商业银行要逐步推出黄金金融产品，如黄金借贷产品借金还金、黄金质押融资等，黄金储蓄产品黄金存单、黄金账户、黄金累积计划等，黄金证券产品如黄金股票、黄金债券等。

1999年黄金特殊论作为一种学术思潮的出现虽没有立即成为当时改革的主导性指导理论，但其影响在改革的后期日益增加，逐步成为改革的主导性理论。而1999年黄金特殊论讨论的贡献是深化了我们对黄金市场的认识：

——使我们认识到黄金市场化改革不仅仅是黄金交易方式的改革，更深层的还是一个金融体制改革。黄金市场不是一个一般性商品市场，而是一个金融属性主导的市场，而且与货币、外汇、证券、资本市场存在密切的相关性。只有黄金流通交易的市场化，没有金融体制改革，黄金市场体系就难以建立。

——使我们认识到黄金市场的交易者不仅要有黄金买卖双方及经营者，还要有投资者，后者是一个十分重要的交易主体，因而必须要重视投资者队伍的培养和教育。

——使我们认识到商业银行不仅仅是黄金市场交易的服务商，而且是重要的市场建设者和业务创新的开拓者，必须更大地发挥商业银行在市场中的作用。

1999年这些对黄金市场认识的深化有些已成为当今的改革现实，而某些方面还没达成共识，或还处于纠结之中。但是，黄金特殊论作为一种学术思潮的讨论，为改革的决策者扬弃黄金商品论做了启蒙和前期的铺垫。到2000年黄金市场化改革决策者才基本上完成了从商品论到特殊论的转变。假如1999年就以黄金特殊论作为黄金市场化改革指导理论，我国黄金市场的发展轨迹与今天将会有很大的不同，但历史没有假如，只有现实。现实是必须面对的，由于认识的误区而导致行动错误的比比皆是，因为改革的进程也是一个不断试错的过程，我们只能是力求尽量减少因此而要付出的改革成本。黄金市场化改革前期因黄金商品论的影响，我国黄金市场就走出了先建立一个黄金商品市场再向黄金金融市场转变的发展轨迹，但这可能并不是市场发展的必然，而是当时认识程度使然。

推进一波三折，在变动中前行

1999 年黄金市场化改革再启动以后，黄金市场化成了不能回头的弦上之箭，2000 年便进入了黄金市场筹建阶段，第一件事就是要确定黄金市场所在地和责任承担者。

北京市于 1999 年 11 月率先向国务院提出申办黄金市场报告以后，先后又有上海、深圳、天津、沈阳四城市以不同的方式表示了申办的意愿，但国家级的黄金市场只能有一个，不能有多个，所以花落谁家必须要由国务院定夺。因而 2000 年 7 月人民银行上报了开放黄金市场的总体设想方案，经国务院认可，最终决定黄金市场落户上海。上海成为五个申报城市中的幸运儿，但是显然上海对这种幸运并不过分看重，之后发生的情况说明了这一点。

当国务院明确黄金市场花落上海以后，即由上海市承担起了黄金市场的筹建责任，因而由上海市经贸委牵头成立了筹备工作班子，但很快就宣布解散，上海市也退出了黄金市场的筹办工作，而改由黄金交易场有限公司接手黄金市场的筹建。上海黄金交易场有限公司是由若干在上海的中央企业及上海本地企业联合成立的一个承担黄金上市及黄金市场建设的专业公司。上海黄金市场筹建主体由上海市政府变为以上海央企为主体的公司，现实起因是白银市场是作为黄金市场的探路者率先开放，而上海黄金市场筹建启动之时上海华通白银市场已经开业运行。在当时黄金商品论主导的社会氛围中已把黄金视为一般性的有色金属，所以既然在上海华通有色金属市场内已设立了白银市场，那么在这个市场增加黄金交易，只是又增加了一个有色金属品种而已。在上海华通有色金属市场内增加黄金交易，不另起炉灶，比再建一个新市场的优点是投资省、见效快。在黄金商品论者看来，这不失为一招妙棋。因此，在上海的一些央企负责人联合向上海市进言下，这个市场筹建方案被上海市领导所首肯。

该黄金市场建设方案的目标是在上海华通有色金属市场内建立一个黄金交易场，利用华通公司已有的交易网络逐步发展成多层次的覆盖全国的统一网络体系。对此时任上海市市长表现出了难得的大度，提出“只求所在，不求所有”，于是就有了上海市政府退出而由一个央企为主体的企业联合体接手市场筹建的一幕，开始了由上海华通公司牵头组建上海黄金市场的阶段。这个时期组建的黄金交易场的组织架构是：

1. 成立黄金市场管理委员会，职责主要是与政府部门的协调和决策市场重大事项，该委员会由国家授权部门牵头组建。

2. 成立黄金交易场有限公司，该公司由中国诚通、中国华通、中国黄金总公司、中国工艺美术总公司、中国珠宝进出口总公司和上海工业投资集团组成，共同承担黄金上市工作。

3. 实行会员制，建立理事会和监事会实行会员自律管理。

4. 交易场各项日常业务管理由内部设立的各职能部门负责。

这个市场组织架构基本上是去金融化思维的华通白银市场的翻版，由于是在原交易平台上的延伸，所以 2000 年 10 月上海市有关领导已对外吹风，表示上海黄金交易市场将于年底前挂牌营业。但没有想到半路杀出了一个“程咬金”，当年央行突然叫停了筹备活动，使黄金交易场功败垂成。临近年关的 12 月 26 日中国人民银行发言人对外宣布：

“在改革方案和新的管理政策没有正式出台之前，有关黄金生产、流通、消费等活动应按照《中华人民共和国金银管理条例》和有关规定进行。未经国务院授权及人民银行批准，任何单位和个人不得擅自筹建黄金交易市场；各种形式的网上交易、各地正在筹建黄金交易市场的活动必须立即停止。”

据说人民银行还对有关人员进行了训诫，人民银行叫停上海黄金交易场的筹备活动突然而又坚决，并且十分紧迫，一时社会愕然。对于突然之变有种种说法，有境外记者采访，问我这是否意味黄金市场化改革要延缓推进。对此我的回答是没有看到确切迹象。实际我的内心也没有底数。但人民银行很快揭开了谜底：不是叫停黄金市场改革，而是人民银行收回了上海黄金市场的筹办权，从此人民银行从后台走上前台，由“教练员”变为“运动员”开始直接操作上海黄金市场的筹备工作。

对于人民银行为何有此一举，当时有种种推测。我们这些非核心人士并不知内情，也不了解决策过程，所以只能更多地做推理演义。12 年后的今天回首那时发生的这一幕，我认为这是我国黄金市场取得成功的关键一举，表现出了人民银行作为黄金市场化改革决策者的果断与担当。

白银市场是黄金市场的探路者，但它给黄金市场提供的更多是教训。当 2000 年底，上海华通白银市场运行一年后，我曾发表了一篇《白银市场遭遇平淡》的专题文章，文章的开头写道：“在我国改革的编年史上，一定会记下 2000 年 1 月 1 日这个日子，因为长达半个世纪之久的白银统收专营在这一天正式开禁；同时也一定会记下上海华通有色金属中心批发市场这个名字，因为中国第一家白银市场就诞生在这里。人们为之怦然心动，评说如潮，从中看到了一种更深层的改革预示：它是中国黄金开禁的前奏，它标志着我国黄金产品市场化的新发展。然而出人意料的是，开业伊始传来的信息表明，白银市场的亮相并未赢得人们预期的那种热烈掌声和回应，近期遭遇平淡。”

这些话是有感而发：上海华通白银市场原定 2000 年 1 月正式运行，后延至 2 月份春节之后。上海华通白银市场计划招募 60 家会员，但临近开业时还不足 20 家；在试运行期间先后组织了近 10 次交易，总计交易量不过 10 吨，多数交易者都是无功而返。人气不高、交易不旺的现实表明上海华通白银市场的组织构架存在严重的缺陷，显然以这样一个失败的市场做黄金市场组建的模板，我国黄金市场结局是不容乐观的，因而叫停上海黄金交易场的筹建具有改革的现实紧迫性。

2000 年放开黄金管制，建立黄金市场已成定局，但黄金市场建设却一波三折。先是从多个城市筹办到一个城市筹办，而上海市的退出又从一个城市筹办变为一个企业筹办。上海市提出："只求所在，不求所有"，与其说是大度不如说是精明，其精明就是留下了利益而推卸了责任。因为"所在"，所以税收和资金流都能留在上海，而"不求所有"引入以央企为主体的联合体接受筹办工作，可以在很大程度上回避管理责任。上海市的退出可能是央行不得不走上前台而又难以言说的原因吧！ 12 年后的今天上海华通白银市场虽然仍存在，但也只是普通的流通企业的一员，与成为国家白银交易中心的要求相差何止万里。这说明我国白银市场的设计确实存在着体制性、结构性缺陷，如不果断叫停上海黄金交易场的筹建，我国黄金市场就有重蹈白银市场覆辙的可能。

当时我在同一篇关于华通白银市场专题文章中总结指出上海华通白银市场的三大结构设计缺陷是：

1. 商品交易方式在近代有了很大的发展，但发展的主脉永远是交易成本低的交易方式取代交易成本高的交易方式。实现白银交易方式由计划分配变为自由交易，需要政治与政策改革的决策，也需要有良好的经济性，而实际是在华通市场内交易价格还要高于场外交易。在当时白银供大于求的市场格局中买方必然会选择在价格更低的场外交易，而不会入场交易。华通白银市场交易清淡，人气不旺的结局是必然的。

2. 商品生产者需在市场完成商品的交易过程，但由于价格变化的不确定性而产生了经营风险，因而交易者还需要市场具有规避和转移价格风险的功能和价格发现与导向功能。而当时华通白银市场交易规模很小，其交易价格没有普遍性指导价值，作为一个单一的现货交易市场也没有规避和转移价格风险的功能，所以上海华通交易市场的服务功能与交易者需求存在着极大的差距，不具备成为国家级市场的基本条件。

3. 缺少投资者。当时全国只有不足 1500 吨的白银产量，即使全部在华通白银市场交易，按当时的价格计算总交易额仅有 20 亿元人民币，这样的交易规模难成大气候。所以有关人士建议把白银装进投资的“篮子”，使白银市场不仅是实现商品交换的场所，还是一个投资的场所。让银行、金融机构，甚至个人投资者在白银市场中活跃起来。在当时华通白银市场的组织架构下这样的建议虽然可以挽救华通市场的颓势，但只是建议而已。白银成为投资品是 10 年以后的事了，而对于华通白银市场来说并没因此而获得先机，现在仍是一个追随者。

人民银行作为黄金市场化改革的操盘手，对黄金市场化改革的成败承担着更大的政治责任，因而一定会对作为黄金市场探路者的白银市场的发展给予更大的关注，从中吸取经验教训，对黄金市场建设进行再思考。白银市场的成败可能还不足影响大局，而黄金市场是万众瞩目，如有闪失难以交代，这可能是人民银行走向前台的更深层次的原因。2000 年底叫停上海黄金交易场的筹建，2001 年初人民银行便向国务院上报了自己的黄金市场建设报告，并获批准。人民银行的急切可能有两个原因：一是黄金市场建设一波三折，时间流逝，不能任其拖下去；二是国际金价仍持续下跌，黄金收售业务风险增加必须尽快脱身。2001 年初，人民银行向国务院提交的报告中提出了三个要实现的改革目标：

1. 取消黄金统收专营管理，实现黄金资源的合理配置，建立符合中国国情的黄金市场机制。

2. 依托上海外汇交易市场的交易平台，在上海外汇市场内建立黄金现货交易市场。

3．与黄金流通体制改革相适应，积极推进新的黄金法规建设，建立与之相适应的新的黄金管理法规体系。

从2001年至今已过去了十三年，盘点这三项改革目标只能算完成了50%。第一项只是事实上的取消了黄金统购统配管理，但《金银管理条例》至今仍未宣布废止，所以在法制层面仍未全面完成取消黄金统收专营改革。第三项已成为了一个老大难问题，早在1993年国务院就已要求法制局会同人民银行等部门启动新的黄金管理法规的修订工作，现在已过去了二十年，社会各方寄予了众多期待，但至今仍是“偶听楼梯响，不见人下来”，成为了一个待解之谜。已经完成的任务只有第二项，完成了黄金市场的组建工作，上海黄金交易所于2002年10月正式运行，我国黄金市场走过了从无到有的发展历程。如从新中国成立算起这个历程我们走了五十三年；从1993年国务院责成人民银行着手国家黄金市场前期方案准备算起，这个历程经历了整整十年的时间。

以上改革方案表明人民银行推进的黄金流通的改革，要建立的是即期现货交易市场，这是一个商品属性主导的市场。2001年7月，人民银行在上海西郊宾馆召开黄金市场化改革座谈会，我受邀参加。当座谈会开始时我才看到以上改革方案，而在之前我对于人民银行的方案没有任何了解。在没有任何准备的情况下，又被会议的主持人点名发言，所以当时是十分忐忑的，只能是临时有感而发做点议论。我记得发言中心思想是说根据我对国际黄金市场交易的研究发现，黄金市场97%以上的交易都是投资者完成的，而黄金实物买卖双方实现的交易量不足3%，黄金市场是金融属性主导的市场。所以，我们定位于黄金流通改革，将建立现货即期黄金商品交易市场作为黄金市场化目标，只是解决了3%的黄金市场化问题，而97%以上的问题没有解决，所以方案的定位是否低了些，有“捡了芝麻，丢了西瓜”之嫌。这个发言并非是否定人民银行的改革方案，而是内心担忧的真实表达，更不是要挑刺搅局。因为作为一个黄金经济研究工作者的本分是对自己的研究成果负责，而因社会分工不同，各有自己的职责，至于别人如何履行自己的职责是别人的事，我既无指责的权力，也无负责的义务。但是，在当时对人民银行改革方案，纷纷表示赞成，对方案给予褒扬的会议氛围中，我的不经意发言就显得另类了。

对于我这个不经意的另类发言，会议主持人没有明显的不悦，在总结中还有"方案与老刘的研究成果相符"等语，云云。但此番言论没有得到更多人的赞同。数年后，在一次社会活动中我与当时会议的主持人不期而遇，此时她已退休，我们相谈甚欢。她对那时我的发言评价甚高，说那时只有我说了真心话。听此之言，我不仅意外，甚至惊愕，我自知自己的学术观点经常与流行思潮相佐，对一些人可能会有所冒犯，竟能得到如此评价绝对是意外之意外。数年后我将发生的若干独立事件联系起来观察分析才找到了答案，解除了我的疑团。

人民银行作为黄金市场化改革的"操盘手"，在关注黄金市场具体筹办主体变化的同时，也在关注 1999 年底至 2000 年初那场对黄金市场属性定位的讨论。并使这一讨论由社会的争辩上升到了决策层的思考，特别是白银市场的现实教训，使黄金市场化改革的决策者逐渐开始扬弃黄金商品论而选择黄金特殊论作为改革的指导理论。只是那时还未完全确定，处于藏而不露、外人不知的阶段，所以那时我的看似另类的发言实际上是为人民银行改革目标诉求的调整做了一个铺垫，于是才有了主持人讲改革方案与我的研究成果相符之语。黄金市场化目标诉求调整是黄金市场化的重大事件，为此对于人民银行改革目标诉求调整轨迹将在本书以下内容中做专题分析。

改革诉求目标的重大调整

2000年底人民银行紧急叫停了上海黄金交易场的筹办，人民银行亲自操盘上海黄金市场的筹办工作，在更换黄金市场承办主体的同时，人民银行也完成了改革诉求目标的调整，即从建设商品黄金市场向金融市场的转变，这个调整的过程的细节我们虽至今仍不清楚，但变化确实已经发生，这是在2000年发生的黄金市场化改革以来的重大政策调整。

1993年国务院63号函责成人民银行着手国家黄金市场前期方案的准备工作；1997年人民银行制定了“黄金市场改革方案”；1999年人民银行制定了“中国黄金市场改革计划”和“中国黄金市场”两个文件。但是，人民银行制定的无论是方案还是计划都是人民银行的内部文件并没有公开，我们能够看到的这一时期的重要文献是我国经济学者完成的两个专题研究报告：《中国黄金体制改革与市场开放——基本思路与方案设想》和《新时期中国黄金市场开放：相关政策研究与建议》。

在这一时期有关的黄金市场化改革专题研究报告还有很多，之所以将这两个报告称为是重要的历史文献是因为它们都是由世界黄金协会资助，为黄金市场化改革决策者量身定做的，因而具有很强的改革政策的宣示性和改革风向标的意义。因而通过对这两个报告的解读可以使我们对黄金市场化改革诉求目标调整的决策过程及演变轨迹有所把握。

世界黄金协会作为中国黄金市场化的积极推动者，在黄金市场化初期就与人民银行建立了密切的工作联系，为人民银行提供资讯和顾问服务，其资助我国经济学者完成的这两个黄金市场化改革报告是这一时期的重要工作成果。这两个报告既是以顾问的角色为人民银行推进黄金市场化出谋划策，又以合作者的角色反映人民银行的诉求。这是这两个报告与当时众多同主题报告的不同之处，从中我们看到的不仅是学术的思辨，还是政策的演进。前者于1999年底公布，后者于2000年10月公布，虽时间间隔仅一年，但恰恰反映了人民银行对黄金市场化改革目标诉求的调整过程。

从表面看，1999年黄金市场化再启动到上海黄金交易所2002年10月开业之前所发生的事件，无论是1999年白银去金融化的市场化改革，还是多城市竞相争办黄金市场，以及2000年上海市在有色市场内建立黄金交易场推进黄金流通体制改革，实现黄金交易方式从统购统配向自由交易转变，甚至2001年人民银行上报的黄金市场化改革报告，都是以建立一个商品黄金交易为主导的市场为改革诉求目标。所以，当上海黄金交易所开业典礼的致词时，戴相龙行长指出，上海黄金交易所开业“这是我国黄金市场管理体制改革的重大突破，是当今我国金融市场建设的新篇章”，并认为“上海黄金交易所必将在促进我国经济金融发展中，发挥越来越大的作用”。这样的转变使许多人感到意外和不解，其实这并不是突变，我们从上海黄金交易所开业前完成的这两个专题报告的差异中已可见变化的端倪。

1999年，世界黄金协会资助经济学家樊纲教授领导的中国改革基金会经济研究所开展《中国黄金管理体制改革与市场开放——基本思路与方案设想》专题研究，于当年11月份完成。该课题启动之时，人民银行年初已初步形成了“黄金市场改革方案”，世界黄金协会已多次参与了该方案的讨论，对于人民银行的改革目标取向已有了解，所以在这之后完成的《中国黄金管理体制改革与市场开放——基本思路与方案设想》的基本价值取向也应与人民银行所拟定的“黄金市场化改革方案”的价值取向一致，因为世界黄金协会作为人民银行推进黄金市场化的支持者，其研究不会另起炉灶、再搞一套，而是与人民银行接触讨论后的产物，所以该课题能反映出人民银行的"黄金市场化改革方案"总的精神。

《中国黄金管理体制改革与市场开放——基本思路与方案设想》的核心内容是提出了我国黄金市场分三步走的推进方案：

第一步：筹建黄金交易所，改革现行的国家统购统配政策及相关管理机制，人民银行逐步放开黄金收购与配售，由黄金交易所完成生产与流通环节的衔接，国内黄金价格由交易所确定，基本保持与国际市场一致。

第二步：全面放开国内市场，允许居民个人持有黄金投资品，并参与黄金交易。

第三步：与国际黄金市场直接接轨，真正成为国际黄金市场的一个组成部分。

在这三步走中筹建黄金交易所是首要的一步，该报告对黄金交易所的描述是："实行会员制，由符合一定资质要求的大型生产商、采购商和经销商组成。交易所只进行现货交易。"显然这是一个典型的商品交易市场结构。

无论是对黄金市场的属性定位，还是推进步骤的选择，该报告的主旨与人民银行实际改革的定位和推进进程都是相符的，而且准确地预言了黄金交易所组建可在两年内完成（即 2001 年底具备开业条件，但实际中因等待税收政策平移后延，只进行了试运行），表明该报告是与人民银行充分沟通后的结果，反映了人民银行的主张与意志。该报告的发表标志着对于黄金市场化的必要性已形成了社会共识，为要不要推进黄金市场化改革的争论画上了句号，并且明确了未来的诉求目标的具体形态和实施步骤。但之后的 2000 年，世界黄金协会又资助了第二个专题报告的研究，这就是以刘世锦研究员为首的国务院经济发展研究中心产业经济部研究人员完成的《新时期中国黄金市场开放：相关政策研究与建议》。

世界黄金协会对启动第二个专题研究的解释是：虽然在对中国黄金市场进一步开放的方向上取得了广泛的社会共识，但对于今后如何实施改革计划及应采取哪些具体方法，各方有不同的认识和设想。言外之意就是说，第二份报告是在第一个报告的基础上，对推进黄金市场化改革的具体方法进行了进一步深入研究，也就是在第一个报告解决了“要不要改”的问题之后，第二个报告是要解决“怎么改”。实际上，这个研究报告并不是在第一个报告基础上的细化，而是对第一个报告所确立的改革目标诉求的修正，并在新的目标诉求的基础上对未来黄金市场的架构和监管、税收制度的建立展开了新的论述，这是我国黄金市场化改革在政策层面上的重要调整，然而如果不做全程观察，这个重大政策调整变化很容易被忽视。

《新时期中国黄金市场开放：相关政策研究与建议》首先就将黄金定位于是一种兼有货币、金融商品和一般商品的多重属性商品，并进一步指出："开放黄金市场，从特定的意义上说，也就是恢复和扩展黄金所具有的一般商品和金融商品功能的过程。市场开放方案的设计不仅要考虑黄金作为一般商品的交易要求，还要适应黄金作为金融产品交易的要求，并且注意多种交易方式的相互影响和协调。”显然这个报告不是以黄金商品论为基础而是以黄金特殊论为改革的基础指导理论，所以要达到的目标是建立一个多形态市场组成的市场体系。报告在论述了建立一个全国性场内黄金交易所的必要性后，基于各形态市场并存又特别指出："黄金交易所将会遇到其他交易形式的挑战。例如，多种形式的交易所场外交易将会减少交易所本身的市场份额。如果某个时候由于交易所交易量萎缩而不得不关门，那也可以合理地将其看成是中国黄金市场发展发育过程中的过渡市场形态之一。”报告不仅不把场内黄金交易所看成是市场的唯一形态，而且还预言其可能是一种过渡性市场形态。

我们说第二个研究报告是对我国黄金市场化改革目标做了根本性调整，是因为：

1. 第一个研究报告以黄金商品论为指导，改革的目标诉求是建立一个实物商品黄金交易市场，完成黄金流通体制从国家统购统配向市场自由交易的改革；第二个研究报告是以黄金特殊论为指导，改革的目标诉求是黄金市场不仅要满足商品黄金的交易要求，而且还要满足黄金金融产品交易的要求。

2. 第一个研究报告的改革目标诉求是建立一个黄金市场，而第二个研究报告的改革目标诉求是建立一个多层次、多形态市场的集合体，是一个多种形态市场组成的市场体系。如果说第一个报告是以唯一性原则推进黄金市场建设，则第二个报告主张以多元化原则推进黄金市场化建设。

3. 第二个研究报告虽也从多个角度论述了建立一个全国性场内有形黄金市场的必要性，但认为更多只是在市场开放和培育初期有其特殊意义，并且认为从发展的远期前景看，黄金交易所将遇到其他交易形式的挑战。

4. 在第一个研究报告中商业银行的定位是市场辅助性角色，而在第二个研究报告中则被置于市场主体地位。第二个研究报告认为商业银行和银行间黄金市场有可能成为主要角色，在黄金市场开放初期，商业银行作为黄金交易所的会员可以在交易所内交易，经过适当长的时间后，银行间市场逐步脱离交易所而独立发展，甚至成为最重要的市场形态。

从第二个研究报告与第一个研究报告的比较中可以清晰地看到黄金市场化改革目标诉求的调整，但是第二个研究报告提出的"开放后的中国黄金市场不可能只是一种市场形态，而应当也可以包容全国性交易所、银行间黄金无形市场、区域性黄金交易市场和黄金零售市场等多种市场形态，……允许和鼓励不同市场形态的发展"的建议至今仍属超前未达到社会共识，还未被决策者所完全接受。13 年后的今天我们的评价是，《新时期中国黄金市场开放：相关政策研究与建议》的一些建议与观点在今天仍有深入研究和现实参考的价值，当然也不是说这个报告解决了黄金市场化改革面临的所有问题。

1999 年、2000 年这两年我国黄金市场化改革推进明显加快，黄金市场在实践工作层面上已进入具体筹办阶段；在理论研究层面上有了更广泛的社会参与。在讨论和争辩中提高了我们对黄金市场的认识，对于黄金市场金融属性的认识是一个重要的突破，从而越来越多的人扬弃了黄金商品论，而选择了黄金特殊论作为推进我国黄金市场化改革的基本指导理论。这期间，《中国黄金经济》杂志是当时推动这场社会讨论的重要阵地，世界黄金协会资助2000年完成的第二个研究报告的主要观点都可以从这场社会讨论中找到思想的渊源。所以第二个报告并非某个人心血来潮、灵感一现的思想产物，而是社会思潮的集大成者，所以，在一定程度上讲这个专题研究报告是当时人们认识黄金市场的最高水平。

从表面看1999年对黄金市场属性的讨论似乎并没有改变决策者的选择，仍然是将建立一个全国性的场内即期黄金交易市场作为黄金市场化改革的目标诉求，但现在看来这样的认识可能是肤浅的。从第二个专题研究报告的问世来看，在2000年时改革的决策者已经在改革的最终目标取向上做出了调整，黄金市场是一个金融市场的判断已经形成，否则世界黄金协会就没有启动第二个专题研究的必要性了。第二个报告的发表也是人民银行改革目标诉求调整前的社会舆论公关的一部分，仍然是试探性的风向标，但调整变化从以上的蛛丝马迹中已清晰可见。

2000年10月26日“2000年黄金经济论坛”举行，《新时期中国黄金市场开放：相关政策研究与建议》作为会议的主题报告发表。主办这次论坛的机构除报告的资助单位世界黄金协会，承接单位国务院发展研究中心产业经济研究部外，还有中国人民银行货币金银局。其主办这个黄金经济论坛的本身不仅表明了人民银行对该报告的支持和赞同，而且中国人民银行货币金银局作为联合举办单位更表明该报告也是人民银行的成果。两个月后，即12月26日人民银行叫停了上海华通有色金属市场的上海黄金交易场的筹备工作，人民银行发言人对外重申，在新的管理法规出台前，有关黄金生产、流通、消费等活动应按照《金银管理条例》和有关规定进行。按照去金融化的改革思路，白银市场筹建授权给当时的国内经贸部，黄金市场筹建授权给上海市，上海市又转授给上海华通有色金属市场，但按照黄金特殊论的要求，人民银行在收回上海筹办权利的同时改由人民银行亲自筹办，并表示一切未经人民银行批准的筹办活动都必须停止，并且黄金市场的筹建平台由商品平台转向了金融平台，人民银行决定利用上海外汇交易市场平台筹建黄金市场，这实际是表明黄金货币管理的回归，这些行为变化都是研究报告发布后发生的，表明黄金特殊论不仅为黄金市场化改革决策者所接受，而且在实践层面上已做出了相应的调整。

确认黄金市场的金融属性也使我们对黄金市场化改革的内涵有了更深一层认识：黄金市场化改革不仅仅是黄金流通体制交易方式的转变，更关键是市场的开放。黄金作为商品因市场的开放，能在消费领域获得更大的增长空间；黄金作为金融产品因市场的开放，能在投资领域日趋活跃；黄金作为国家的外汇储备资产因市场的开放，能够增加流动性。所以，黄金市场化改革具有丰富的内涵。上海黄金交易所的开业运营只是标志着黄金交易方式由统购统配向自由交易转变的完成，但不是黄金市场化改革任务的结束，所以戴相龙行长在上海黄金交易所开业典礼的致词中就指出："初期要为黄金现货交易提供交易平台和相关服务，在完善现货交易的基础上，要积极开发黄金投资品，逐步建设成为以金融投资业务为主的金融市场。"

以上分析表明，人民银行早在上海黄金交易所开业运行之前就已完成对黄金市场金融属性的认定，但并没对预定目标做调整而推进金融黄金市场建设。2001年上报国务院的报告仍然定位于黄金流通体体制改革，推进交易方式从计划分配向自由交易转变，但在实际推进的过程中为上海黄金交易所向金融市场转变留下了伏笔，这是后话。然而，黄金市场建设推进的一个更为现实的问题摆在了面前，这就是黄金市场的税制问题。

黄金税制的市场平移

2001 年，黄金市场这个“婴儿”日益接近临产期，上海黄金交易所的筹备工作紧锣密鼓般地向前推进：

年初组建方案上报国务院并获得批准，立即组建工作班子开始筹建工作；

7 月向社会公布黄金流通体制改革方案,同时开始面向社会发展征集市场会员；

11 月 28 日，上海黄金交易所模拟运行，表明上海黄金交易所硬件与软件建设均已完成。

至此上海黄金交易所一切具备，只待正式开业。但开业一再后延，一等便是一年,直到 2002 年 10 月 30 日才开业运行,就是等待实现黄金税制向市场的平移。对于市场税制重要性的认识是源于白银市场的教训。

为了增加黄金产量，发展黄金生产，我国长久以来对黄金生产和流通实行优惠税制，基本上实行了黄金低税负，具体的减免税负项目有：

1957 年暂行征收 5% 的产品税；

1984 年对于黄金生产性基本建设投资，给予免征建筑税照顾；

1985 年免交所得税和能源交通重点建设基金；

1986 年免征 10% 产品税。

1993 年以前对黄金生产和流通实行税收优惠，社会各方面没有任何异议，这是因为当时实行黄金管制，产品由人民银行统购统配，而且国内人民币金价长期低于国际金价，因而对黄金实行税收优惠是对黄金生产与流通企业的经济上的合理补偿，是促进黄金生产的必要措施，但1994年流通税制改革，黄金免征增值税却成了一个“剪不断，理还乱”的纷争问题。

增值税是一种商品流转税，是我国1994年全面实施的新税种。增值税的概念诞生在第一次世界大战之后的欧洲，经过半个多世纪的发展，增值税的实行范围由生产、进口环节，扩大到了批发、零售及大部分环节，抵扣项目由原材料扩大到了固定资产投资等支出项目，税率也由单一档次向多档次发展。全球已形成以欧洲为代表的增值税和消费税结合，以美国为代表的销售税和消费税结合的两大流转税阵营。我国从1979年开始进行增值税试点，经历了十五年的探索试行之后于1994年开始全面推进商品流转税改革，改营业税为增值税，从此增值税成为我国主要的流转税种。

对我国黄金生产与流通实行优惠税收政策，是在黄金统购统配的计划经济体制中的一种特有的税制设计，黄金进入市场，解除管制，实现自由交易后优惠税制就应取消，而应回归一般税制，这是当时普遍性的认识。因而黄金市场化改革启动之日，黄金优惠税收政策便成为一个有争议的问题，特别是恰逢流转税改革，增值税制就成了一个更为突出的问题。对于黄金增值税是应免，还是应征的争论持续了十多年，至今仍不能说已经有了最终结论。

对于黄金增值税的公开争辩起码已发生过四次，分别发生在1994年、1996年、2002年、2008年。各自起因并不相同，但最终的结果都是仍维持增值税零税负政策，构成了我国黄金市场化改革的一道独特的风景线。这一事件产生的一个重要成果是围绕黄金增值税的讨论与争论的展开使我们进一步从国家战略层面认识了黄金市场的价值与意义。

1993年黄金市场化改革启动，虽然仍保留了黄金统购统配管理体制，但因实现了国内金价与国际金价的接轨，已将价差归还给了生产者，因而同时也取消了对黄金企业的经济优惠，如取消生产发展基金和低息贷款，在这种情况下，

1994 年进行税制改革，全面推行增值税改革，财税部门认为再给予黄金企业税收优惠就失去了合理性，主张以 17% 的标准税率征收黄金增值税。但是，黄金行业表示反对，他们认为当时黄金统购统配没有变化，黄金企业仍不能全面进入市场，金价也未全部接轨，仍保留了 10% 的价差，所以应仍维持优惠税收政策免征黄金增值税。这一主张得到了国务院决策层的认可，因而财政部和国家税务总局 1994 年 4 月出台 024 号通知称："经国务院研究批准，在 1995 年以前，对黄金矿山（包括伴生金矿）和冶炼企业生产销售的黄金给予免征增值税的照顾。"这就是免征黄金增值税政策的由来。显然这是当时作为黄金经济体制转轨期的一项临时性政策，只在 1994 年和 1995 年两年执行，而且是照顾性政策，但是很快这一政策就有了第一次延期。

1995 年新华社记者上报的一篇有关黄金生产的内参引起了朱镕基总理的注意，做出了"对黄金工业应予以支持"的重要批示。为了落实总理的批示精神，1996 年 2 月国务院办公厅下发了 16 号函——《关于黄金经济政策有关问题的复函》，该复函的第四部分对增值税问题的回复是："在国内收购价与国际黄金市场并轨前，继续免征生产环节增值税，配售环节增值税即征即退。"

这是黄金增值税政策的第一次延期。生产环节免征增值税是对生产企业的支持，而在当时黄金统购统配体制中，黄金配售是由人民银行垄断，所以黄金配售环节增值税即征即退政策是给予人民银行的，这也就是后来人民银行要求增值税政策向市场平移的由来。黄金增值税优惠政策第一次延期有一定限制条件，即"国内金价与国际金价并轨前"。从此之后金价一直由人民银行决定，而非市场交易形成，统购统配管理也依旧，所以免征黄金增值税政策又延续了七年，到上海黄金交易所运行之前没有人提出异议。

1999 年黄金市场进入了实施推进阶段，这意味着黄金价格形成即将实现全面市场化，而与国际金价实现完全并轨，因而免征黄金增值税的前提条件将不复存在。与黄金同样享受免征增值税的白银，在开放管制进入市场后这一税收政策便随之取消，但白银市场的筹建者没有想到这一政策的变化是一个多么巨大的梦魇，对市场会产生多么严重的影响。征收增值税就使场内交易失去了“税收洼地”的优势，交易必然会流向交易成本低的场外，使场内交易冷淡、人气低迷，而这恰是市场发展的关键。所以，增值税政策未能向市场平移是白银市场发展受阻的重要原因之一。前车之鉴，后人戒之，白银市场筹建者已无力回天，而黄金市场的筹建者则一定要避免重蹈覆辙。使后人明白了税制的厉害也是白银市场作为黄金市场探路者的一个贡献，也不免使人颇多感慨和反思。

白银市场的教训无疑是深刻的，使黄金市场的筹建决策者们认识到能否实现增值税免征政策向市场平移决定着黄金市场的成败，因而也就形成了黄金市场筹建的一条工作底线，即以增值税平移的进程决定黄金市场的开业时间。2011 年 11 月 28 日，上海黄金交易所的软硬件建设就已具备了正式开业的条件，但万事俱备，只欠东风，东风不来只能等待，而且一等便等了一年有余。内部反复协商的内幕不得而知，但磨合难度可以想见，因为开一个税收优惠的口子，如没有充足的理由和客观紧迫性是很难达成的，是慎之又慎的事。

2002 年 10 月 12 日，财政部、国家税务总局下发了 142 号通知，实现了黄金优惠税制向市场的平移。4 天后，即 10 月 16 日上海黄金交易所即试运行，18 天后的 10 月 30 日便正式运行。从此我们也可以看到黄金优惠税制市场平移对上海黄金交易所诞生的意义，这是上海黄金交易市场成功发展的三大要素之一。另外两个要素是交易标的创新和会员结构调整。

财政部、国家税务总局下发的 2002 年 142 号通知内容如下：

一、黄金生产和经营单位销售黄金（包括以下品种：成色为 Au9999、Au9995、Au995，规格为 50 克、100 克、1 公斤、3 公斤、12.5 公斤的黄金，以下简称“标准黄金”）和黄金矿砂（含伴生金），免征增值税，进口黄金（含标准黄金）和黄金矿砂免征进口环节增值税。

二、黄金交易所会员单位通过黄金交易所销售标准黄金（持有黄金交易所开具的《黄金交易结算凭证》），未发生实物交割的，免征增值税，发生实物交割的，由税务机关按照实际成交价格代开增值税专用发票，并实行即征即退政策，同时免征城市维护建设税、教育费附加。增值税专用发票中的单价、金额和税额计算公式分别为：

单价 = 实际成交单价 ÷（1+ 增值税）

金额 = 数量 × 单价

税额 = 金额 × 税率

实际成交单价是指不含黄金交易所收取的手续费的单位价格。

纳税人不通过黄金交易所销售的标准黄金，不享受增值税即征即退和免征维护建设税、教育费附加政策。

三、黄金出口不退税。出口黄金饰品，对黄金原料部分不予退税，只对加工增值部分退税。

四、对黄金交易所收取的手续费等收入照章征收营业税。

五、黄金交易所黄金增值税征收管理办法及增值税专用发票管理办法由税务总局另行制定。

财政部、国家税务总局 2002 年 142 号通知是黄金市场税收政策的全面规范，总的趋势是对上海黄金交易所实行税收优惠扶持政策，而影响最大的还是免征黄金增值税，这是继 1996 年之后的第二次延续黄金增值税政策优惠，这一政策总是不断地受到质疑，而又不断地延续，反映了人们的主观认识与实际情况存在差距，即对黄金增值税设计的特殊性还缺乏深入的认知。

2002 年黄金增值税政策向市场平移实现了交易环节黄金增值税的零税负，但规定采用即征即退管理，即只进行资金账户借贷，不发生实际的资金流，同时免征城市维护建设税和教育费附加，但要凭黄金交易所出具的黄金结算交易凭证，由税务部门开具增值税专用发票，企业凭专用发票才能做即征即退，做账户借贷处理，实现增值税为零。不在上海交易所交割的黄金就不能获得上海黄金交易所的黄金结算交易凭证，也就不能获得专用增值税发票凭票进行账户借贷处理。这实际上是给予了上海黄金交易所一种特权（后上海期货交易所也拥有了这种特权），即只有上海黄金交易所出具凭证证明才能享有黄金增值税零税负政策，这使场内交易具有实际的经济优惠，从而可吸引社会黄金入市交易而最大限度地抑制和压缩了场外交易。上海黄金交易所的实金交易量很快达到了全国总交易量的90%以上，占据了市场主导地位。

2002年交易环节增值税零税负政策的平移也使生产环节免征增值税政策得以延续，至此我国免征黄金增值税已从增值税在我国推行之日起延续了十五年，而黄金税收优惠政策则已实行了四十五年，但这种税制设计始终被认为是计划经济体制下国家对黄金行业的格外照顾，而在今天它的存在也仅是向市场经济转轨过程中某种特殊情况下的临时性的过渡措施，而不应是正式的税法规定。所以每一次黄金增值税政策的延续都是一事一议、一事一批。2002年已批准上海黄金交易所黄金交易环节增值税即征即退，并免城市建设税和教育费附加，但2008年黄金期货上市交易，上海期货交易所并不能因此而享受相同的税收政策，而需上海期货交易所重新申请，财政部、国家税务总局2008年2月又以财税发[2008]5号文单独行文批准。之前针对金融机构开展个人黄金业务的增值税政策下达了国税发[2005]178号文。

虽然黄金增值税政策向市场平移使黄金市场得以避免了白银市场覆辙，再一次证明了这一税制的必要性和合理性，但是并没有形成社会的统一认识，黄金增值税的不确定性仍然存在，所以黄金增值税问题成为了黄金行业挥之不去的“紧箍咒”，无论哪路“唐僧”咒语一念，便要从上到下折腾一番。

实现黄金增值税优惠税制向市场平移六年后的2008年对黄金增值税制的质疑声再次泛起，这是十五年间继1994年确立黄金增值税制政策取向、1996年黄金增值税优惠政策后延、2002年黄金增值税优惠政策平移市场之后的第四次黄金增值税风波，前三次基本上是业内与税务主管部门的讨论协商过程，而2008年是社会地方政府和税务主管机关与黄金产业的博弈协商过程。

从2002年以后出现了一个金价持续上涨的牛市，黄金企业因此收入增长，利润提高，但因黄金不征增值税，企业增收并不能给地方政府创造相应的税收增长，特别是边远的经济发展水平较低的产金区的地方政府，对增加地方税收有更现实的紧迫性，免征黄金增值税，对于他们来说简直就是“枕着烙饼挨饿”。增值税作为中央与地方共享税种，征收黄金增值税可以增加地方财政收入，所以这些地方政府是征收黄金增值税的始作俑者，提出的理由是：

1. 暴利说。

从2002年开始国际黄金市场结束了持续二十多年的熊市进入了一个持续牛市，金价持续上升，到2008年金价已上升了2.2倍，从2001年的每盎司平均金价271.04美元增长到了871.96美元。与美元金价挂钩，随国际金价变化的国内人民币金价也由每克71～75元上升到了195.87元，增长了1.73倍，金价不断攀升使黄金生产盈利大幅增加，生产企业虽不是都已“致富”，但多数黄金生产企业已“脱贫”是不争的事实。因此，有些人士据此认为黄金行业是暴利行业，并举例说2007年一个月的盈利就超过了过去黄金行业全年的盈利。所以，提出因为黄金生产微利，为支持黄金生产而给予的税收优惠政策应做调整，恢复征收黄金生产与销售环节的增值税。2008年初春，先由贵州人大代表在全国人代会提出提案，后又有新华社记者向国务院上报内参。

2. 经济体制说。

该理由认为黄金生产与流通享受优惠税制，是我国黄金工业在计划经济体制中为加快发展而给予的，是以行政手段配置资源的表现。黄金走向市场以后，是要通过竞争实现发展，而竞争要在同一条起跑线上起步，才能实现公平，税收优惠就是一种不平等竞争，所以进入市场必然要取消特殊优惠税制，而实行普税制。

3. **国家利益损失说**。

除以黄金行业暴利为征收黄金增值税为由外，还掀起了一股很强的舆论潮，认为我国黄金生产已是民营资本占主导，并且其中外商已占很大比重，几个“世界级金矿”已被外商所控制，现在不征增值税损失的是国家利益，并且又进一步延伸为贱卖国家黄金资源的指控，甚至因此引起纪律检查部门派出专人到某地区核查，把黄金增值税问题上升到了一个很高的政治层面，这在之前是没有发生过的。

4. **税负公平说**。

该理由认为市场经济的公平原则非常重要，各市场参与主体是平等的，所承担的税负也应是平等的，黄金税收优惠是在特殊条件下的暂性政策，不能长期存在，这有违于市场公平的原则。

这种高分贝的质疑在今天看来难以经受事实的检验，但是在当时却对决策者产生了很大影响，财税领导机关的天平发生了倾斜，征收黄金增值税甚至已到临门一脚的时刻，有关文件已进入准备阶段，但最终是又一次暂缓征收。据说新中国成立以来收回已内订征税计划这是首次，传闻是否真实不得而知。

增值税这个舶来品，从其在中国扎根之日起，黄金增值税征免就成了一个具有争议性的问题，不断受到质疑挑战，到2008年的十五年间出现了四次黄金增值税问题风波，至今仍是一个不确定状态，有部门表态缓征只是暂时性的。这一税制不断地受到质疑，但又不断地延续，黄金增值税制表现出了顽强的生命力。实践是检验真理的唯一标准，黄金增值税政策所表现出的顽强生命力更多地证明了其合理性，而许多质疑皆源于对增值税制的误读。其实之所以对黄金实施特殊增值税制，而不是一般税制是基于黄金的特殊社会属性，即与所谓公平税负无关，与黄金生产与流通的盈利性也无关，与经济体制也没有必然的联系。

在当代黄金不是一种一般商品金属，而是具有金融属性和政治属性的特殊金属，故必须从一个更大更高的社会视角中认识黄金增值税制问题，这是我经历了 2008 年黄金增值税风波之后的顿悟。2008 年黄金增值税风波的一个积极的意义是在多个社会层面提高了对黄金增值税内涵的认识。但愿因此不再有对黄金增值税的误读，也不再有这个黄金行业的挥之不去的“紧箍咒”。从这个意义上讲，2008 年黄金增值税风波具有典型价值：利益诉求有别，因而是非褒贬标准不同，但有大利小利之分，为大利而需舍小利，这就是黄金增值税制的战略性。然而，免征黄金增值税的“大利”表现在哪里呢？

“税收洼地”：国家战略之选

2008 年是国家悲喜交加的多事之秋，而黄金增值税风波再起，只是大浪中的一朵浪花，但对我国黄金行业来说这却是一件大事，因为它利益攸关，4 月财政部和国家税务总局召开了“黄金增值税政策座谈会”对征收黄金增值税征求意见，也是向下打招呼，要求各单位要有思想准备。会上明显地分为正反两派，人民银行、上海黄金交易所、中国黄金协会等单位持反对意见，这些部门之所以持反对意见并不难理解，因为征收黄金增值税将会给他们带来难以估量的损失。

上海黄金交易所经过一年多的等待和极大的努力才实现了增值税优惠政策向市场的平移，成为市场顺利发展的有力的政策支撑力。如果开征黄金交易环节的增值税，场内交易的税收洼地就将消失，市场优势就将弱化，从而有可能重蹈白银市场的覆辙。已有前车之鉴，事关市场存亡，上海黄金交易所对征收黄金增值税持反对态度也是情理之中的事。

人民银行作为上海黄金交易所的上级主管部门有着相同的目标诉求和利益诉求，而且作为黄金市场的管理者对于黄金市场的平稳运行和交易秩序有序负有责任。在我国周边国家实行免征或低税率的情况下，我国征收 17% 的增值税就会诱发和加剧黄金走私活动，造成对黄金市场和金融市场的冲击，对此人民银行是高度警惕的。黄金走私已存在多年，禁而不止，后果难料，必须严加预防，因而人民银行也持反对态度。

中国黄金协会是黄金行业社团组织，是黄金产业利益的代表，征收黄金生产环节的增值税，预计每年将从黄金行业征收50亿元左右，这大约占当时行业总盈利的四成，黄金行业的利益损失是显而易见的。更为紧要的是金价有涨有落不断变化，在当前金价不断上涨时如还能承受的话，一旦金价转而进入熊市金价持续下降时后果损失将更加严重，一大批黄金矿山将会陷入困境，或发生亏损而倒闭。而税制要求具有稳定性和严肃性，所以一旦黄金增值税开始征收，即使出现困难情况要求取消也十分困难，而且由此产生的还不仅仅是一个单一的经济问题，还会产生许多次生问题，也是必须考虑的，所以中国黄金协会也持反对态度。

无论是正方还是反方都需要有充足的理由和翔实的数据支撑自己的诉求，但对反方来说压力更大，因为要阻击一项即将要出台的政策使之改变是很困难的，因而各自都紧锣密鼓地开始了应对的准备工作。

一天，我接到世界黄金协会大中华区总经理王立新的电话，他约我就黄金增值税问题为他们写一篇专题研究报告，后来我才知道是上海黄金交易所向世界黄金协会提出了咨询请求，这个专题报告就是因此而准备的。

王立新之所以有此一举是因为1999年黄金市场进入了建设实施阶段，其中就涉及了黄金增值税制的设计。欧洲是增值税的诞生地，因而欧洲黄金增值税制度对我国黄金增值税制度的建立有很大的借鉴价值，为此世界黄金协会将欧洲增值税资料交给我，希望我对这个专题进行研究。后来我于2000年6月在《中国黄金经济》上发表了《从〈欧洲黄金特殊税制计划〉看我国黄金税收制度改革》一文，这也是我和黄金税制研究相遇之始，但没有想到十年后又旧话重提。应邀之后，我在对欧洲黄金特殊税制重新审视的基础上写成了一个万余字的分析报告交给了世界黄金协会，至于世界黄金协会如何使用这个报告，我就再也没有过问。基于同样的渊源我也受邀参加了中国黄金协会向财政部专题报告的撰写组织工作，并担任中国黄金协会向国家发展改革委员会情况汇报组的顾问，从而促使我对黄金增值税制进行了进一步的研究和思考。

之所以研究《欧洲黄金特殊税制计划》是因为增值税制既然是从欧洲引进的，是学习欧洲的，所以欧洲黄金增值税制对我国黄金增值税制的建立具有直接的借鉴价值，就可以树立一个样板。在1999年刚刚接触《欧洲黄金特殊税制计划》时，我关注的焦点是"它是什么"，是将它的面貌描述出来，让更多的人了解。十年后再接触它的时候，我关注的焦点问题是"它为什么"，希望了解这一欧洲黄金特殊税制的目的性。

对于黄金增值税优惠税制提出质疑与一个情结有关。在计划体制中黄金生产与流通享受优惠税制政策，是特殊情况下的特殊照顾，因而走向市场以后这种优惠税制就应取消。1993年国务院63号函的政策调整就是遵循了这样的原则，所以1994年我国从进行黄金增值税政策设计之始，我们就产生了误读，把市场经济中的一个国际惯例视为了计划经济中的一种特殊优惠税制。因而，质疑这一制度者，可以时而举起市场经济税负公平之帜发难，而支持这一制度者，只能被动地以取消这一税制对行业发展的消极影响争取理解和支持。所以，黄金增值税特殊税制虽延续至今，但每一次争辩在道义上总是反对延续方主动，而支持延续方被动。

欧洲是增值率的诞生地，是一个完全市场经济地区，在这个地区普遍征收增值税，而且十分严格，但黄金生产和流通环节是零税负，而不是一般商品所征的17.5%，所以被称之为黄金特殊税制计划。显然这是一种税收优惠，这一事实告诉我们在市场经济体制中黄金增值税优惠政策同样存在，我们实行黄金增值税优惠政策与市场经济并不相悖，这是《欧洲黄金特殊税制计划》给我们的一个重要启示。

在参加中国黄金协会向国家发改委有关部门汇报时，我的发言中心主题就是免征黄金增值税不是计划经济的特例，而是市场经济的惯例，并不是计划经济体制中才有的特殊优惠，多个市场经济体制的国家也都有这种税制安排。主持这次汇报会的领导表示，如果能把这个问题说清楚，给国务院的报告就好写了，看来这确实是让人们走出黄金增值税误读的一个重要方面。

我们说黄金增值税优惠政策是市场经济的惯例，并不是说全世界所有国家都实行这一政策，各国政策设计有所不同，这取决于国家战略的取舍不同。南非、澳大利亚虽是世界重要的产金国，但开征黄金流通增值税，所以这两个国家就没有发达的黄金交易市场和黄金投资市场，只是利用国际黄金市场进行交易与投资。相反，将黄金交易与投资市场置于国家发展战略高度的国家都会实行黄金增值税优惠政策。

当今，国家之间的竞争博弈已从商品社会生产力的竞争，更多地转变为金融创新力的竞争。一个国家的富强，要有强大的财富生产能力，同时还必须拥有强大的财富配置能力和转移能力，这种能力主要是通过金融市场实现的。所以，金融创新能力与竞争力已成为一个国家保持繁荣和走向强盛的关键性选择。

金融市场体系的核心是货币市场，这个市场是一个社会经济正常运行和一个政权得以生存的基础。经济学家凯恩斯曾这样一言中的："要颠覆现存社会的基础，再没有比搞坏这个社会的货币更微妙且更保险的方式了。这一过程引发了经济规律的破坏一面中隐藏的全部力量，它是以一种无人能弄明白的方式做到这一点的。"

货币市场出现问题而引发社会危机的事实就发生在我们身边。远一点可以上溯到国民党政府政权的垮台，对于这一轰动全球的历史事件，诺贝尔经济学奖获得者、美国经济学家米尔顿·弗里德曼指出："毫无疑问，官僚腐败以及不良金融管理，件件都导致了货币市场的崩溃和恶性通货膨胀的爆发，这些原因也是国民党战败的主要原因。"他还进一步指出："恶性通货膨胀不仅帮助共产党人夺得了政权。在战争过去之后，共产党还能消除恶性通货膨胀，毫无疑问，这也有助于共产党人巩固其政权。"近一点是 1997 年，国际金融大鳄攻击泰国货币泰铢得手，引起亚洲经济危机，使多个国家陷入经济衰退的泥潭。再近一点的是2007年，美国次贷危机引发的全球金融危机，2010年爆发的欧债危机，将全球经济拖入了不景气泥潭。这一切都是金融市场不稳定惹的祸，而金融市场的核心是货币市场，所以货币市场的稳定关系到一个国家的安危和经济的发展。

货币市场的不稳定源于货币超发而引起的严重通货膨胀，政府拥有货币发行的垄断权，因而抑制、消除通胀，控制货币发行的主动权在政府手中，所以政府的关注和强有力的行动对抑制通胀至关重要，是解决问题的首要因素。然而可以容忍低通胀，不会使社会出现严重问题，而且又可刺激经济的发展，政府可以从中获得多方面的好处，因而政府有超发货币的冲动，但一有不慎便可能酿成大祸，所以只靠政府的自我约束和自觉革命是不可靠的，还必须建立一套有效的监督和预警机制。

自从白银退出金融市场以后，黄金是当今唯一与金融货币市场有联系的贵金属，成为金融货币市场中唯一的实物交易标的和具有内在价值的独立资产。而货币是一种信用资产，当其信用发生动摇而贬值时，黄金的价值因是内在的而不会随着货币的贬值而贬值，黄金市场对货币通胀具有指示性作用，因而成为通胀预警的指示器。

又由于黄金与信用产品逆向运动的特点，黄金市场又可以为其他金融市场提供交易对冲操作，以规避市场风险，因而，黄金市场有提高金融市场安全性的作用。此外，黄金市场产品与其他金融市场产品对冲需求，又产生了许多新的结构衍生物，从而丰富了金融市场的产品，扩大了金融市场的功能，增加了金融市场的规模。因此，黄金市场成为金融市场不可或缺的一部分。

黄金市场对货币市场及金融市场所具有的稳定性作用，使黄金市场具有重要的战略性，表现在凡是货币相对稳定可以充当国际通货的国家，都有规模宏大、交易活跃的黄金市场。当今大家一般公认的可以接受的国际通货，可成为国家外汇储备中的币种有：美元、欧元、日元、英镑和瑞士法郎。而这五种货币发行的国家或地区的黄金市场也在全球占据举足轻重的地位。

美国拥有全球第一的黄金期货市场，其交易量超过了全球黄金总交易量的50%，占黄金期货交易量的近八成。

欧洲是全球官方储金最多的地区。2011 年，仅欧洲 14 个国家就达 126410 吨，占全球官方总储量的 40.88%，全球最大的场外黄金交易市场和实金交易市场都在欧洲。欧洲是全球黄金交易与交割中心。

日本拥有全球第二大的黄金期货市场，实金交易量也居世界各国前列。

英国是全球最大的黄金交易与结算中心，伦敦黄金市场交易结算量占全球总量的 50% 以上。

瑞士是当今最大的实物黄金交易市场所在地，全球 50% 以上的实物黄金是在这里交割的。

这五个国家（地区）集中了全球 90% 的黄金市场交易量和 80% 以上的实物黄金市场交易量，成为这些国家或地区全球金融市场竞争优势的一部分。正是因为如此，经济学家凯恩斯这样评价了黄金在当今金融市场中的作用："黄金在我们的制度中具有重要的作用。它作为最后的卫兵和紧急需要时的储备金，还没有任何其他更好的东西可以取代。"黄金市场是实现货币市场稳定的有力工具，为此这些国家或地区将黄金市场发展置于国家战略的高度。

欧洲是近代黄金市场发源地，是当今黄金市场汇集地、黄金交割中心及金价形成中心，建设发达的黄金市场是其追求全球金融竞争优势努力的一部分。欧洲的黄金产量已很少，每年黄金产量仅不足全球总产量的 1%，2011 年仅为 0.66%，并且也已经不是全球的黄金加工中心，而黄金消费量也排在中东、印度次大陆、东亚之后，但欧洲仍是全球黄金交易中心和黄金汇集之地，究其原因，《欧洲黄金特殊税制计划》的贡献巨大。

欧洲税收制度非常严格，但基于追求金融竞争优势的战略要求，二十世纪八十年代中期欧洲全面实施增值税制时，对于黄金实行了特殊税制，这就是黄金生产、流通、加工各环节增值税皆为零税负，而且还要指出的这是在欧洲仅有的特殊商品增值税政策。

《欧洲黄金特殊税制计划》使黄金交易从市场到批发再到零售的各个环节的流通增值税均为零，这就形成了欧洲市场交易的“税收洼地”，交易成本做到了最小化，因而全球黄金投资者都愿使用伦敦黄金市场。虽然竞争已使伦敦黄金市场失去全球黄金物流中心的地位，但因“税收洼地”的存在，欧洲仍是当今全球黄金交易和资金结算的最大市场，全球各大黄金银行和投资机构在伦敦都有派出机构，黄金交易网络覆盖全球，因而伦敦在既不生产黄金，且英国用金又很少的情况下，伦敦黄金市场仍成为全球最大的黄金现货市场和拥有定价权的市场，而保持这种黄金市场优势是英国发展金融业与全球竞争的要求。

欧洲每年产金不到世界总产量的1%，已微乎其微，但是其黄金供应能力并不低，因其拥有世界先进水平的黄金精炼能力，可向市场提供各种黄金投资产品。之所以这方面能力突出的原因也在于欧洲对从矿山到精炼及进出口环节的增值也实行了零税负，因而又形成了“生产税收洼地”，在吸引投资者积极进入伦敦黄金市场交易外，又吸引了全球黄金资源进入欧洲。虽然1968年以后英国伦敦不再是全球黄金交易中心，但黄金交易中心又转移到欧洲的另一个国家瑞士，所以现在欧洲仍然是全球黄金最富集地区，并因有大量黄金在欧洲市场交易而能够左右全球的黄金供给。可以设想如果不是实行黄金特殊税制，而是征收17.5%的增值税，实际就是将黄金逐出欧洲的投资市场，这种人为阻力的设置显然会损害欧洲国家的金融竞争力。

欧洲黄金特殊税收政策是欧洲货币在与美元博弈的大背景中形成的。美国利用两次世界大战在欧洲爆发的机会，大发战争财，欧洲大量的黄金财富流入了美国，到1945年美国拥有的黄金已高达2.2万吨，为当时全球官方储备黄金总量的75%，而且各国的黄金储备也多数储藏在美国，为美国所控制。也正是凭借这样雄厚的黄金家底，美元取代英镑成为了全球中心货币，建立了美元霸权。但是二十世纪六十年代，美元颓势已显，法国戴高乐将军率先对美元提出挑战，不断地将拥有的美元兑换成黄金，并提议重回金本位制。法国的行为为其他欧洲各国所效仿，黄金重新流回欧洲，使美国的黄金储备下降到了全球官方总储备的30%以下，到2011年为26.3%，总量为8134吨，而欧洲超过了1.2万吨，所占全球官方总储备比重超过了四成，实现了全球黄金流向的逆转。

1999年统一欧元的诞生是欧洲对美元霸权提出的更大挑战，而其丰厚的黄金积存为欧元的诞生提供了有力的支撑，欧元储备资产中黄金比重占15%。2011年黄金储备前30位的国家中欧洲国家占14个，这14个国家中，黄金储备占国家外汇储备的比重最高为90.9%，最低为8.9%，平均为35.8%，远远超过了我国的1.6%。这14个国家按黄金储备量排序见表4-1。

表4-1　　　　2011年欧洲14个国家黄金储备表

国别	外汇储备（亿美元）			黄金储备量（吨）	黄金储备额占外汇总储备（%）
	总额	黄金储备额	其他外汇		
德国	2388.6	1719.3	669.3	3396	72
意大利	1733.1	1241.2	491.9	2452	71.6
法国	1718.9	1232.8	486.1	2435	71.7
瑞士	3320.4	526.5	2793.9	1040	15.9
俄罗斯	5040.5	447.0	4539.5	883	8.9
荷兰	512.6	310.0	202.6	612	60.5
葡萄牙	213.3	193.6	19.7	382	90.8
英国	949.8	157.1	792.7	310	16.5
西班牙	471.0	142.6	328.4	282	30.3
奥地利	251.7	141.7	110.0	280	56.3

续表

国别	外汇储备（亿美元）			黄金储备量（吨）	黄金储备额占外汇总储备（%）
	总额	黄金储备额	其他外汇		
比利时	294.3	115.1	179.2	227	39.1
瑞典	503.9	63.6	440.3	126	12.6
希腊	69	56.5	12.5	112	81.9
罗马尼亚	481.9	52.5	429.4	104	10.9
总计	17895	6399.5	11495.5	12641	35.8

（数据摘自《黄金年鉴 2012》，黄金储备金额以 2011 年底金价计算）

引领欧洲经济的两架马车——德国和法国的黄金储备占外汇储备都在七成以上，然而全球比重最大、储量最多的还是美国，分别为 75% 和 8134 吨。欧美鼓吹黄金无用论，只为模糊他人的眼睛，而他们双方实际上都没有放弃黄金，仍然都是黄金财富最为富集的地区，这些黄金构成了对货币权威的支撑力。戴高乐将军曾十分直白地讲到了这个问题，他说："美元拥有优越的地位，因为他曾经汇集了世界最多的黄金，如今，它已失去了这种基础。"

因为黄金是货币稳定的基础，所以发展黄金市场，聚集黄金财富是构建金融核心竞争力的战略选择，而黄金增值税优惠政策就是服务于这一战略，保证这一战略的实现的。而不同的国家战略有所不同，如南非、澳大利亚，就在黄金流通环节征收增值税，税率分别为 14% 和 10%，因此这两个主要产金国的黄金只能利用国外市场进行交易，这两个国家把黄金只作为出口创汇的一般商品，因为他们在过去是英国的殖民地，经济从属于英镑货币体系，而今天又是从属于美元货币体系。他们在政治和经济上都不是独立的一极，而无金融博弈向世界强权挑战的现实迫切需要。所以，他们没有必要为发展黄金市场采用黄金流通零税负政策。

近两百年来世界政治与经济版图不断改写更迭，先是大英帝国称霸全球，英镑成为全球中心货币；再是美国兴起，美元货币体系建立，英镑陨落；二十世纪中叶苏美争霸，两个阵营对峙，1991 年苏联解体，世界经济政治版图进入重组期。有人说现在是美国一霸独大时期，但是，我们看到的是美国已日渐力不从心，而新兴经济国家的代表——中国的经济总量先后超越德国、日本而居世界第二位，并有赶超美国之势。欧洲 26 个国家经济一体化、政治一体化迅速推进，因而美国、欧盟、中国三足鼎立的态势日见清晰。我国无论是政治上，还是经济上都已是当今世界上的相对独立的一极，是世界政治与经济规则的重要参与者与博弈者，这是中华民族历史新的一页，也是中国的历史新角色、新选择。

在全球政治与经济的版图中，我们不同于南非和澳大利亚，必须在不懈地发展实业、扩大经济总量的同时大力发展金融业，把金融业作为国家的战略行业，为此发展黄金市场是国家发展的战略选择，在这一点上我们与欧洲有着相同的抗衡美元霸权的目标诉求。人民币国际化是抗衡美元霸权的必然选择，也是我国金融市场的核心问题，人民币国际化的基本条件是稳定，只有稳定才能赢得信任，才能为其他国家所欢迎、所使用、所接受。

货币的稳定取决于国家经济的基本面，但黄金财富的富集程度也是一个重要因素，所以无论是英镑，还是美元在从本国货币向国际中心货币的发展进程中，其国家拥有的巨大黄金财富不仅是货币稳定的基础，而且是赢得信任的重要因素。因此，英国和美国为了获得更多黄金都有不惜发动战争的历史，当然当他们的纸币占住脚跟之后又往往会限制黄金的货币功能，发表褒扬纸币而贬低黄金的言论，则是一个问题的另一面。

以史为鉴，拥有更多的黄金财富，提高人民币稳定的基础对人民币实现国际化具有重要的作用，对此我们要有一个清醒认识。增加黄金财富的途径有两个：一个是扩大黄金生产，增加黄金产量；二个是发展黄金市场，提高流通效率和规模，增加黄金交易量。无论前者还是后者都需要“税收洼地”，使我国具有全球一流的黄金生产能力并成为重要的黄金财富汇聚地。所以实行黄金增值税特殊制从狭义的角度看虽是一种对黄金产业的照顾性税制，似乎有违公平税负原则，但这是获得更大战略利益的需要，因而是必要的，也是合理的，也可以说是舍小利，求大利的选择。这就是对黄金增值税优惠政策的战略思考。

改革进程中的一支国际部队

1999年之所以世界黄金协会将欧洲《黄金增值税特殊税制计划》的有关资料交给我做专题研究，多少年之后我才知道，早在1997年经人民银行同意，世界黄金协会已会同国内的八个机构，为黄金市场的开放做准备而进行增值税研究，或许我的研究只是他们把内部的研究活动公开化而已。世界黄金协会是推动我国黄金市场化改革和黄金市场发展的积极参与者，他们的参与为我们打开了一扇观察外面世界的窗户。我国黄金市场的发展是借鉴国际黄金市场发展经验，不断与国际黄金市场接轨的过程，这是我国黄金市场化改革开放性的重要表现特征。在回顾二十年黄金市场化历程时对此我们也应有所笔墨，因为这也是我国黄金市场化改革进程的一部分。

世界黄金协会是1987年成立的一个非盈利性的国际组织，总部设在英国伦敦，现在在美国纽约、英国伦敦、孟买、新加坡分别设有四个地区总部，在全球十个城市设有办事处。这是由美国、加拿大、南非、澳大利亚等国的国际性大黄金矿业公司出资成立的。经费来源于各会员企业交纳的会费，会费按公司黄金产量交纳，每盎司2美元；近年来又有一部分经费来源于ETF的交易手续费。其核心宗旨就是推广和扩大全球黄金需求，这实际上是一个全球黄金产品的推广机构。

大型国际性黄金矿业公司成立世界黄金协会这样一个黄金市场推广组织有其特殊的经济政治背景。

从1971年美国割断美元与黄金的官价联系后，国际货币基金组织随后推进黄金非货币化，黄金的使用及地位受到挤压，所以，1980年金价达到历史高位之后持续下跌，1985年金价比1980年下降了48.37%，从年均价每盎司614.5美元下降到了317.26美元。金价的下跌直接影响黄金矿业的发展，扩大需求拉升金价成为黄金矿业发展生死攸关的大事。因此，开拓黄金需求市场被摆在了黄金生产企业面前，这是历史上空前的挑战，过去黄金都由国家垄断收购，多数都作为国家储备，如何扩大黄金市场需求呢？起初的选择是推动恢复和强化黄金的货币属性。

1967年在这样的思想指导下，当时黄金产量第一的南非率先行动，南非矿山总会策划推出了克鲁格金币，成色22K（91.67%）、重1.09盎司，恰好为一盎司黄金，目的是为一般民众提供一种新型的黄金投资品，升水很低，这是对黄金非货币化的反击。发行者认为民众持有一块金币就是给黄金投出的一张信任票，如金币为越来越多的民众接受，并可以流通成为一国货币的基础就是非正式的恢复了金本位制。但要使更多的人接受金币，达到最终目的就必须做市场推广，为此南非矿山公司投入了上千万美元的广告宣传费，并与银行合作发售，还建立了金币回收机制。初期市场反响不大，首先是在德国取得了成功，到七十年代中期已在德国销售超过了200万枚，却因八十年代德国开征增值税而使销售量下降，但很快金币销售转向了不征税的卢森堡，建立了新的发售中心。

克鲁格金币另一个销售高潮发生在英国，1974年至1975年初英镑大幅贬值，黄金避险的功能凸显，刺激了对克鲁格金币的需求，进口量激增，以至工党政府不得不禁止了金币进口，但估计销售量已达500万枚，而且一直未停止交易。克鲁格金币的更大成功是在美国，1975年美国黄金管制解除，允许个人拥有黄金，克鲁格金币迅速成为畅销货，年销售量达100万～300万枚。1984年克鲁格金币创年销售400万枚（124.4吨），是在美国销售的最高历史纪录。

克鲁格金币的成功使各国纷纷效仿，前后有 20 多个国家发行了金币。我国于 1979 年发行了纪念金币，1982 年开始发行熊猫金币。二十世纪七十年代全球每年平均金币用金量达 210 吨，为全球黄金总供应量的 14.6%；八十年代平均金币用金量 168 吨，为总供应量的 10.9%；1986 年高达 326.6 吨，为当年黄金总供量的 23.4%。总之，金币为黄金需求打开了一个新的市场，因而开拓金币市场成为扩大黄金需求的一个现实选择。

世界黄金协会成立初期的一个现实目标就是在全球推销克鲁格金币，从而拉动市场黄金需求，也就是这几大金矿公司通过世界黄金协会联手合力开拓金币需求市场。但进入九十年代，由于民众投资的多元化和各国相继放开黄金管制以后小金条兴起，而使金币的需求下降，年均需求量下降到百吨以下（99.2 吨），占总需求的比重仅为 2.7%。而 2000 年需求量只有 47.8 吨，占总需求的 1.2%。因而金币市场对黄金需求拉动作用大大弱化，世界黄金协会的工作重心也由金币市场转向了首饰市场。

从二十世纪七十年代各国相继开放了黄金市场后，黄金从货币领域流向了商品领域，而商品领域在当时的技术水平情况下主要是制作首饰。首饰市场逐渐成为黄金的主要需求市场，到九十年代首饰制造用金占到了总需求的近八成(77.09%)。首饰市场比金币市场的品种复杂得多，而且面对的消费者分布更为广泛，因而就不能像金币那样做直接营销，而必须是与首饰生产商和经营商结盟，引领和支持黄金首饰生产商和营销商开展黄金首饰市场营销。二十世纪九十年代世界黄金协会用于拓展市场的经费来源于各大型矿山理事单位的会费，每年超过五千万美元，这在当时是一个不小的数字。

我国是一个有 14 亿人口的大国，当时又是一个黄金消费很低的国家，黄金消费增长潜力巨大，所以为世界黄金协会所重视。随着我国改革开放的推进，世界黄金协会于 1994 年得以进入中国，并相继在北京、上海、香港建立了办事机构。

世界黄金协会进入中国之日也恰是中国黄金管理政策开始调整之时，1993 年实现了国内人民币金价与国际美元金价的接轨，确定了黄金市场化改革方向。我国的改革目标与世界黄金协会的宗旨不谋而合，从而构筑起了双方合作的基础。改革的中国需要借鉴国际黄金市场的发展经验，世界黄金协会提供了中国了解世界的窗口和联系外部世界的桥梁。而对于世界黄金协会来说，推动中国黄金管制的解除可以增加中国市场的黄金需求，这是实现世界黄金协会宗旨的需要。因而世界黄金协会成为我国黄金市场化改革的积极参与者和推动者。

刚刚进入中国的世界黄金协会并不为中国同行所认识，当时中国是一个黄金短缺的国家，不用营销推广就已供不应求，不仅没有市场营销的积极性，甚至没有市场营销的概念，直到新世纪初黄金不需营销的观念还十分流行。所以，我在一篇文章中称营销是黄金生产者尚未耕种的荒原。那时多数人对国外同行自掏腰包来中国搞市场营销大为不解，或不以为然，仿佛是一个人们杜撰的故事。

市场营销就是通过产品、技术、设计、分销等方面的改进和推广，促进并保持市场对黄金产品的需求。但是，在当时缺少竞争的环境中我国黄金生产、加工、销售企业都缺少在产品、技术、设计、分销方面进行改进的动力和需求。首先打破这一工作瓶颈的是黄金首饰业，二十世纪九十年代中后期铂金首饰崛起，取代黄金首饰成为结婚首饰的首选，因此我国首饰市场由“金灿灿的秋天”变成了“白皑皑的冬天”，黄金首饰需求逐年下降，黄金首饰生产与经营商发展生存遇到困境，不少企业倒闭或转产。走出黄金产品市场需求下跌困境成为黄金首饰生产与经营企业生存的首要问题，使市场营销的必要性不言自明，市场营销的实践由此而展开。

世界黄金协会是我国黄金首饰市场营销的启蒙者和引领者，通过 K–gold18K 金饰、唯有金、囍福结婚金饰等产品的市场推广具体地诠释和实践了如何对产品、技术、设计、分销等方面进行改进，为我国黄金首饰企业开展市场营销提供了借鉴的实际案例，这些工作推动了我国黄金首饰行业市场营销能力的提升，更为重要的是为我国黄金首饰业打开了深入认识市场的“窗户”，使企业自己驾驭市场的能力有了一个质的变化，这个变化成为我国黄金首饰业新世纪再次走向辉煌的重要原因，黄金首饰绝处涅槃再次为消费者青睐。

在追踪黄金首饰市场发展的过程中我记录了这一时期发生的一些事件，总结了这些市场营销案例,其中对囍福结婚金饰的市场地位和文化内涵做了以下评论：

世界黄金协会在我国推介的囍福结婚金饰在黄金理念新诠释方面迈出了积极有意义的一步，是一个值得关注的市场案例。

（一）市场切入点

一般理解结婚首饰的消费主角自然应是结婚的男女双方。当今男女双方结婚之时绝大多数都要购买纪念婚饰，他们此时购买首饰主要是向他人、向社会宣示他们的爱情纯洁无瑕、清纯可爱、长长久久、白头偕老。那么“钻石恒久远、一颗永流传”的钻石和白色铂金的结合是这种宣示的最佳演绎，因此铂金镶钻首饰在二十世纪九十年代中期以后成为结婚新人的首选。如果是大量佩戴黄金首饰，一身珠光宝气，即会受到鄙视，被认为是十分浅薄俗气的。当人们拥有越来越多的财富时，反而更加追求一种对物质淡薄的情趣。在这种消费取向下，黄金首饰被结婚新人们疏远是很自然的,但是囍福结婚金饰的市场切入点不是结婚的新人，而是新娘的父母。这种市场切入点的新选择起到了化腐朽为神奇的作用，这正是囍福结婚金饰市场策划的高明之处。

父母在女儿出嫁时的心情多少与新人们有所不同，新人们更多的是沉浸在对未来幸福生活的憧憬之中，而父母更多的是不舍，还有丝丝牵挂。作为过来人，出于自身的生活经验，他们最希望的是儿女未来生活的安定平稳，并愿为此而作出自己的奉献。因为黄金具有珍贵和永恒的特性，所以通过黄金可以十分恰当地使新娘父母的这种心愿得到体现：送女儿一套囍福结婚金饰既表达了希望女儿未来生活富裕，也表达了希望女儿未来生活平安的良好祝愿。而且这种选择与传统价值理念十分符合，所以极易得到年长一辈人群的认同与共鸣。这样的市场切入点，还推动了结婚首饰的市场细分，如把结婚首饰的消费对象从新人扩展至与新人有关的人群。那么是否还可以设计推出伴娘（郎）首饰、送亲首饰、迎亲首饰、亲家首饰呢？不妨一试。市场的细化往往就会带来市场规模的扩大，从而带来新的商机。

（二）产品定位

囍福结婚金饰的产品定位是新娘父母给女儿的嫁妆，这与一般的首饰也是有所不同的。

我的家乡是华北平原上的一个小村落，一望无垠，难得见到山脉和石头。那里有一种习俗：在女儿出嫁时，陪送的嫁妆衣箱里要放一大块石头压箱，以示希望出嫁的女儿今后日子过得殷实厚重之意。因此囍福结婚金饰做嫁妆，主要不是用于佩戴，更主要的是表示了父母为女儿今后生活过的殷实厚重“增砖添瓦”。因而囍福金饰产品具有大、重、厚的特征。这既是一种感情的寄托，也是对女儿未来生活安定、平安的实际支援行动。实际凡属嫁妆，不论是什么样的物品都有以上两层含义。所以以囍福结婚金饰做嫁妆，既传达了父母对女儿的牵挂和关爱，又为女儿增加了财富储备。这与新人们以宣示爱情的纯洁与忠贞为目的的选择原则是不同的。

将囍福结婚金饰定位于嫁妆，延伸了黄金首饰的文化内涵，对黄金理念做了新的诠释，从而使黄金财富的优势得以充分的发挥，却又回避了淡泊金钱、厌恶物欲的时尚对黄金首饰所产的一些负面影响。

（三）功能定位

首饰的功能主要是装饰，消费的目的是以首饰为载体来宣示自己的个性和文化情趣追求，其功能是外露的、张扬的。而囍福结婚金饰的功能定位是长辈感情的传承，推广的主题是“九九足金、祝福久久”，其功能是默默地表述源远流长的亲情。而且这种表述与其说是宣示，不如说是思念回味。因此一般结婚首饰的主要产品是婚戒，而囍福结婚金饰的主打产品是手镯。因为手镯最能寄托这种情感的传承，父母是用双手劳作，养育儿女的。女儿一出生就有父母双手的抚爱，女儿学步又是父母双手扶持；与父母牵手走过多少路和桥，守望过多少黄昏清晨？而今天女儿出嫁便意味着从此放手让女儿自己去走人生路，又有多少眷顾和不安。送一只金手镯就是要把这种父女情、母女情铭刻下来，让女儿带着父母的无限深情走向新的历程，并永远相伴、永远相承。

囍福结婚金饰的功能定位表明，黄金首饰不只是物质炫示的标的，也是人类感情传递的载体。在人们厌恶盲目追逐物质享乐而日益重视亲情的今天，这种“感情代言人”功能发挥的越来越能赢得人心。

有女儿出嫁，给女儿一套囍福金饰确是一件很传统而又很酷的选择。给那珍贵而富贵的黄金赋予浓烈的亲情，并让它永远和女儿相伴，走向很远很远的地方，这是多么美好而回味无穷的事啊！

与时俱进，使古老的黄金包容时尚，我们还要为之努力！

（原载于《中国黄金报》，2004 年 5 月 11 日）

我国黄金首饰业在走出 1998 ~ 2002 年五年发展低潮期的过程中认识和接受了黄金营销的理念，并通过实践使黄金首饰业市场营销水平不断提高。而我国黄金生产企业对于市场营销的接受是到解除黄金管制，进入全面市场化发展环境之后。进入市场后，资源的配制实现了完全的市场化，黄金生产企业必须通过竞争从市场中获利，竞争力成为企业生存发展的关键，而企业竞争能力的核心就是对市场需求变化的适应能力和满足能力，所以满足市场需求成为生产的指标器和生产者行为的目的，不断对产品、技术、设计等方面的工作进行改进就成为了黄金生产企业生存发展的必然选择。而在实践层面先行的黄金首饰企业提供了多方面的启示与样板，进入新世纪我国黄金生产企业的市场营销也逐渐成为潮流。

通过产品、技术、设计、分销等方面的改善和提高，促进黄金市场需求的增长，是黄金生产者和经营者改进工作不断满足消费者需求的过程，营销是重要的，但影响消费者需求的因素不仅于此，国家的黄金市场与消费政策也是影响消费者需求的最重要的外部因素，所以影响各国政府的公共政策，推动黄金市场开放是世界黄金协会的三大宗旨之一。

世界黄金协会进入中国以后，即开始就开放中国黄金市场问题与中国人民银行接触对话，为人民银行开放黄金方案前期调研提供服务。1996 年世界黄金协会邀请人民银行代表团参加其在新德里主办的印度黄金经济会议，并安排代表团与印度储备银行、印度财政部就黄金市场化改革进行座谈讨论。会议期间还组织代表团与多名专家就土耳其、巴西、中国台湾等国家和地区的黄金市场化改革进行了交流。这次会议是中国人民银行后来重新审视和确定黄金市场化改革方案的一个重要起点。

世界黄金协会与人民银行在数年的接触中双方的信任日增，逐步进入了一些深层次的问题的交流讨论。1997 年 5 月至 1998 年 6 月，世界黄金协会与人民银行联合组织了每三个月一次的四轮讲座与座谈，着重就黄金市场现状与问题展开讨论，涉及黄金市场、金价改革、黄金进口、黄金税收等热点问题。最重要的进展是于 1997 年 7 月人民银行批准成立了由 8 个部门 13 个成员组成的“中国黄金政策改革研究协调小组”，世界黄金协会为该小组组织了一系列的交流活动和研讨会。1997 年年底人民银行货币金银司经数年准备向总行领导提交了一份计划书，对未来五年黄金市场化改革做出了详尽规划。从 1993 年到 1999 年是黄金市场化改革沉寂的六年，但不是停止的六年，人民银行的前期研究准备工作一直在推进，而与世界黄金协会合作是这一进程的一部分，正是因为如此，世界黄金协会在我国黄金市场筹建的前期发挥了顾问的作用。

1999 年我国黄金市场化改革已臻成熟，黄金市场建设进入实施启动阶段，3 月份人民银行提出了“黄金市场改革方案”，5 月在北京召开了专题座谈会，6 月份又在深圳召开了座谈会，世界黄金协会参与了讨论，并提出了自己的意见。同时，世界黄金协会也启动了中国黄金市场筹建的前期专题研究，成果以《中国黄金管理体制改革与市场开放——基本思路与方案设想》冠名，于当年 11 月份发表，提出中国应放开黄金管制，建立一个会员制的现货交易市场。2000 年又资助国务院发展研究中心产业经济部完成了专题研究报告《新时期中国黄金市场开放：相关政策研究与建议》，提出中国应建立一个多元黄金市场体系。这两个研究报告反映了在我国黄金市场诞生前的理性探索，为黄金市场的决策与建设提供了丰富的思想资源，已成为记录我国黄金市场化历程中的两个重要历史文献。

在这期间世界黄金协会为了推动我国黄金市场化也加强了与我国黄金矿业的联系。在市场开放前夕，从 1998 年至 2000 年世界黄金协会与原国家黄金局联合先后举行了三届黄金矿业国际论坛，推动封闭的中国矿业与国际矿业市场互动，为中国黄金矿业进入市场造势和预热，当时确实起到了启蒙的初衷。1999 年，青岛论坛对黄金市场属性展开的讨论更是具有分水岭意义的事件，由此开启的讨论为我国黄金市场化目标诉求的调整做了思想与理论的准备，从而推动社会主流意识从黄金市场属性是商品市场向金融市场转变，对黄金市场的认识实现了进一步深化。

2002 年上海黄金交易所开业，解除黄金管制，黄金市场开放瓜熟蒂落，世界黄金协会对我国黄金市场化改革的参与，由推动政策调整变为支持企业创新，并为上海黄金交易所国际专家顾问组的建立发挥了积极地联络推动工作。世界黄金协会作为顾问组的成员之一，为上海黄金交易所从商品市场向金融市场转变发挥了建言谋篇的角色，与上海黄金交易所建立了良好的工作关系。

2004 年黄金市场向一般民众开放的条件已基本成熟，商业银行黄金业务的推出已是“临门一脚”，专业人才的困乏是最大的障碍，为此世界黄金协会联合北京黄金经济发展研究中心（原国家黄金局发展研究中心）连续三年举办“中国黄金市场投资高级人才培训班”，先后培训500余人。培训班采取境内外授课，课堂讲授与现场考察相结合的培训方法，使学员在增长专业知识的同时也提高了操作能力。为了办好培训班，世界黄金协会调动自己的资源，不但邀请英国、日本、新加坡的专家担任主讲，而且对学员的现场考查做了全面安排。现在活跃在我国黄金投资市场的业务高层许多都是这个培训班的学员。我于2013年初的一次活动中邂逅了一位金币公司的老总，他见面就感叹正是参加了2004年的培训班，才使他从商品经营理念升华到金融投资理念，回来后对企业发展战略做了全面调整，企业发展有了质的提升。十年前的播种今天已绿意盎然。

世界黄金协会以增加市场需求为宗旨，因而将黄金定位于独立资产，主张黄金投资的主旨是资产配置而不热衷虚拟交易，所以，与菜百、中金、工商银行实金销售产品建立了战略合作伙伴关系，这在投机盛行的市场中独树一帜，他们正以自己的行为昭示黄金投资的真谛。世界黄金协会已进入中国二十年，正一步步践行自己的宗旨，在业内留下了良好的口碑，远东区总经理郑良豪先生、前大中华区总经理王立新先生的名字也为社会所熟识。每一个为中华民族改革事业作出贡献的人士都会被我们铭记，愿在创立人类文明的进程中我们携手远行。

第五章 从一元到多元的发展之路

上海黄金交易所开业运行是中国黄金市场化改革标志性成果，但并不是黄金市场化改革的终结。黄金市场化改革的目标由对黄金管制的突破发展为黄金市场功能的扩展。中国黄金市场功能扩大的发展轨迹是从一元路径选择的终结到多元市场体系的形成。在这个发展的历程中，有权益的博弈，有是非的纷争，但形势比人强在这里再次得到证明。大江浩荡却总是顺势而流，黄金市场总是要按照内在的发展逻辑前行，认识黄金市场发展规律是改革者的基本功。

历史的延续与现实的起点

实现了税收优惠政策向市场的平移，搬掉了上海黄金交易所开业的最大现实障碍后，上海黄金交易所终于在2002年10月30日开业了，这是当年我国经济生活的一件大事，受到了社会的广泛关注，举行了隆重的开业典礼。

我未能到会，是在电视中目睹了这一盛况，但在北京接受了中央电视台新闻联播节目组记者的采访，受访的镜头在央视同一条新闻中播出，因而也成了这一历史事件的见证人，作为一个黄金市场化改革全过程的观察者和参与者，看到十年终成正果的电视画面，激动兴奋而难以言表。

从2000年底叫停上海华通黄金交易场的筹办工作，改由人民银行操盘上海黄金交易所筹建工作算起，到上海黄金交易所开业，筹建过程不足两年，在历史上也可再向前追溯到1993年，十年弹指一挥也只是短暂的一瞬，戴相龙行长在致词中回顾了上海黄金交易所诞生历程：

“1993年改革了黄金收购价格的定价机制，此后，开办了黄金寄售业务。改革了黄金零售管理审批制，2001年10月，国务院决定进一步加快黄金管理体制的改革步伐，批准成立上海黄金交易所。同年11月28日，上海黄金交易所模拟运行。近一年来，在有关方面密切配合和交易所同志辛勤工作下，模拟运行顺利，并取得成功经验。”

上海黄金交易所诞生历经十年，而民众对黄金市场则已等待了半个世纪之久。

对于上海黄金交易所正式运行的意义，戴相龙行长指出：“上海黄金交易所宣告正式开业，说明我国主要金融产品的交易市场全部建成，适应社会主义市场经济体系更加完善。”这一评价表明上海黄金交易所运行的意义大大超越了推进黄金流通市场化改革的本身，而成为完善我国金融市场体系的重要举措，而金融业的完善对于我国的经济发展与安全具有重大作用。金融业是现代经济的核心，所以上海黄金交易所的运行更是我国经济市场化改革的重要成果。

戴相龙行长进一步指出上海黄金交易所设在上海，不仅可以依托上海的优势促进自身发展，同时，也使上海国际金融中心建设向前大大迈进了一步。由于国家黄金市场的唯一性，上海黄金交易所的诞生使上海拥有了较其他城市所没有的金融竞争优势，进一步确立了其国际金融中心的地位，并形成了新的经济增长点。十年后的今天，上海不仅仅只拥有一个上海黄金交易所，而且还聚集形成了多个形态市场组成的黄金市场体系。2011 年上海黄金交易量（双向）达到 2.4 万多吨，交易额达 5.7 万亿元人民币，场内现货即期交易量世界第一，场内期货交易量世界第四，并具有巨大特殊的发展潜力。发展的事态表明，中国黄金市场已成为国际黄金市场体系的发展亮点，成为上海国际金融中心重要构成部分。

除了显示出的经济意义，黄金交易所的成立对于上海市还有历史文化延续的意义，这就是上海黄金交易所的运行使上海深厚的黄金文化积淀得以发扬光大，使新世纪黄金市场再次成为了上海的靓丽名片。

历史上我国长期都是贫金的国家，多数朝代黄金年产量只有数万两，因为贫乏所以黄金并没有在我国广泛的社会生活中发挥作用的条件。当十九世纪金本位制成为了全球主导性的货币制度时，我国仍是少数银本位制的国家之一。在我国，黄金因为稀少而珍贵，其用途主要是用于对财富的储藏，藏金是社会权贵传承家产的最高级形式；另外就是为了获得更大权势而用于行贿，在史书中有许多用黄金做贿赂手段的记载。加藤森著的《唐宋时代之金银研究》一书中将礼品馈赠列为唐宋金银的第一用途。

在这样的情况下，黄金不仅珍贵稀少，而且流动性很差，即使流动也是使用非市场手段，所以长期以来我国缺少黄金市场机制发展发育的条件，我国黄金的市场发展是相对滞后的。但是，上海在我国却是一个异类，在近代曾一度出现了居全球前列的黄金交易活动，达到了我国黄金市场发展的历史巅峰，因而形成了上海市所具有的独特历史文化遗存。

十九世纪中后期清王朝颓败之象已显，国门洞开，各列强纷纷进入中国开设金融机构，以增加控制中国经济命脉的能力，上海成为十里洋场。世界列强们的刺激和带动使我国现代金融业在此时也得到发展，民族金融机构也陆续建立起来，到二十世纪初上海成为远东最大的金融中心，金融业的发展使上海成为了中国财富的汇集之地。民国初上海资金交易量占到全国 60% 以上，全国 50% 以上的黄金汇集于上海。当时做为金融市场中的核心市场——黄金市场，几乎是与十九世纪西方列强国家的黄金市场同步发展起来的，成为当时世界重要的黄金交易中心。所以，这一时期在上海上演了一幕又一幕惊动全国，令世界瞩目的黄金大剧，而成为世界黄金市场史上的重要一页。今天，新世纪新中国的黄金市场史又要在上海掀开第一页，续写上海黄金市场的历史辉煌，这是历史的偶然，还是历史的眷顾，或许两者皆有之。

早在百年前的 1905 年，上海滩上诞生了金业公所，这是我国最早的黄金市场，比香港金银业贸易场早五年，而十四年后的 1919 年伦敦黄金定价机制的引入才形成了今天国际性的伦敦金银市场。所以，现代意义上的黄金市场发展我们起步并不晚，只是没有实现持续发展。我国首个黄金市场即金业公所诞生在外国银行内，这是脆弱的民族金融业必须仰仗西方列强的写照。金业公所办公地点就分设在英国麦加利银行和俄国银行内，而百年后诞生的上海黄金交易所是在上海外汇交易中心开业的，无独有偶，上海外汇交易中心也在上海外滩办公，其办公地前生就是 1896 年创办的华俄道胜银行。历史是如此之巧合，我国黄金市场从上海滩诞生，在上海滩陨落，百年后又在上海滩兴起，十分清晰地勾勒出了我国黄金市场百年文脉传承轨迹，这并非人们的刻意安排，而是历史的自然延续。

故事并没有结束，华俄胜道银行1926年倒闭，其办公大楼成了当时国民政府财政部所在地，而当时的财政部是国家黄金储备的主管部门，因而这里又和近代历史上的一桩黄金大案紧紧联系在一起。黄浦江见证了蒋介石政权1949年偷运内地黄金到台湾的历史事实，而这里是指挥中心，这座大楼从而又与黄金结缘。

1948年蒋介石已知大势已去，决定退守台湾，两次密电时任中国银行总裁的俞鸿钧偷运国库黄金到台湾。其子蒋经国、财政部部长宋子文和俞鸿钧组成三人指挥小组，先后分七批，从1948年12月至1949年5月的半年时间里将国库中的450万两黄金盗运一空。这批黄金成为后来台湾地区经济起飞的重要基础，甚至有人评论：如果当年蒋介石没有把黄金运往台湾，不仅二十世纪五十年代台湾将面临货币大贬值的恐慌，内地也无需参加朝鲜战争，历史将是另一个模样，而对于台湾来说这是定江山的关键。追昔思今，原来今天上海黄金交易所的诞生处竟与黄金有如此绵长的渊源。

随着上海金业公所实力的增强，1917年其搬出了外国银行有了自己独立的办公地点，在此基础上，四年后的1921年成立了上海金业交易所，同时上海证券物品交易所也开始进行黄金交易。此时在北平（现北京）、天津等城市也出现了黄金市场，这一时期是我国近代黄金市场的发展期。1926～1931年是上海黄金市场的黄金期，交易量最高年份双向达到6236万条，每条10小两，一市斤16小两，因而交易量近2万吨（19475吨），相当于同时期日本长崎、大阪、东京三个城市黄金市场交易量总和，而仅次于英国伦敦和美国纽约的世界第三位。这样的交易规模即使放在今天也是居纽约和伦敦之后的第三大黄金市场，而今天我国黄金市场运行十年后的2012年上海黄金交易所交易量还仅为这个交易量的三成多（32.61%），上海期货交易所黄金期货交易量仅为其六成多（60.76%）。昔日曾经达到过的辉煌昭示着今天市场的发展潜力，鼓励后人去超越前人创造新的历史高峰，创造新的历史辉煌。

1937年“八一三”事变发生，短暂的平静期被打破，社会政治与经济形势动乱，正常的交易秩序难以维持，上海金业交易所停业。虽然上海黄金交易没有消失，但公开大规模规范交易停止了，上海黄金市场陨落。抗战胜利后上海黄金交易所再次活跃起来，但在内战不断、金融动荡的大形势下，黄金市场投机风盛行，黄金诈骗大案频发，是一个黄金市场畸形发展期。

1946年8月，国民党政权宣布开放黄金市场，实行金本位制，并通过对黄金实行“明配”与“暗售”两种方法对黄金市场进行干预，以稳定汇率、稳定币值，但是事与愿违，最终耗用了4亿美元以及330万两黄金之后仍无法解决严重的通胀。金价高启，挤兑黄金风潮四起，1947年上海黄金风潮波及重庆、广州、天津等大城市，国民党政府不得不宣布禁止自由买卖外汇、黄金，财政部长宋子文黯然辞职，从此宋子文再未能重返政坛。

1947年上海黄金风潮才熄，1948年金圆券丑剧大幕又已拉开，为筹集军费，掠夺民众财富，国民党政权决定发行新币，新币名字是“金圆券”，为此发布政令“限期收兑人民所有黄金、白银及国外币券，逾期任何人不得持有”。到1948年10月从上海总计掠走白银96万两，黄金114万两，银元369万元。蒋介石特别派儿子蒋经国赴上海督办，但是收兑金银结束之时，金圆券已贬值80%，民众怨声四起，金圆券发行以失败告终。对于民众财富的直接掠夺，使国民党政权失去了民心，因而如果说军事上三大战役的失败是国民党政权的“外伤”，那么通胀的肆虐就是国民党政权更为致命的“内伤”。

上海滩见证了蒋家王朝的最后挣扎与疯狂，也见证了1949年6月共产党新政权在这里打响的经济保卫战的第一枪。

共产党取得政权后面对的是一个通胀严重的局面，稳定货币是稳定经济的前提，而稳定经济是稳定政权的核心问题。刚刚进入城市的人民政府威信未立，虽然于1949年4月已宣布对金银和外汇管制，人民币为唯一合法货币，并且于6月2日上海人民政府宣布由100元人民币兑换1块银元上调到660元兑换1块银元，但投机者6月4日便拉升到1400元人民币兑1块银元，人民币已无法流通。为了打压投机，6月5日上海市政府抛售500万银元，6月8日再抛3500万银元，尽然无效，人民币仍然难以占领市场，打击投机已刻不容缓。6月10日上海军管会奉命动用两个营的兵力，400余名便衣以迅雷不及掩耳之势查封了上海证券大楼，对200多名从事外汇及黄金投机活动分子进行了拘押教育。在政府强力打压下，黄金淡出了上海市民的日常生活视野，并持续了半个世纪之久，相隔了两代人，但深厚的黄金文化历史沉淀一直影响着上海人的消费偏好，成为其消费趋向的一个决定性因素。

上海作为当时中国最大的经济体，是最大的商品生产基地和金融中心，汇集了巨大的社会财富，成为那时全国最富庶的地区，不仅存在着活跃的黄金交易，而且在民众中也形成了浓厚的储金文化，以藏金为时尚。那时即使做佣人的社会低层人群也总要千方百计存几件“金货”，以备不测之需，所以黄金零售业在上海也十分发达。这一传统源远流长，所以，当1982年国家恢复黄金首饰供应后，上海便迅速成为了我国最大的黄金首饰消费市场。二十世纪九十年代在深圳形成了最大的黄金首饰加工企业集群，而在上海则形成了最大的黄金首饰零售企业集群，涌现出了一批全国知名首饰终端品牌，年需求量占到全国黄金首饰总需求量的十分之一。因而可以说，在上海黄金交易所运行前上海已形成浓厚的黄金市场氛围，那么2002年10月30日黄金交易所开业可以说已经是水到渠成。

上海百年黄金文化的历史沉淀为上海黄金交易所扎根生长提供了沃土，这是全国任何其他城市都不具备的优势。二十世纪二三十年代，上海是全国黄金交易中心，也是最大的黄金投资市场。因而那时上海金业交易所会员就分为“银楼”

和“金号”两种不同类型。银楼是以实物黄金买卖为主，是为首饰加工业服务的黄金经营者；金号是以投机盈利为主，是为投资者服务的黄金投资机构。用现代语言就是，银楼为实业服务，一般不做投机交易，经营稳定；金号为投机者服务，富于冒险。投资者已成为支撑当时上海成为远东金融中心的重要力量，所以黄金投资对于上海民众也并非陌生而是温故知新。

上海黄金交易所的开业是上海百年黄金文化的传承，但上海黄金交易所的开业并不是黄金市场化改革的终点。随着黄金市场化的推进，人们对黄金市场的认识也得到了深化，黄金市场化改革的目标追求也不断提升，黄金市场化改革的内涵不断丰富，外延不断扩展。黄金市场化改革不是凝固不变的概念，而是不断发展的实践。

1993 年黄金生产者以维护切身权益为主要诉求推动的黄金市场化改革，其追求的目标是实现黄金价格机制的市场化，因而国务院 63 号函确定国内金价与国际金价并轨，变固定制为浮动制以后，当时黄金生产者的改革目标诉求即告达成，从而黄金市场化改革进入了长达六年的改革沉寂期。

1999 年人民银行以转移黄金经营风险为主要诉求推动的黄金市场化改革，其追求的最终目标是实现黄金交易方式的市场化，变统购统配为自由交易，因而 2002 年 10 月上海黄金交易所的正式运营即告改革目标达成。

黄金流通市场化目标完成带来的最大变化是投资者进入了市场，并成为黄金市场交易的主体。黄金投资者的黄金市场化改革主要诉求是强化黄金市场的金融功能，满足规避市场风险，实现投资盈利的需求，追求的目标是形成多层次的市场体系。因此，改革必须要从黄金商品市场化向黄金金融市场化推进。

在上海黄金交易所开业致词中，戴相龙行长在总结了上海黄金交易开业的意义之后以更大的篇幅讲的是上海黄金交易所今后的发展问题，这在一般开业致词中是少见的，反应了问题的紧迫性，他要求上海黄金交易所不能停顿，要尽快再出发。戴相龙行长在致词中提出了上海黄金交易所发展三阶段的要求：

第一阶段："初期要为黄金现货交易提供交易平台和相关服务。"即完成黄金交易方式从统购统配向自由交易的改革，实现黄金流通的市场化。

第二阶段："在完善现货交易的基础上，要积极开发黄金投资产品，逐步建设成以金融投资业务为主的金融市场。条件成熟时，经国务院批准，还要开展黄金期货交易。"第二阶段改革的主题是上海黄金交易所从黄金商品市场转轨到黄金金融市场，并且明确转轨途径分两步走：第一步开发投资产品，逐步使投资产品交易成为市场的主导，变为金融业务主导的市场；第二步是条件成熟后在上海黄金交易所上线黄金期货交易。

第三阶段："要进一步完善上海黄金交易所的投资功能，使我国黄金市场真正成为全球黄金一体化市场的重要组成部分……"第三阶段改革就是上海黄金交易所进一步开放，将一个国内市场发展成为一个国际市场，使中国黄金市场成为国际黄金市场体系中的重要组成部分。

在这三个发展阶段中第二个阶段即建设以投资业务为主的金融市场是改革的核心，因为第一阶段是为第二阶段打基础的阶段，而第三阶段是第二阶段的发展。因而黄金市场从商品市场向金融市场转变是深化改革的关键环节，从那时至今又过去了十年。我们的改革进程是：第二阶段和第三阶段的发展任务不能说已经完成，还仍正在进行中，但已经有了更丰富的内涵，突出的是已从一个市场的建设发展到了多个市场的市场体系建设阶段。这个变化已在2010年8月中国人民银行、国家发展和改革委员会等六个部门联合出台的"关于促进黄金市场发展的若干意见"中得到确认，该意见指出："未来黄金市场的发展，要服务于我国黄金产业发展大局，立足于提高我国金融市场竞争力，着力发挥黄金市场在完善金融市场中的重要作用，要加大沟通协调力度，建立上海黄金交易所和上海期货交易所合作协调机制。要切实加大创新力度，积极开发人民币报价的黄金衍生产品，丰富交易品种，完善黄金市场体系，进一步深化市场功能，提高市场的规范性和开放性，促进形成多层次的市场体系。”

六部门意见中将黄金市场功能定位于提高我国金融市场竞争力和完善金融市场，是将黄金市场的发展意义提升到了一个更高的社会层面，并首次在政策性文件中明确我国黄金市场化改革的最终目标是促进形成多层次的市场体系，使我国黄金市场化改革进入一个更高的阶段。在这个新的发展阶段，黄金市场化改革的广度和深度都大大地增加了，改革推进因而面临的挑战不是少了，而是多了。今后我们将面临更多的新情况、新矛盾，改革也将日益走向深水区。今天看来，“十年磨一剑”建立的上海黄金交易所也仅是黄金市场化改革的一个阶段性成果，其意义是实现了从无到有的过程，使我们可以站在一个新的历史起点上再出发。

黄金市场发展一元化路径选择

改革之路永远不会是一马平川，也不会是一帆风顺，而是一个不断试错的过程。

黄金市场化改革，我们首先面临的是要正确的确立改革目标诉求。从黄金商品论到黄金特殊论，最终确立建立一个跨商品与金融两个市场的特殊市场为黄金市场化最终目标诉求。1993 ~ 2000 年，我们大约用了七年的时间完成了这次试错过程。

种种迹象表明在 2000 年以后，面对改革现实的警示而进行了思考后，我国黄金市场化改革的决策者扬弃了改革初期的黄金商品论，不再以建立一个即期现货黄金市场为黄金市场化改革的最终目标诉求，但是，也没有根据黄金金融货币论，将建立一个黄金金融市场作为黄金市场化的最终目标诉求，而是最终选择了黄金特殊论作为黄金市场化的指导理论，调整了改革的最终目标诉求。

黄金特殊论将黄金定义为一种具有金融属性的特殊商品。因而黄金市场化改革最终目标诉求既不是一个商品市场，也不是一个金融市场，而是一个既能满足黄金商品交易需求，也能满足黄金金融交易的跨商品与金融两个市场的特殊市场。对此人民银行前后两任行长戴相龙和周小川都有清晰的论述。

怎样建立一个既能满足黄金商品交易，又能满足黄金金融交易的跨两个市场的特殊市场呢？ 2000 ~ 2001 年期间关于黄金市场属性定位的讨论提出三种路径选择方案：

1. 两个市场平行发展的路径方案。

这是由原国家黄金局经济发展研究中心研究人员提出的一种改革路径方案，其基本的改革思路是：基于黄金具有商品与金融双重属性，因而黄金市场化改革要实现“三个分开”。一是商品黄金与金融黄金实现分流；二是在分流的基础上实现管理分开；三是人民银行与商业银行黄金业务职能分离，人民银行业务职能是国家黄金储备管理，而商业银行黄金业务职能是黄金市场经营。以“三个分开”为基本改革内容，达到各司其职，使商品黄金市场与金融黄金市场平行发展，所以黄金市场是商品黄金市场和金融黄金市场的结合体，这是当今世界广泛存在的一种状态。如美国的黄金市场，其黄金期货市场占有全球黄金交易量五成以上的的份额，同时其实物即期黄金交易市场交易也十分活跃，这是商业银行的黄金业务。美国是全球最大的黄金储备国，储备量为 8134 吨，也是全球各国黄金储备主要汇集地，现有 80 多个国家的 6875 吨黄金存在纽约储备银行金库内，这些黄金管理属美联储的业务。对不同性质的黄金实行不同的管理，各司其职。

2. 黄金金融市场主导路径方案。

该路径方案提出者认为在黄金非货币化环境中的黄金货币功能弱化是现实，但其金融属性仍存，其金融属性已由货币功能变为投资标的而成为金融市场上的主要交易标的物，并且投资者主导了当今黄金市场，使当今黄金市场是金融属性主导的市场，而不是商品属性主导的市场。黄金金融产品交易量占有总交易量 97% 以上的份额，而黄金商品交易量不足 3%，因而黄金市场化改革要抓主要矛盾，要从建设金融黄金市场着手，黄金商品交易的市场化也就迎刃而解了。具体的市场模式即建立银行间及银行柜台黄金交易市场，而英国伦敦黄金市场是这一形态市场的代表。

英国伦敦黄金市场是当今历史最为悠久的，并居全球黄金市场体系核心地位的黄金市场，其市场交易网络遍布全球。伦敦金价是全世界黄金交易的基础价格，被称为“国际金价”。而伦敦黄金市场就是一个银行间及银行柜台市场。商业银行是这个市场的运营主体，既从事实金买卖，也从事黄金衍生品交易。伦敦黄金市场为我国黄金市场建设提供了可以学习借鉴的现实范例，而且银行间及银行柜台市场是当今主要的黄金市场形态之一，存在十分广泛。

3. 多形态、多层次市场体系路径方案。

2000 年 10 月，国务院发展研究中心产业经济研究部完成了专题研究报告：《新时期中国黄金市场开放：相关政策研究与建议》。在该专题报告中提出，我国黄金市场流通体系是一个多层次、多形态市场的集合体。每一种市场形态的出现都是特定环境的产物，因而都有其合理性，市场形态可以有先进和落后之分，但并不能简单的评价为“好”或“不好”。一个“好”的市场体系应当是多种市场形态的有机结合，也就是建设的不是一个市场，或两个市场，而是一个多市场组成的市场体系。

基于现货即期市场的基础作用，以及在市场开放培育的初期，为了提供一个信用度较高、透明度较高的交易环境，可建立一个全国性的场内现货交易市场。可是，该报告把这个市场定位于是一个过渡性市场，因为在多形态市场环境中其可能会因交易量的萎缩而最终不得不关闭，并不看好这个市场的未来前景，而认为银行间及银行柜台黄金市场将可能是主导的市场形态。

以上路径方案各有不同的主张建议，但是有一个共同点就是淡化了建立集中的场内全国性即期黄金市场的必要性和唯一性。

第一个两种黄金市场平行发展路径方案，主张黄金商品市场与黄金金融市场平行发展，隐含的内涵是人民银行应放开对黄金商品市场的管理，使其回归商品市场属性，从而否定了建立一个人民银行直接监管领导的全国性场内即期黄金市场的必要性和合理性。

第二个黄金金融市场主导路径方案，主张以银行间及银行柜台黄金市场为主导性市场形态，承担黄金商品交易与黄金金融交易双重功能，以场外黄金市场取代场内黄金市场，从而也否定了建立全国性场内黄金交易市场的必要性。

第三个多形态、多层次市场体系路径方案，将建立全国性即期现货黄金市场作为黄金市场体系发展过程中的一种过渡形态，并认为其在未来市场竞争中可能会因交易萎缩而导致关闭。

人民银行作为黄金市场化改革的领导者，在国务院的授权下对黄金市场发展路径选择具有拍板定案权。但与以上方案不同，人民银行恰恰选择的是以建立一个由人民银行直接监管的场内即期黄金市场为发展路径的方案。因而 2002 年 10 月 30 日开业的上海黄金交易所就是一个场内即期黄金商品交易市场，其商品市场属性表现在以下几个方面：

从市场会员结构看，上海黄金交易所首批 108 个会员，其中黄金生产企业和用金企业分别为 32 家和 63 家，总计 95 家，为会员总数的 87.96%，也就是近九成，而商业银行只有 13 家，为会员总量的 12.04%。而且对商业银行在上海黄金交易所的定位是：“照国际惯例和市场原则在供求关系发生变化的情况下进行调剂，参与市场交易，从而进一步活跃交易，促进流通。”所以商业银行作为市场“蓄水池”、削峰补欠、保证交易的平稳连续是其市场功能定位，这是一个商品经营商的市场定位，而不是一个投资商的定位。所以，全部 108 家会员都是定于黄金即期商品交易者，这是上海黄金交易所商品属性的必然反映。

从市场交易品种看，上海黄金交易所开业时的上市品种基本上是统购统配体制的品种平移，只有 99.95% 标准金条和 99.99% 标准金条，规格有三种，即 12.5 千克金条、3 千克金条和 1 千克金条。完全是满足实金生产商与加工商交易者需求的设计。

从市场交易结构看，在上海黄金交易所运行的初期，黄金生产者与加工者的交易量占市场总量的比重：2002 年为 78.94%，2003 年为 63.67%，2004 年为

64.8%，2005 年为 69.20%。生产者与加工商是交易的主体，商业银行在市场中是辅助性力量，交易结构也表现了上海黄金交易所的商品市场属性。

对上海黄金交易所的市场功能定位，其发言人也做了如下说明："上海黄金交易所挂牌运行后，中国人民银行对黄金不再实行统购统配管理，黄金生产、加工、流通企业供销活动将通过上海黄金市场规范有序进行，黄金价格由市场供求决定，通过市场优化黄金资源配置。"该言论清楚地说明了上海黄金交易所主要的功能是实现黄金交易方式的转变，完成流通体制的改革。这基本上是发挥黄金商品属性的改革，完全没有涉及发挥黄金金融属性的改革，因而上海黄金交易所是黄金商品市场化改革的产物。

前面已分析，人民银行在 2000 年已将黄金特殊论作为改革的指导理论，因而我国黄金市场化改革是要建立一个既能够满足商品黄金交易要求，也能满足金融黄金交易要求的特殊形态的市场，而建立的上海黄金交易所只是一个黄金商品交易所，这种选择存在着明显的认知上的差距，今天看来可能不是最佳选择，而在当时确是一个现实的选择。

当时提出的三种路径选择方案，基本上都是以英国伦敦黄金市场为参照物。伦敦黄金市场是当今最重要的即期黄金市场，这是一个以商业银行为运行主体的市场，所以当时的三种路径方案都是将商业银行作为我国黄金建设发展的主体力量。而伦敦黄金市场是在金本位制的环境中发展起来的，那时黄金是货币，因而黄金是当时银行经营的主要业务，银行成为黄金市场运行主体是必然的，但 2000 年我们面对的情况却绝然不同。

我国长期处于黄金管制之中，黄金市场是金融市场体系中的空白，因而我国商业银行长期被排斥于国内黄金交易业务之外。当我国黄金市场建设启动之时，商业银行进入黄金市场的政策壁垒重重，专业队伍和运营体制为零。这种现实的条件使商业银行难当大任，即使十年后的今天，商业银行已经成为我国黄金市场发展的重要力量，但仍未成为主导力量，十年前更是不可能。这是当时人民银行不能选择三种模式中的任何一种，而必须另寻它径的现实原因。

这种选择也产生了一个现实问题，即最终的目标诉求与现实目标的实现并不一致，因而上海黄金交易所的运营并不是黄金市场化改革目标的达成，而改革需要再出发，进一步向黄金金融市场发展。而人民银行确立的建设黄金金融市场的途径就是由上海黄金交易所实现从黄金商品市场向黄金金融市场的转变。

戴相龙行长在上海黄金交易所开业典礼的致辞中明确要求上海黄金交易所“初期要为黄金现货交易提供交易平台和相关服务，在完善现货交易的基础上，要积极开发黄金投资产品，逐步建设成为金融投资业务为主的金融市场”。而这仅是上海黄金交易所向金融市场转变的第一阶段的工作目标，第二阶段工作目标是从即期交易市场向远期交易市场发展。戴相龙行长认为第二阶段的主要任务是条件具备后经相关部门批准在上海黄金交易所上线黄金期货合约的交易。将上线黄金期货合约作为上海黄金交易所向金融市场转变的更高阶段。

2004 年，伦敦黄金市场协会年会在上海举行，人民银行后任行长周小川受邀发表讲演，将我国黄金市场建设路径概括为实现“三个转变”。他在讲演中指出：“在我看来，中国黄金市场应当逐步实现三个转变。一是实现中国黄金市场从商品交易为主向金融交易为主的转变；二是实现中国黄金市场由现货交易为主向期货交易为主转变；三是实现中国黄金市场由国内市场向融入国际黄金市场转变。”

戴相龙行长提出的是上海黄金交易所向金融市场转变的三阶段，而周小川行长是要求中国黄金市场实现三个转变，显然中国黄金市场的外延远远大于上海黄金交易所。但是，我们再认真阅读周小川行长的讲演全文就会发现，所谓的中国黄金市场的三个转变就是要求上海黄金交易所实现三个转变。如第二个转变实现以黄金现货交易向黄金衍生物交易过渡的具体要求就是：“目前上海黄金交易所的主要交易形式是实盘黄金现货交易，随着中国黄金市场的成长，我们逐步推出包括远期和期货在内的各种黄金衍生品产品业务。”所以，黄金即期交易平台是上海黄金交易所，而黄金远期和期货的业务平台具体而言也是上海黄金交易所。因而所谓中国黄金市场由现货交易为主向期货交易为主就是指上海黄金交易所由现货交易为主向期货交易为主转变，此后在行动上也是这样推动的。

前后两任行长的论述为我们勾勒出了我国黄金市场的发展轨迹：首先成立一个场内现货交易的上海黄金交易所，完成从统购统配向自由交易转变，然后在上海黄金交易所这个现货黄金市场平台上推进黄金金融产品创新，发展金融产品交易，实现黄金商品市场向黄金金融市场转变，从而建设一个同时承担商品与金融两个市场功能的市场，因而具有唯一性，即上海黄金交易所是我国唯一的黄金市场。前后两任行长都是把上海黄金交易所等同于中国黄金市场，而不仅仅是中国黄金市场的一部分。认为黄金市场是一个市场，不是多个市场的集合体，我们称之为一元化发展路径选择。这一选择主要是基于我们认识的局限性。

人民银行选择一元化发展路径的目的是要便于实现人民银行对黄金和黄金市场管理权的市场平移，另外也源于多年大一统管理模式的影响。我国黄金市场一元化发展路径选择的推进实施获得了一定进展，取得了一定成果，但最终走向了终结而被多元化发展路径取代。从一元发展路径到多元发展路径反映黄金市场发展的客观要求。

人民银行作为国家央行其职能是货币发行管理，而国家之所以将黄金及黄金市场的管理领导权授于人民银行是基于当时黄金是国家外汇储备资产，属于国家专有资产。所以，黄金既不是一般商品可以在市场中自由买卖，也不是一般金融品可以在金融市场中自由流转，而是授权给人民银行由其按照中央政府的意志进行分配管理，实行统购统配政策，这体现了国家对其专有资产管理的要求。而对人民银行而言相对于其他机构这是一种特权。所以，人民银行获得黄金与市场管理领导权的基础是对国家专有资产管理，即对国家黄金储备管理。推进黄金市场化改革从本质上讲是黄金作为国家专有资产与作为民众资产的分离。黄金作为民众资产具有商品与金融两种属性。所以黄金市场化改革也是发挥黄金一般商品属性和金融属性功能的改革。但是，无论是对黄金商品市场，还是黄金金融市场的管理都超越了国家专有资产管理的权限。这是黄金市场化改革给人民银行提出的权力再平衡的现实课题，对此，人民银行有两种选择：

一是专司国家黄金储备管理职能，将黄金市场化改革诞生的新的管理职能转移到其他部门，这是一个分权改革方案。北京黄金经济发展研究中心提出的“三个分开”的路径选择方案就是一个人民银行分权的改革方案选择。

二是人民银行在固守“国家专有资产管理权”的同时，将管理权扩大延伸到黄金商品市场和黄金金融市场，也就是将人民银行对黄金统购统配体制中的黄金和黄金市场的管理权向市场平移，构筑一个在市场环境下人民银行对黄金和黄金市场管理的新体制。这实质是一个人民银行扩权的方案选择。

现实表明，人民银行否定了分权方案，而选择了扩权方案。这一选择颇具中国特色，因为早在 1968 年国际上就已有相关约定，各国央行均要退出对黄金市场干预管理。然而“黄金特殊论”又为人民银行的这一选择提供了现实的可能性，因为在我国分业管理的经济体制中，对于黄金市场这种跨两个市场交易的特殊市场存在管理上的法律空白。既然是一张“白纸”，就可以画最新的“图画”，这种跨行业管理体制的空缺为人民银行管理权的市场平移提供了现实机遇与可能性。同时这种扩权方案也具有探索性而充满挑战。

人民银行之所以追求黄金及黄金市场管理权向市场的平移，不能归结为人民银行对权利的迷恋。据说人民银行也曾经以黄金商品论为依据提出全面开放黄金市场的改革方案而被国务院否定。显然国务院是在一个更高的国家战略层面看待黄金市场化改革的。虽然国际货币基金组织推进黄金非货币化，黄金货币职能严重萎缩，已不再是流通支付的手段，但与已经完成全面商品化的白银不同，黄金仍然是全球各国外汇储备的组成部分和外贸结算的最后手段，黄金市场仍是金融市场不可或缺的一环，所以黄金市场化改革不能等同于白银市场化改革，走白银去金融化的市场化之路。黄金还是一种特殊的资产，国家要在黄金市场化之后仍需保持对黄金市场一定的管理和介入权，因而人民银行不能一走了之。人民银行黄金市场管理权的市场平移便形成了我国黄金市场化改革新的内容，这是人民银行黄金市场管理权诉求的由来，它体现了国家的意志。

市场经济是人类的一大创举，在社会资源配置效率上至今还没有一种生产方式更优于它，但市场也不是完美无缺的，市场失灵造成的损失并非罕见，因而政府这只有形之手对市场介入的合理性与必要性日益得到认可，但如何介入和干预则是一个没有定论的争议性问题。比较一致的认识是虽然不能一律排斥否定政府对市场必要的干预，但干预不应该是行政性的直接干预，而应是以市场的手段发挥市场内在发展规律的作用使市场失灵得到纠正。所以，我赞成人民银行对黄金及黄金市场管理权向市场平移，但不赞成黄金市场发展一元化路径选择。

2007 年 3 月，我完成了名为《我国黄金市场化改革新纪元路径选择》的专题报告，对一元化路径选择提出质疑，认为建设全能型市场对于上海黄金交易所是难承之重。我国黄金市场最终目的不是建立一个集即期与远期、期货与现货于一体的全能型市场，而是一个多形态市场组成的市场体系。而一元化发展路径选择的要害问题是助长垄断、排斥竞争，有违市场发展规律。

我在该专题研究报告中指出："长达半个世纪之久的黄金管制使黄金垄断管理的影响潜移默化，并且极其深刻，所以即使在黄金市场已经开放的今天垄断思维仍大有市场。之所以选择建设一个全能型黄金市场的路径与垄断思维有千丝万缕的联系。全能的潜台词就是唯一，在市场需求多样化的今天，必须做到全能才能保持唯一，而唯一就可以形成垄断"。对于企业来说，垄断可以获得垄断利益，而对于国家决策管理部门，决策时为什么往往也会产生很浓的垄断思维呢？我的分析是："对于刚刚进入市场经济体制并还处于转轨状态的人们来说，在潜意识中还会把垄断与秩序、竞争与混乱等同，故而为了实现转轨过程的平稳和有序而对竞争有一种天然的排斥，并且总是习惯于用大一统式的手段解决问题。这是我们选择建设一个全能型黄金市场的发展路径的思想根源。"

人民银行推进一元发展路径，实现对黄金与黄金市场管理权的市场平移面临两个关口：

1. 法律授权。

人民银行在黄金统购统配管理体制中对黄金市场的管理权的法源是《金银管理条例》，而黄金统购统配体制瓦解后，《金银管理条例》实际上也宣告废止，人民银行也失去了黄金市场管理权的法理基础，人民银行黄金市场管理权向市场平移需要有新的法律授权，因而建立新的黄金及黄金市场的法规体系成为权力市场平移的关键。正是因为如此，推进新黄金法规体系的建立成为人民银行孜孜不倦多年努力的工作目标，但进展并不理想。

2001 年人民银行向国务院提交的黄金流通体制改革报告中提到要达成的三个改革目标之一就是"与黄金流通体制改革相适应，建立与之相适应的新的黄金管理法规体系。"其实建立黄金新的法规管理体系的要求早就在 1993 年就已提出，当年国务院 63 号函就要求国务院法制局会同有关部门对《金银管理条例》的修改提出意见报国务院审批，因而 2001 年人民银行在上报国务院的报告中只是旧话重提。因建立黄金新法规至今仍是一个没有完成的课题，新黄金法规体系建设的滞后，使黄金市场化改革的推进一度出现权力真空，而使人民银行作为黄金市场化改革的领导者的角色遭遇尴尬。2003 年 12 月，《中华人民共和国中国人民银行法》修改后重新颁布，第四条第一款第六项规定：中国人民银行履行"监督管理黄金市场"的职能。因而可以说，人民银行对黄金市场监管权有了法源。但这部法律过于笼统，在分业管理体制中，人民银行如何跨门行使监督管理权，监督管理职权的界定及途径都仍是未解之题，还需要具体的实施法规，才能落实人民银行对黄金市场的监督管理权，但十年来进展并不明显。除授权落实具体路径和手段需明确外，人民银行黄金市场管理权市场平移实现具体要落到对黄金市场交易平台的监管。

2. **交易平台建设**。

黄金交易平台有多种模式可以选择，但是只有最有利于实现管理权市场平移的模式才是人民银行的选择，这就是人民银行否决了所有社会路径设计方案而推出自己的一元化路径方案的原因。一元化路径就是建设一个集商品与金融交易双重功能的全能市场，通过对这一市场的管理实现人民银行管理权的市场平移。

一元化市场方案设计对于人民银行来说有以下好处：

一是在我国分业管理的体制中，任何一种分业的专业市场建设方案最终都会被纳入到分业管理体制之中而不能实现人民银行黄金市场管理权市场平移的诉求。只有选择建设一个跨市场交易的特殊市场才能突破分业管理体制的束缚，同时既可以满足黄金商品交易的要求，也能满足黄金金融交易的要求。因而黄金市场一元化路径选择是人民银行冲破分业管理体制束缚的需要。

二是建立一个能完成全部市场职能的市场，对于管理者来说管理难度、管理风险和管理成本都会大大降低。因为对一个市场的管理比对多个市场总会简单得多。特别是人民银行长期就是在一元化环境中从事黄金业务，也往往会容易形成一元化惯性思维。

一元化路径选择在当时看来是人民银行实现管理权市场平移的最佳选择，但是从今天发展的眼光看，人民银行一元化路径选择存在着致命的软肋：一是对分业管理体制的突破没有必胜的把握；二是对黄金市场的内涵缺乏更为深入的分析。当代黄金市场是一个多功能、多产品的市场，市场形态多元，因而要建设一个全能的单一市场几乎是不可能实现的。

一元化路径选择的推进与终结

按照黄金市场发展一元化路径选择，我们要建设一个跨商品与金融两个市场交易的全能型黄金市场，但建成的上海黄金交易所只是一个黄金商品交易市场，所以上海黄金交易所在刚刚开业便面临从黄金商品市场向黄金金融市场转变的课题。可以说，对于上海黄金交易所向黄金金融市场转变人民银行已有事先预案，所以推进市场转变从上到下有了高度的默契，有以下事实为证：

戴相龙行长在开业致词中就明确要求上海黄金交易所要“在完善现货交易的基础上要积极开发黄金投资品，逐步建成以金融投资为主的金融市场”。在上海黄金交易所交易规则中也已留下了伏笔，其交易规则第十五条规定：“交易所前期主要是进行现货交易，逐步增加远期交易等品种。《上海黄金交易所远期交易管理办法》另行制定。”上海黄金交易所开业时其发言人答记者问时更表示上海黄金交易所已开始进行商品市场向金融市场转变的前期准备工作。他说：“上海黄金交易所未来的业务发展将以积极开发黄金投资产品为方向”，并对外宣布正在研究个人黄金业务和研究制定以现货虚盘为特征的递延交割等业务相关的规划及程序。

这些事实表明上海黄金交易所向金融市场转变的推进与市场开业几乎是同步。

上述种种情况表明，人民银行一元发展路径选择不是心血来潮的临时动议，也不是事到临头的仓促应对，而是有充分准备的深思远虑之举。所以，上海黄金交易所开业后的第三个年头即 2004 年便开始了有准备、分步地从商品黄金市场向金融黄金市场转变的推进进程。黄金矿业服务公司（英）提供的数据表明，我国 2003 年黄金需求量为 223.3 吨，上海黄金交易所出库量 148.62 吨，所以上海黄金交易所交易量占总需求的 66.56%；2004 年需求 242.2 吨，而上海黄金交易所交割出库量 202.38 吨，为总需求量的 83.56%。这说明上海黄金交易所迅速的成为我国黄金供应的主渠道，顺利地实现了我国黄金交易方式从统购统配向市场自由交易的转变。

上海黄金交易所能够迅速的成为我国黄金交易主渠道的原因，主要是上海黄金交易所金价与国际金价的全面接轨，使黄金走私失去了动力；另外，税收优惠政策向市场平移，形成场内交易税收洼地，使场外交易失去了吸引力。所以曾经活跃一时的地下交易，很快消失踪影，作为黄金体制外交易的标志——感王黄金市场迅速衰落。在三年左右的时间里，人民银行推进的黄金市场化改革的第一阶段目标，即黄金交易方式的改革目标顺利达成。

上海黄金交易所改革第一阶段目标达成以后，立即开始了第二阶段即向黄金金融市场转变阶段。对于上海黄金交易所向金融市场转变，无论是 2002 年戴相龙行长在上海黄金交易所开业时的致词，还是 2004 年周小川行长在伦敦黄金市场协会上海年会上的发言都有详细的论述，并对推进步骤做了规划，所以 2004 年上海黄金交易所启动向金融市场转变改革时主动而自信，承担了我国黄金金融市场建设引领者的角色，持续地推出了多层面的多项改革。

1. 进行产品创新。

上海黄金交易所开业时交易产品设计基本上只是将黄金统购统配时的产品平移到市场，只有 99.95% 和 99.99% 两种含量，12.5 千克、3 千克、1 千克三种规格的金条。这些产品主要是满足黄金生产者和产品加工者的需求。向金融市场转变就必须增加投资者需求的产品，所以必须进行市场产品创新。上海黄金交易所产品创新是在三个层面上持续展开的：

一是为满足个人投资者需求的实物黄金产品小型化创新。上海黄金交易所在原来已有的12.5千克、3千克、1千克三种规格产品的基础上。2004年推出了50克小金条，2006年推出了100克小金条，这两个产品完全是为个人投资者量身打造的。2011年这两种产品交易量为23.623吨，为当年总交易量的0.32%；2012年为18.491吨。为当年总交易量的0.29%。对上海黄金交易所向金融市场转变的贡献不大，因为商业银行自有品牌小金条与企业自有品牌小金条占有绝大部分市场份额。

二是为满足金融机构大批量交易需求的实物黄金产品创新。实物黄金产品小型化创新是为了满足个人投资者的需求，而机构投资者的大批量交易对市场发展具有更大的推动潜力，因而2009年上海黄金交易所推出面向金融机构进行大批量交易的黄金询价交易。现有有三种产品，分别是99.95%和99.99%标准金条以及100克金条。2011年三者总计成交量为152.332吨，为总交易量的2.05%。2012年12月上海黄金交易所又与中国外汇交易中心联合在外汇交易平台上推出了银行间黄金询价交易，到年底交易量为14.308吨。2012年总黄金询价交易量203.803吨，为当年总交易量的3.21%。2013年3月交易所又在该交易平台上推出了掉期交易。

三是推进市场交易标的的纸质化（虚拟化）。许多黄金投资者并不需要黄金，而只是为了盈利，或为了对冲风险，对于他们来说实物黄金交割是一种负担，而需要不用实物黄金交割的纸质化的黄金交易产品。上海黄金交易所2003年12月推出第一个递延交割合约AU（T+5），其后于2004年8月推出了AU（T+D）合约，2007年10月推出了AU（T+N1）和AU（T+N2）合约。现在上海黄金交易所递延交易合约产品已成系列，2011年该系列产品总产量5370.9吨，为当年总交易量的72.2%；2012年该系列总交易量4225.53吨，为当年总交易量的66.54%。黄金递延交割产品已是市场第一大品种，而其中AU（T+D）占递延产品交易量的 99.99%。

上海黄金交易所持续的产品创新使市场黄金交易品种由开业初的 2 个增长到了 2011 年的 12 个，增长了 5 倍。产品的多样化不仅增加了交易者多样化选择的机会，更为重要的是为上海黄金交易所向金融市场转变创造了前提条件，为市场交易结构的调整奠定了基础，上海黄金交易所黄金产品创新情况如表 5-1 所示。

表 5-1　　2003~2013 年上海黄金交易所黄金产品创新情况

推出时间	产品类型	产品名称	交易方式	2012 年交易量（吨）
2003 年 12 月	即期递延	AU（T+5）	市场撮合	0
2004 年 6 月	即期现货	50 克金条	市场撮合	0.052
2004 年 8 月	即期递延	AU（T+D）	市场撮合	4225.53
2006 年 12 月	即期现货	100 克金条	市场撮合	18.439
2007 年 10 月	即期递延	AU（T+N1）	市场撮合	0
2007 年 10 月	即期递延	AU（T+N2）	市场撮合	0
2009 年 3 月	即期现货	黄金询价	做市商报价	1.41
2011 年	即期现货	黄金询价（Au99.99）	做市商报价	199.605
2011 年	即期现货	黄金询价（Au99.95）	做市商报价	8.198
2011 年	即期现货	黄金询价（Au100 克）	做市商报价	0
2012 年 12 月	即期现货	银行间询价交易	做市商报价	（14.308）*
2013 年 3 月	即期递延	银行间询价掉期	做市商报价	-

*:12 月份一个月交易量

2. 调整市场会员结构。

向金融市场转变除要进行产品创新、满足投资者需求外。另一项重要的工作是调整会员结构。上海黄金交易所组建时为满足黄金商品市场的需求，是以黄金生产者和加工者即黄金供求企业为主体的会员结构。开业时 108 家会员中黄金供求企业占近九成（87.96%），而要向金融市场转变就必把会员结构调整为以金融机构和投资者为会员主体。

从2004年开始上海黄金交易所通过发展新会员和支持老会员转让重组，推动会员结构的调整，降低商品黄金交易会员的比重，增加金融机构和投资机构会员的比重。现在上海黄金交易所会员除用金和产金企业以外，已涵盖国内及国际商业银行、信托公司和证券公司。会员结构的调整为上海黄金交易所向金融市场转变提供了巨大的推动力，是一项发展战略性的举措，尤其是对商业银行会员的增加给予了更多关注。到2012年上海黄金交易所会员中金融机构会员比重已由2002年的12.04%上升到了19.88%，提高了7.84个百分点，数量增长了153.85%达到33个，是增长最大的会员群体；综合类会员比重增长了3.31个百分点，数量增长了60.49%；而自营会员数量则下降了78.57%，由14个下降到3个。具体变化见图5-1。

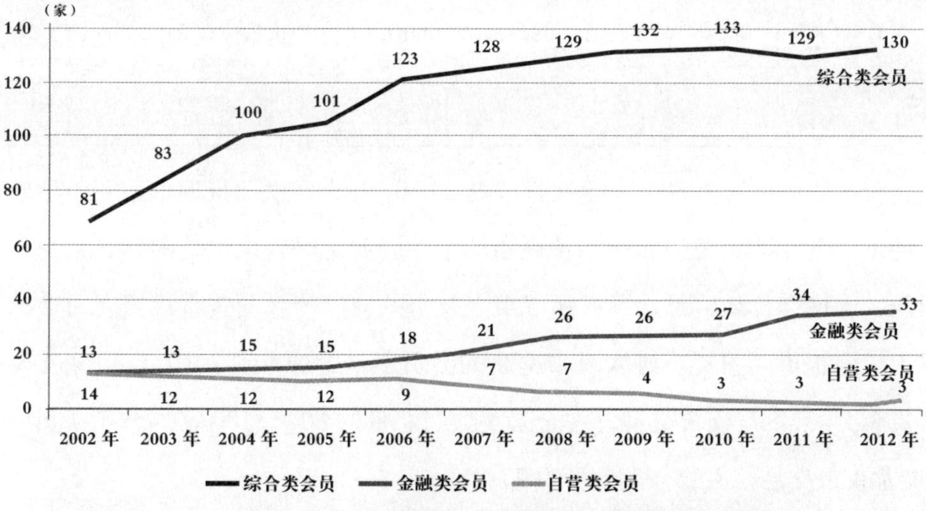

图5-1　上海黄金交易所会员数量变化图

随着会员结构的调整，投资者已成为交易的主体，其中金融机构的交易量2011年已达4800.56吨，占上海黄金交易所总交易量的64.54%，比2010年增加1276.11吨，增长了36.21%。2012年有所下降，所占比重为56.51%，交易量为3588.55吨。

3. **延长营业时间**。

为了更好地为投资者服务，满足其对冲风险和获得更多机遇的要求，上海黄金交易所将增加与国际市场的互动关系作为向金融市场转变的重要一环，为此，2005 年 11 月在上海白天交易结束以后在深圳又开办了夜市交易。当年交易量 11.22 吨，2006 年全年交易量达到 193.99 吨，到 2011 年较 2006 年增长了 822.69%，达到了 1789.39 吨，为总交易量的 24.06%，具体变化数据见表 5–2。夜市已成为上海黄金交易所交易量持续增长的重要动力。

表 5–2　　2005 ~ 2011 年夜市交易量变化表

项目＼年份	2005	2006	2007	2008	2009	2010	2011
夜市交易量（吨）	—	6.2	103.45	1463.78	1568.17	1943.46	1789.93
全年总交易量(吨)	453.21	624.8	914.127	4457.67	4710.82	6051.50	7438.49
夜市交易量占全年总交易量（%）	—	1.2	15.5	32.84	33.29	32.12	24.06

黄金夜市营业时间为 20∶50 至次日凌晨 2∶30，因时差关系此时间段正是伦敦黄金市场下午营业即将关闭和纽约黄金市场上午营业之时，也正是国际黄金交易最为活跃、价格变化最剧烈之际，所以黄金夜市的开办为我国黄金投资者对冲头寸和扩大机遇提供了可能。进入夜市交易的会员逐年增加，到 2010 年 30 家金融机构会员有 24 家参与夜市交易，占金融类会员总量的 80%；130 家综合类会员中 122 家参加夜市交易，占综合类会员的 93.85%。

4. **扩大市场开放**。

上海黄金交易所把持续扩大开放作为向金融市场转变的重要措施，其实质是通过市场的进一步开放，降低市场门槛使更多的投资者进入上海黄金交易所，扩大黄金投资者群体。

首先是扩大对国内民众的开放。对此 2004 年周小川行长在伦敦黄金市场协会上海年会的讲话中指出："如何让中国黄金市场从商品交易向金融产品交易转变？就目前情况看，发展个人黄金投资是一个较为现实的选择。"他还认为吸收个人投资者进入黄金市场从宏观讲，可以拓宽个人储蓄转化为投资的渠道，调整货币供求；从微观讲，可以实现藏金于民，提高社会福祉，利国利民，还可以提供民众财富保值避险的工具。2004 年年底银监会批准四大国有银行开展面向民众的黄金业务。到 2012 年上海黄金交易所已有个人客户 335.39 万户。

其次是向外资银行开放。从 2008 年开始逐步增加外资银行会员，到 2011 年已有 8 家，具体名录如表 5–3：

表 5–3　　上海黄金交易所外资会员明细表

机构名称	总部所在地域	入市时间
汇丰（中国）有限公司	英国	2008 年
渣打银行（中国）有限公司	英国	2008 年
丰业银行有限公司广州分行	加拿大	2008 年
澳新银行（中国）有限公司	澳大利亚	2008 年
瑞士信贷银行股份上海分行	瑞士	2010 年
大华银行（中国）有限公司	新加坡	2011 年
巴克莱银行有限公司上海分行	英国	2011 年
摩根大通银行（中国）有限公司	美国	2011 年

2011 年外资金融机构交易量 343.84 吨，比 2010 年增长了 58.23%，为当年上海黄金交易所总交易量的 4.62%，占市场内银行自营业务的 12.13%。其中，汇丰和澳新银行已进入银行自营业务前十名，分列第九和第八位。2010 年外资金融机构交易同比下降 37.47%，交易量为 215.01 吨。除黄金交易业务外，外资银行从 2011 年开始也相继开展了黄金质押租借业务，而且外资金融机构在中国的黄金业务也从实金交易扩展到黄金递延产品交易。

国外黄金供货商已有十余家，2011 年瑞士美泰乐、庞博，澳大利亚的铂斯造币厂，美国庄信万丰以及加拿大、日本、韩国等多家国际知名黄金精炼企业成为上海黄金交易所合格金锭供应商。我国从2007年开始成为黄金进口国，到2011年上海黄金交易所有近三成（26.54%）供应量来自进口，数量达277.10吨，这仅是进入市场的交易量，而总进口量可达400多吨，为当年全球黄金总需求的9%左右。2012年更大幅增长了82.54%，占总供应量的四成多（44.29%），为505.57吨（见图5–2）。上海黄金交易所与国际黄金市场的关系日益紧密。

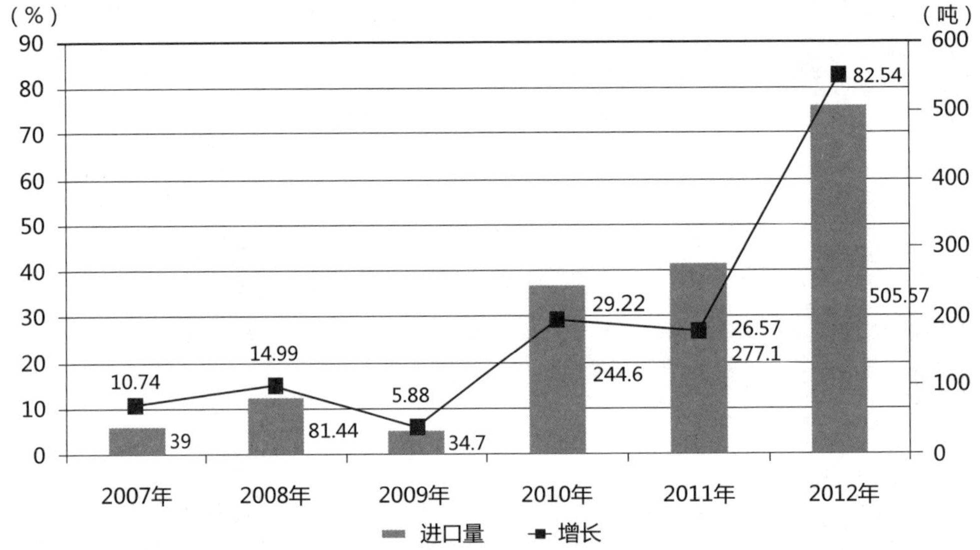

图5–2　2007~2012年上海黄金交易所黄金进口数量变化图

（资料来源：《中国黄金年鉴》）

上海黄金交易所从2004年开始推进向金融市场转变的改革，使上海黄金交易所交易结构发生了根本性变化。一是市场交易主力由黄金商品交易者变为了金融机构，2005年黄金交易量前20名中有16家是黄金生产企业与加工企业，为总数的80%，金融机构占20%，为4家。而到2012年金融机构上升到了65%，为13家，黄金生产与加工企业下降到了7家，所占比重下降了45个百分点。二是市场交易由黄金商品需求主导变为了黄金投资需求为主导。2003年金融机构交易量占总交易量的 36.3%，2011 年达到 58.25%，上升了 21.95 个百分点，交易量由 171 吨上升到 3524.45 吨，增长了 19.6 倍。三是交易品种由商品黄金主导变为了黄金投资产品为主导。99.95% 标准金条是一个商品属性最强的产品，曾是市场的主导产品，2005 年交易量占总交易量的 66.9%，而到 2011 年已下降到 10.37%，变为了非主力品种，而投资者使用的虚拟化产品品种交易量由 17.9% 上升到 74.25%，成为市场主导性交易品种。

上海黄金交易所交易主力、交易结构和交易品种的变化表明其已基本完成了由黄金商品市场向黄金金融市场的转变，已是一个金融属性主导的市场。到 2006 年上海黄金交易所向金融市场转变第一阶段目标已经达成，交易量突破了千吨，达到了 1246.6 吨，成为全球交易量最大的场内现货黄金交易市场。这一年交易结构的现状是：

1. 黄金交割比由 2002 年的 71.5% 下降到了 39.27%，也就是 60.73% 交易量并未形成物流，而只是资金流，表明投资者已是市场交易的主体，黄金生产和加工企业的交易量已不足四成。

2. 商业银行和投资机构在市场中的作用日益增加，占据了日益重要的地位。金融机构 2006 年交易量占总交易量的 33.34%，比重比 2002 年上升了 58.36%。增加了 12.34 个百分点。

3. 用于对冲市场风险和投机盈利的递延产品的交易量在短短的三年内便占据了上海黄金交易所的近半壁江山，2006 年达到了总交易量的 49.34%。成为增长最快的品种。

变化已经发生，但尚未达到最终目标，于是 2007 年上海黄金交易所启动了金融市场转变的第二个阶段的改革——推动黄金期货上市。

黄金期货是当今交易量最大的品种，每年期货交易量占全球总交易量的 50% 以上。如果黄金期货能够顺利推出可以使上海黄金交易所交易量增长数倍，并实现从即期向远期交易市场的延伸，对于上海黄金交易所的发展具有关乎兴衰的意义，所以得到人民银行前后两任行长的明确支持。

2007年上海黄金交易所提出黄金期货上市申请，并列入了当年人民银行行长年度工作计划，作为人民银行行长当年的重点工作之一，可见重视的程度。

总的来看，上海黄金交易所向金融市场转变的第一阶段是顺利的，原因是所有改革都是在黄金即期现货交易平台上推进，虽然T+D递延产品具有远期交割的功能，被称为准期货，但仍是在即期价格基础上的实金交易，因而即使有争论、有分歧也属于茶壶里的风暴，容易协调。因不涉及其他相关方利益，外面的阻力较小，易于推进。而黄金期货上线则有很大的不同，需要上海黄金交易所从即期交易发展到远期交易，这在我国现有管理体制中就属越界改革了，所以戴相龙行长在谈到这一改革时特别说明："要待条件成熟时，经国务院批准。"因为这需要挑战现有金融管理体制，没有国务院的支持认可很难成功。

是什么条件？怎样促进条件成熟呢？戴相龙行长没有给我们答案，我们也没有看到这方面的公开讨论。在我2007年年初撰写的《我国黄金市场化改革新纪元路径选择》专题报告中，基于对现有权益结构的分析，我并不看好其推进前景。我认为"作为一个特例，允许上海黄金交易所推出黄金期货合约，由人民银行监管。但是，这个方案需要对我国金融监管体制体系进行调整，执行比较困难，因为这意味着一次权力的重新洗牌，可能是牵一发而动全身，并将受全局改革进程的制约。"在金融业分管的体制中，期货行业的主管部门是证监会，而且证监会对期货业监管非常严格，自成一体。黄金市场属人民银行的管理范畴，期货市场属于证监会监管范围。因而，在人民银行监管领导的上海黄金交易所上线黄金期货意味着对证监会期货市场统一的严格监管的一次突破，而可能会因此引起多米诺骨牌效应，使现存的整个期货市场监管体系崩溃。当时在黄金期货后面还有钢铁、石油等部门也在跃跃欲试，要推出钢材、石油期货。这的确事关证监会存亡兴废大局，证监会就不能不有所行动，予以阻击。

证监会的反制之举，首先是以最快的速度公布了《期货交易管理条例》修改稿，从法律法规层面对现存的期货市场监管体系给予确认和固化，为证监会介入黄金期货上线提供和确立法理基础和依据。其次，证监会监管的上海期货交易所也同时向证监会提出在上海期货交易所推出黄金期货交易的申请，形成竞争申请的态势。另外，将地下炒金定性为“准期货”交易，也为证监会介入黄金期货市场监管提供了口实和机会，也正以此为切入点使证监会获得了黄金期货监管权。据说国务院有关领导是在证监会治理地下炒金市场报告上批复，同意开办黄金期货业务的。得到批复后证监会以最快的速度，超常规地批准了上海期货交易所上线黄金期货交易，并于 2008 年 1 月 6 日正式上线并成功交易。

我们看到，面对证监会的反制措施，人民银行的应对并不很有力，可能是对冲破分业管理体制的困难估计不足。上海黄金交易所上线黄金期货交易的努力失败，从即期交易平台向远期交易平台转变的希望落空，人民银行黄金市场一元发展路径也因此宣告终结。即期黄金市场与远期黄金市场的分立，出现了两个国家级黄金市场，一个是上海黄金交易所，一个是上海期货交易所，结束了一元化黄金市场结构而出现了多元化市场结构，我国黄金市场化改革进入了黄金市场体系建设阶段。

期货：黄金市场的一次革命

2007 年 4 月的一天我接到了一个来自上海的电话，是一个已离开上海期货交易所的朋友打来的。他问了我一个问题，“你认为应推出黄金期货吗？”我的回答是肯定的。他立即问我的理由是什么？我记得当时说了四个理由。他又要求我把这四个理由形成文字传给他。虽然我对这通电话感到有些奇怪，但我仍按他的要求办了。他也没有告诉我他的目的是什么，而我一直认为黄金市场开放以后推出黄金期货是必须的，否则就是将交易者风险置于无以应对的被动局面，所以凡对黄金期货上市有推动意义的事我都乐意为之。后来我才知道当时上海期货交易所启动了黄金期货上线的申报工作，但我的文案对此是否有所贡献就不得而知了。

对于上海期货交易所来说，申报黄金期货上市多少显得有些仓促，看上去只是一种被动的应对，因为上海期货交易所当年原本并没有黄金期货上市的计划，但同样出人意料的是黄金期货却以非常正常的程序，在很短的时间就实现了上市，这甚至出乎上海期货交易所的意料，而准备不足，颇多忐忑。其实上海期货交易所并不是推动黄金市场化改革的后来者，更不是旁观者，而是早在 1998 年上海期货所尚在筹备阶段就已进行了黄金产品上市前期调研工作。当时人民银行才刚刚开始考虑黄金市场化改革，还没有眉目，因而他们的调研被认为太过超前，而吃了礼貌的闭门羹。调研组又转而到国家黄金局走访，正是这次走访使北京黄金经济发展研究中心（原国家黄金局经济研究中心）与上海期货交易所建立了联系，开始了合作。

1999 年黄金市场化改革再启动，中国黄金市场建设开始起步，因上海期货交易所已有之前的调研行动，所以立即成为黄金市场化再启动的积极参与者与推动者。1999 年 7 月，上海期货交易所、北京黄金经济发展研究中心、山东莱州金仓矿业公司三家单位在上海联合举办了“我国白银市场研讨会”。这是基于当时黄金市场开放形势还未完全明朗，而白银市场开放已成定局，《金银管理条例》突破在即的背景下召开的。组织此次研讨会试图通过对白银期货上市的条件和可能性讨论（实际直到 2011 年白银期货才在上海期货交易所正式上市）带动黄金期货上市。在此期间，上海期货交易所成立了研究小组，并有一批成果问世，这是我国黄金市场化理论研究早期成果的一部分。另外，上海期货交易所为了和黄金生产企业和加工企业建立联系，让生产和加工企业进一步认识上海期货交易所，认识期货市场，又和北京黄金经济研究中心联合于 2000 年陆续在当时的黄金主产区山东、河北、河南及陕西举办了四期黄金市场培训班，这样的活动在当时是超前的。

上海期货交易所在黄金市场建设尚未启动之时就关注并积极参与推动黄金市场化改革是事出有因的。我国黄金生产量是由黄金矿产金和有色副产金两部分构成的。当时副产金量占总产金量的约 1/6，已是我国黄金生产的重要力量。副产金主要的生产者是有色铜冶炼厂，而铜金属是上海期货交易所最主要的交易品种，并在国际上也占有重要地位，所以我国大型铜冶炼企业都是上海期货交易所的会员。那时上海期货交易所中的 11 家有色冶炼厂会员的黄金产量约为全国黄金量的 14%。也就是说在黄金仍在统购统配的管理体制中的情况下，上海期货交易所就已经有了黄金生产者会员，而至今这些有色冶炼企业还不都是上海黄金交易所会员。这些会员企业虽主导产品是铜金属，但也是黄金生产者，所以在上海期货交易所会员内就产生了发展黄金期货以锁定市场价格不确定风险的需求。而从上海期货交易所自身发展角度看，黄金期货上线又是一个发展交易品种可行的选择，甚至比其他品种更为顺理成章和水到渠成，但黄金管制是最大的政策障碍，所以他们十分关注黄金市场化进程，并是改革的积极参与者和推动者。

之后随着北京、上海、深圳、天津等城市申办黄金市场工作的相继展开，推动黄金市场化的主角日益变为了地方政府，因而上海期货交易所作为一个企业便逐渐退居二线。又因那时上海黄金交易所的筹建成为黄金市场化改革的头号任务，黄金期货的上线自然一定要放在现货市场之后才能提上改革日程，从而对黄金期货上市的推动淡出了人们的视野，但从这个意义上讲，上海期货交易所 2008 年 1 月黄金期货合约正式上市并非偶然，而是“十年情缘，今朝拥有”。可是，不仅 2000 年以后上海期货交易所停止了黄金期货上市的推进工作，历史的记忆也发生了中断。其中的原因是，上海期货交易所是由上海三个交易所重组而成，上海期货交易所成立后行政领导也由上海市变为了证监会，人员和工作思路都有所调整变化，可能在这个变化的过程中出现了卸接上的断层。

2007 年 9 月我作为这一段历史的亲历者写了一篇《我国黄金期货市场的前世今生》长文在《中国黄金报》上公开发表，才拂去了风尘，将上海期货交易所的这一历史中的一页披露了出来。为此，上海期货交易所领导批示，推荐全所人员阅读本篇文章，算是自我补课吧。

十年情缘，一朝拥有，是追求，是幸运，也是挑战。黄金期货上线对上海期货交易所的挑战来自操作的技术层面，也来自政策层面，也来自体制层面。

首先是黄金交割问题。黄金是一种实物型金融投资产品，又不同于一般有色金属，其价值高、易变现、流动性强，因而对黄金的物流管理比一般金属要求要高，上海期货交易所原来的商品仓储物流交割系统很难满足要求。我国黄金的仓储物流交割系统是建立在银行金库系统上的，所以，上海期货交易所物流交割系统面临着一个再造的任务。一开始对这个难关比较担心，但实际转换并没有发生太大的困难。原因有二：一是黄金期货交易主要产生的是资金流，而不是物流，所以产生的黄金交割量很少；二是上海期货交易所在银行金库交割系统建立上的推进比较顺利。

其次是税收政策平移。虽然黄金期货交易主要产生的是资金流，但毕竟会产生一定数量的实金流转交割。当时黄金增值税即征即退政策和税收优惠政策已平移到上海黄金交易所，能否也平移到上海期货交易所是一个需要解决的问题。如果黄金期货市场和黄金现货市场税收制度不一致，而且是期货市场税收大大高于现货市场，黄金期货市场的发展就会遇到很大的困难。幸运的是批复黄金期货上市后，上海期货交易所立即与国家税务总局展开协商，并以较快的时间实现了税收政策的平移，所以税收政策也没有成为黄金期货上市的严重羁绊。

再次是管理体制的约束。在我国金融分业管理的体制中，黄金产品市场属人民银行监管，期货产品市场属证监会监管，因而黄金期货是跨部门监管，而跨部门如何监管是一个尚未解决的问题。但 2010 年人民银行、发改委等六部门联合发布的《关于促进黄金市场发展的若干意见》表明，其政策的取向是承认体制现状，各负其责，至于市场统一监管是今后较长时间内才能解决的，并不强求一步到位。在这种情况下黄金期货市场监管成为了一个虽还没有定论解决，但不影响现实运行的问题，但这可能对未来黄金市场进一步发展会有影响。

还有是交易市场主体的培育。黄金市场是与货币、证券、外汇并列的四大金融市场，而黄金期货市场是金融属性最强的黄金市场，其市场交易参与者与商品期货市场有很大不同。据专家对国际黄金市场交易主体结构研究表明，黄金期货市场中约 31% 是短期投资者，约 31% 为基金和私人投资者，约 36% 是商业银行，包括黄金矿山在内的黄金买卖交易者不到 1%。我国现有的期货交易市场交易主体主要是生产企业和短期投资者，而且对于基金，商业银行进入黄金期货市场还有很大的政策壁垒，因而不能满足黄金期货市场发展的要求。所以，我国黄金期货市场发展不仅需要培育交易主体，而且还要推进政策的调整，因而黄金期货的上市也为上海交易所提出了市场交易主体再构的课题。

面对挑战，解决矛盾，推动创新是黄金期货市场发展之路，5 年的实践，黄金期货市场留下了如下的发展轨迹。

2008 年是我国黄金期货上市的第一年，交易量 7780.9 吨，是当年上海黄金交易所即期交易量的 1.74 倍，这是一个不错的开端。但 2009 年、2010 年交易量下降，分别下降了 12.45% 和 0.27%，与即期交易量之比也由 1.74：1 下降到了 1.45：1 和 1.12：1。而 2011 年大幅增长了 1 倍多（112.59%），交易量（双边）突破万吨，达到了 1.44 万吨，与即期交易量之比为 1.94：1。2012 年交易量则又下降了 18.47%，为 1.18 万吨，年交易量则减少 2610 吨，与即期交易量之比为 1.86：1。我国黄金期货上市五年，交易量总的看是大幅增长的，但并不呈直线上升而是有升有降呈波浪形发展（见图 5–3）。

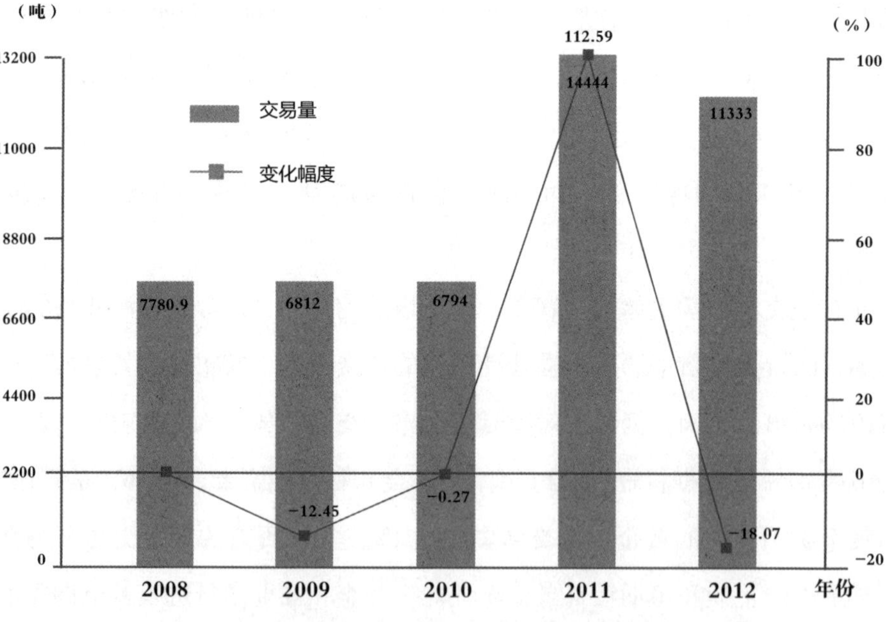

图 5–3　黄金期货交易量及增长率图

黄金期货市场五年发展对上海期货交易所来说，其意义或许只是增加了一个交易品种，2011年黄金期交易量只占其总交易量的2.34%，所以只是上海期货交易所的一个小品种。但是，对于我国黄金市场的发展确是具有革命性的意义：

最直观的是黄金期货的上市极大地扩大了黄金市场的交易规模，成为我国黄金市场发展的主要支撑力。黄金期货上市的第一年我国黄金市场交易量猛增了4.75倍，突破万吨，达到了1.282万吨，其中黄金期货对增长的贡献率为73.47%。之后的五年间黄金期货交易量分别是上海黄金交易所即期交易量的1.74倍、1.45倍、1.21倍、1.94倍、1.86倍。也就是因黄金期货上市而使我国黄金交易规模成倍增长，黄金期货是我国黄金市场交易规模大幅增长的主要动力。

从全球的角度看，并不是所有国家的黄金期货市场都能获得成功，失败者并非罕见，成功者也并不多。加拿大是最早黄金期货上市的国家，黄金期货于1972年上市，但最终并未成功。1982年伦敦也推出了黄金期货交易，建立了黄金期货市场，先是使用英镑结算，但市场并不活跃；后改为美元结算，仍无起色，最终不得不关门大吉。香港是全球金融中心和重要的黄金交易中心，1982年香港商品交易所就推出了黄金期货，但到2011年交易也仅有数百吨。而在全球，也只是美国一家独秀，不仅全国有多家黄金期货市场，而且黄金期货交易量巨大。2011年仅纽约商品交易所一家的交易量就达15.29万吨，为全球黄金期货交易量的近八成，全球除美国外交易量过万吨的只有日本东京工业品交易所（1.6万吨）、印度孟买多种商品交易所（1.5万吨）和上海期货交易所（1.4万吨）。

所以，盘点我国黄金期货市场五年发展，我认为我国黄金期货市场已经站住了脚跟，取得了成功。更为重要的是，我国黄金期货市场的诞生使我国黄金市场发展进入了一个历史新阶段，这就是从黄金交易方式改革进入到了市场风险管理的改革阶段。

黄金交易从计划经济体制进入市场经济体制，首要是实现了交易方式的变化，而交易方式的变化又产生了市场风险，即金价波动产生的交易风险，所以黄金市场化改革不仅仅是要进行交易方式的改革，而且还必须建立因交易方式变化而产生的交易风险的规避机制。从全球的角度看这是二十世纪七十年代才出现的新课题。

1972 年以前，国际货币体系是以黄金为基础，故各国央行是黄金市场最重要的参与者，市场在央行的介入下实现黄金的有序流转和价格的稳定。从而使 1717 年牛顿所确定的每盎司黄金 4 英镑 4 先令 11.5 便士的金价一直保持到 1911 年英国取消金本位制。先后历时 194 年；每盎司 35 美金价从 1934 年到 1972 年保持了 38 年。因而那时国际黄金市场的主要功能就是各国央行干预金价的窗口：金价上升则向市场抛金，金价下跌则从市场购金，保证金价上下波动不超过 1%。而 1968 年开始实行双轨制，官方央行间黄金交易按 35 美元结算，而市场价则放开，可随市场自由变化。到 1971 年 8 月 15 日美国尼克松总统更宣布停止履行以 35 美元官价兑黄金的国际承诺，黄金价格进入了自由浮动的历史时期。

金价自由浮动为低买高卖的投机者提供了盈利的机遇，但也给投资者，特别是长期投资者带来了市场风险，因不确定性的金价威胁投资的安全回收，所以规避市场风险成了一种客观需求。市场风险是客观存在，不能消灭，但可以转移，可以分散。转移是在一定的条件下将市场风险从无力承担者转移给有能力承担者；分散是将一个人无力承担的风险分散到由多个人承担。这样做的意义虽没有消灭风险，但可减少市场风险的冲击，避免重大灾难性后果，从而保持市场的持续运行。市场风险产生于市场，也必须回归于市场，因而当代黄金市场不再仅是一个实金交易的场所，也成为分散和转移市场风险的场所，规避市场风险也成了黄金市场的必备功能。

规避市场风险成为当代黄金市场新功能，而这一功能的实现必须进行市场制度创新和产品创新。交易价格不确定风险产生于实金即期市场，这一市场本身不具备转移和分散市场风险的功能，因而从二十世纪七十年代以后出现了一种新型黄金市场——黄金远期交易市场，而最主要的黄金远期交易市场就是黄金期货市场。我国黄金市场开放，不仅仅只是黄金交易方式由统购统配向市场交易的转变，也由此而产生了日益增加的市场风险，如不推进黄金期货市场的建设，就等于使进入市场的交易者面对市场风险而无能为力，只能坐以待毙。风险管理是需要发展黄金期货市场的根本原因，而能带来交易规模的扩大仅是次要理由。以1975年美国纽约黄金期货交易合约上市取得成功为标志，黄金期货交易已逐步发展成为黄金市场第一大交易品种，2011年全球总交易量突破了18万吨，约占全球黄金总交易量的六成以上。

黄金是当今唯一的一种非信用资产投资品，其价格走势表现往往与其他信用资产逆向运动，而成为对冲信用资产风险的工具，所以其他信用资产的投资者也会进入黄金期货市场进行市场风险跨市转移或跨市套利，因而黄金期货市场具有更大稳定金融的社会作用。

黄金期货市场风险交易的机理是：规避金价不确定性风险的交易者卖出远期合约，锁定了价格，但因此可能失去未来的机会利润；而风险买入者以承担市场风险为代价，从而可获得未来的机会利润。所以，黄金期货市场虽具有转移风险的功能，但黄金期货交易的本身就充满不确定性风险。因而黄金期货市场中无论是多头合约，还是空头合约的持有者，都是投机者占有最大的交易份额。在投机者主导下的黄金期货市场与传统的黄金市场有很大的不同，黄金专家蒂莫西·格林在《黄金的新世界》一书中这样记述了全球最大的黄金期货市场——纽约商品交易所：

“投机商的支配地位说明了期货市场的性质，虽然在价格上涨的情况下，也给金矿老板提供了预卖其产品的机会，也使金条交易商对其寄售货物预先保值卖出给金币制造商。但实际上这是一个赌场，是赌徒们在做手脚——这是为什么期货市场价格过度猛涨猛落的根本原因，大量‘火辣’的钱（一个法国人称之为懒汉钱）一会儿流进，一会儿流出，这样的过度反应简直是不可避免的。”

投机者的主导使黄金期货市场功能发生了异化，但这种异化不是历史的退步，更不是罪孽，而是具有革命意义的。黄金期货市场成为市场风险的最终归宿，投机者成为市场风险的最终承担着，这是交换过程中黄金价值与其价值表现形式价格之间矛盾的最终解决之道，这也是当代黄金市场运行的需要和演变的结果。黄金期货市场成为投机者主导的市场是黄金期货市场的特性使然，是市场选择的结果：

1. 黄金期货合约是一种标准化合约，交易效率高，流动性好，入市和出市便捷，可为投机者提供更多可乘之机，增加了盈利机遇，因而得到了投机者的青睐。

2. 实行保证金制度，具有杠杆交易功能，为投机者提供了以小搏大的工具，这意味着有以小的投入获得大的收益的可能，对以追求利润为目的投机者有更大的吸引力。

3. 具有做空机制，在牛市时可以低买高卖盈利，在熊市时可以高卖低买盈利，所以，无论市场大势是牛市，还是熊市都有投机者盈利的机会而使黄金期货市场具有独特魅力。

黄金期货市场这个新型的黄金市场与传统的实金即期市场的差异性，我们概括为以下五点：

1. 从市场功能看，即期实金市场的主要功能是完成黄金的流转交割；黄金期货市场的主要功能是锁定风险和投机盈利。前者主要是为实金供求者服务，后者是为投资者和投机者服务。

2. 从交易内涵看，即期实金市场的交易内涵是实现黄金使用价值与价值的让渡，也就是一手交钱，一手交货。黄金期货市场的交易内涵是买卖间的差价，主要产生的是资金流，物流少到可以忽略的程度。

3. 从价格形式看，即期实金市场价格一般会遵循供求关系规律，而黄金期货价格受投机者心理预期影响，甚至全球任何政治经济形势的变化都会引起多空转换而引起价格变化。前者交易使用即期价格，而后者使用远期价格。

4. 从交易标的看，实金即期市场使用的是不同形状和不同状态的实物黄金；黄金期货市场使用的是标准化的合约，所以交易产生的主要是资金流，物流很小，其是实物即期标的衍生品。

5. 从市场交易者看，实金即期市场交易参与者主要是实金生产者、金制品加工者和有实金偏好的窖藏者；黄金期货市场交易者主要是以盈利为目的的投资者、投机者和跨市套利者。

黄金期货市场与实金即期市场存在着市场功能和交易内涵等多方面的根本性差异，所以黄金期货的出现不只是使黄金市场增加了一个交易品种，而且使黄金市场发生了一次革命；黄金市场由一元结构变成了实金即期市场与远期合约市场平行发展的二元结构。二元市场结构是当代黄金市场的基本特征。

黄金市场二元结构的出现除黄金即期市场与黄金期货市场是两个运行机理不同的市场外，还有一些现实的原因：

一是因黄金期货市场功能与黄金现货即期市场有很大的差别，所以交易参与者群体及市场运行机制也有很大区别，一个市场很难做到这两者兼顾，所以选择期现货市场分立，建立专业化黄金期货市场成功者众，而选择期现货混合型市场者发展缓慢，所以我国黄金市场发展一元路径选择的终结也在情理之中。

二是商品期货市场诞生历史已有近150年，远远超过了黄金期货的历史。黄金期货市场是二十世纪七十年代初期黄金非货币化的产物，而当时商品期货市场发展已很成熟，所以往往是将黄金期货作为商品期货市场的一个品种，利用已有的商品期货市场交易，使社会成本最小，我们国家的情况也是如此。

因黄金期货市场与黄金现货市场分立而形成二元市场结构，而实金市场与风险市场各自沿着自己的方向平行发展，最终使黄金市场逐步发展成为了一个多元市场组成的市场体系。

黄金市场由一元到多元

2007 年 9 月 12 日，银监会批准上海黄金交易所上线黄金期货，2008 年 1 月 9 日黄金期货正式上市交易，从而我国黄金即期现货市场与黄金远期合约市场实现了分立，出现了两个国家级黄金市场，由此人民银行的一元市场发展路径选择宣告终结，而开始了一个多元市场发展阶段。这个历史发展阶段的出现从表面上看是我国金融业分业管理体制使然，因而至今还有许多感情上的纠结和认知上的纷争，但是，我认为更需要了解在权力的博弈背后昭示的黄金市场发展的内在逻辑性，因一元化发展路径有违于这一内在逻辑性，所以终结有其必然性。一元化发展路径从产生、推进到终结是我国黄金市场化改革走过的又一试错过程，这次试错过程推动完成了我们对黄金市场认识的又一次深化。

在人民银行与证监会围绕黄金期货上市角力未见分晓的 2007 年 3 月，我完成了一个专题研究报告，题为《我国黄金市场化改革新纪元路径选择》对黄金市场一元路径选择的合理性提出了质疑，在学术上之所以我是一元路径选择的否定者，就是从一元路径选择的试错过程中认识到我国黄金市场化最终目标不应是建立一个即期与远期、现货与期货于一体的全能型市场，而是要建立一个多形态市场组成的黄金市场体系。

“黄金市场体系”的概念早在 2000 年世界黄金协会和国务院发展研究中心产业经济部完成的题为《新时期中国黄金市场开放：相关政策与建议》的报告中就已提出，但当时并没有被重视而成为匆匆过客。而一元发展路径选择的实施推进引发了我的思考，使我开始对黄金市场结构进行研究，《我国黄金市场化改革新纪元路径选择》专题报告就是这一研究的结果。如果说《新时期中国黄金市场开放：相关政策与建议》是要告诉我们“是什么”的话，我的研究报告是要回答“为什么”。当代黄金市场为什么不是一个全能型的市场而是一个多形态市场组合的市场体系呢？或许这并不是一个高深的理论问题，而是一个对客观现实的描述：黄金市场发展是一个市场不断细分的过程，市场细分使黄金市场结构由一元变为多元，而多元市场便组成了黄金市场体系。

市场细分不只是在黄金市场发生，而是当代所有市场都存在的一个共同发展规律，只不过细分的速度、表现的形式各有不同。这是因为在巨大飞速发展的科学技术的推动下，人类社会生产力获得了巨大进步，物质生产供给能力极大提高。供给的丰富使需求日益多样化、个性化，这一需求变化对市场的影响是使原来的全能性的单一市场发生了蜕变，不断地细分为了个性化的多个专业化市场，以与需求多样化、个性化相适应。

当代黄金生产力较古代有上千倍、较近代有数十倍地增长，黄金供给极度短缺状况有了根本性改观。另外，技术创新又极大地增加了虚拟交易标的供给，供给的增加使黄金需求也出现了个性化发展，在黄金交易规模扩张的同时市场也出现了细分趋势。当代黄金市场的发展过程就是市场不断分层设置的过程，而黄金市场分层设置的过程也就是黄金市场体系完善和形成的过程。

黄金市场由一元到多元，从发展的内在逻辑看，推动形成多市场体系的原因可能有两个：

一是获得社会资源能力的有限性。每一个市场的发展都必须获得必要的社会资源，但这受多方条件的限制，不能无限地增加社会资源供给，因而有限的资源只能保证做到一定的市场规模。所以，虽然存在规模效益，但也不能包揽一切规模无限大，而必须是适度规模。当市场规模超出适度规模时就要拆分，否则就会适得其反，使市场发展走向困境。

上海黄金交易所是一个新兴的黄金即期市场，其拥有的人力资源、客户资源、市场资源不是无限的。然而，黄金市场发展一元路径选择要求上海黄金交易所承担即期与远期、场内与场外全部交易，建立一个功能全能，能承担所有黄金交易的市场。这已超出上海黄金交易所社会资源供给的保障能力，所以，一元路径选择对上海黄金交易所是难承之重。

二是一个市场只有把某一个方面事做好、做精才能形成特色，从而塑造核心竞争力，在竞争中站住脚跟，求得发展，所以当代市场发展的一个基本特征就是市场不断专业化细分，黄金市场也是如此。所以，在一个国家或一个地区可能只有一个黄金市场，这个市场大多也是专业化的；一个国家或一个地区也可能有数个黄金市场，而每一个市场也都是专业化市场。

当代国际黄金市场就是一个多种形态市场组成的市场体系，这个市场体系是由实金交易市场、场内远期合约市场、场外远期及结构衍生物市场组成。历史最悠久的英国伦敦黄金市场作为即期场外最大做市商市场，是全球黄金市场体系的价格形成市场，而在这个市场体系中占有基础性的中心地位；瑞士现货交易中心是这个市场体系的物流中心；美国纽约黄金期货市场和日本东京黄金期货市场是场内远期市场的代表，是这个市场体系的市场风险的最终归宿。

不仅国际黄金市场是由若干功能有别的专业市场组成的市场体系，即使一个国家或一个地区的黄金市场发展也是一个市场不断细分的过程。例如，我国香港地区是一个国际金融中心城市，拥有一个百年历史的香港金银业贸易场，这是一个场内现货黄金交易市场；1974 年一些香港外资机构和商人又建立了香港本地伦敦金市场，这是一个场外做市商市场；1980 年又在香港商品市场内增加了黄金期货交易，从而形成了香港黄金期货市场。所以香港存在着功能有所差异的三个黄金市场，并不是只有一个全能型的黄金市场。

其实，在全球建立全能型黄金市场的努力也从没有停止过。1981 年成立的东京黄金交易所就是一个现货与期货混合交易的市场，但 1982 年又成立了东京黄金期货交易所，这个专业化市场很快就成为仅次于美国纽约的全球第二大黄金期货市场，交易量远远超过了东京黄金交易所。土耳其伊斯坦布尔黄金交易市场也是一个期现混合型市场，但交易量很小，2011 年交易量仅 228 吨。因而，虽追求建立全能型黄金市场的理由各有不同，但发展的最终结果表明成功者还都是专业化的黄金市场。正是因为如此，在一个国家或地区即使只有一个黄金市场也往往是专业化市场，如其功能不能满足需要时就会选择使用某一个国际平台做补充，因为每个国际市场都是开放的，信息和资金都可以自由流动。

黄金市场从一元到多元的分层是一个长期的持续过程：

1. 黄金商品市场与黄金金融市场分层发端于 1968 年国际市场双轨制的出现，黄金市场分层为官方交易黄金的货币市场和自由交易黄金的商品市场；前者实行官价，后者实行市场价。

2. 黄金即期市场与远期市场分层以 1975 年美国纽约商品交易所上线黄金期货合约并取得成功为标志。从此黄金市场分层为黄金即期交易市场和黄金远期交易市场，使市场风险有了归宿，形成了实金与风险市场平行发行的二元市场结构。

3. 实金市场与纸黄金市场分层是在黄金商品市场与黄金金融市场分层基础上，二十世纪七十年代中后期开始出现的分层，纸质化交易标的出现和发展，使黄金市场分层为黄金实物标的市场和虚拟黄金市场，而且虚拟标的交易逐步占居了主导地位。

4. 黄金标准化合约市场与非标准化合约市场分层是随着黄金期货市场的发展，标准化合约交易比重大幅增加而形成的。因黄金期货市场是一个风险市场，其风险也需要分散，于是在二十世纪七十年代后期，诞生了黄金期货市场的衍生市场——黄金期权市场，而在这一市场中是以个性化、非标准合约主导。黄金标准化合约市场与非标准化合约市场分层又推动了场内和场外两种形态市场分层。

5. 场内黄金市场与场外交易市场分层。场内市场是黄金标准化合约交易市场，而非标准化合约交易发展促进了场外黄金交易市场的发展。场内交易市场与场外交易市场分层使市场形态差异化，这是黄金市场最重要的分层形态之一。

6. 黄金有形市场与无形市场的分层。黄金市场是从有形市场起步的，这个分层是随着电子技术的发展，实现了信息的远程传递出现了电子交易结算系统而实现的，黄金有形市场与无形市场的分层，其发端于二十世纪八十年代。

7. 黄金批发市场与黄金零售市场的分层。大型批发商交易与个人投资者零售交易在市场运营服务上有很大的不同，因而出现了黄金批发市场与黄金零售市场的分层。2011 年 12 月，上海黄金交易所与中国外汇交易所联合在外汇交易平台上推出的银行间询价交易就是一个面向金融机构的黄金批发市场，是上海黄金交易所推进黄金零售市场与批发市场分层的实践。

黄金市场分层的表现是多样化的，但最核心的市场分层有两个：一是市场功能分层，即黄金即期交易市场与远期交易市场的分层，形成了黄金实物市场与交易风险市场平行发展的二元市场结构，各自沿着自己的功能服务方向不断分层；二是黄金市场形态的分层，形成了场内报价撮合成交方式与场外做市商报价交易方式的平行发展的二元市场交易模式。这是两个最重要、最核心的黄金市场分层，其他市场分层是这两个市场分层的延伸分层或衍生分层。

黄金市场出现了日益增多的形态和功能不同的专业化市场，这些多形态市场以其功能的互补性而建立形成了多元市场体系。

黄金市场体系结构的图示如图 5-4。

从一个市场到一个市场体系表现是市场数量的增长，而这个数量增长产生的不仅是市场规模的扩充，而且极大地影响了市场运行特质，国际黄金市场细分的过程是市场功能延伸扩展的过程。在需求的推动下，市场实现细分而诞生专业化

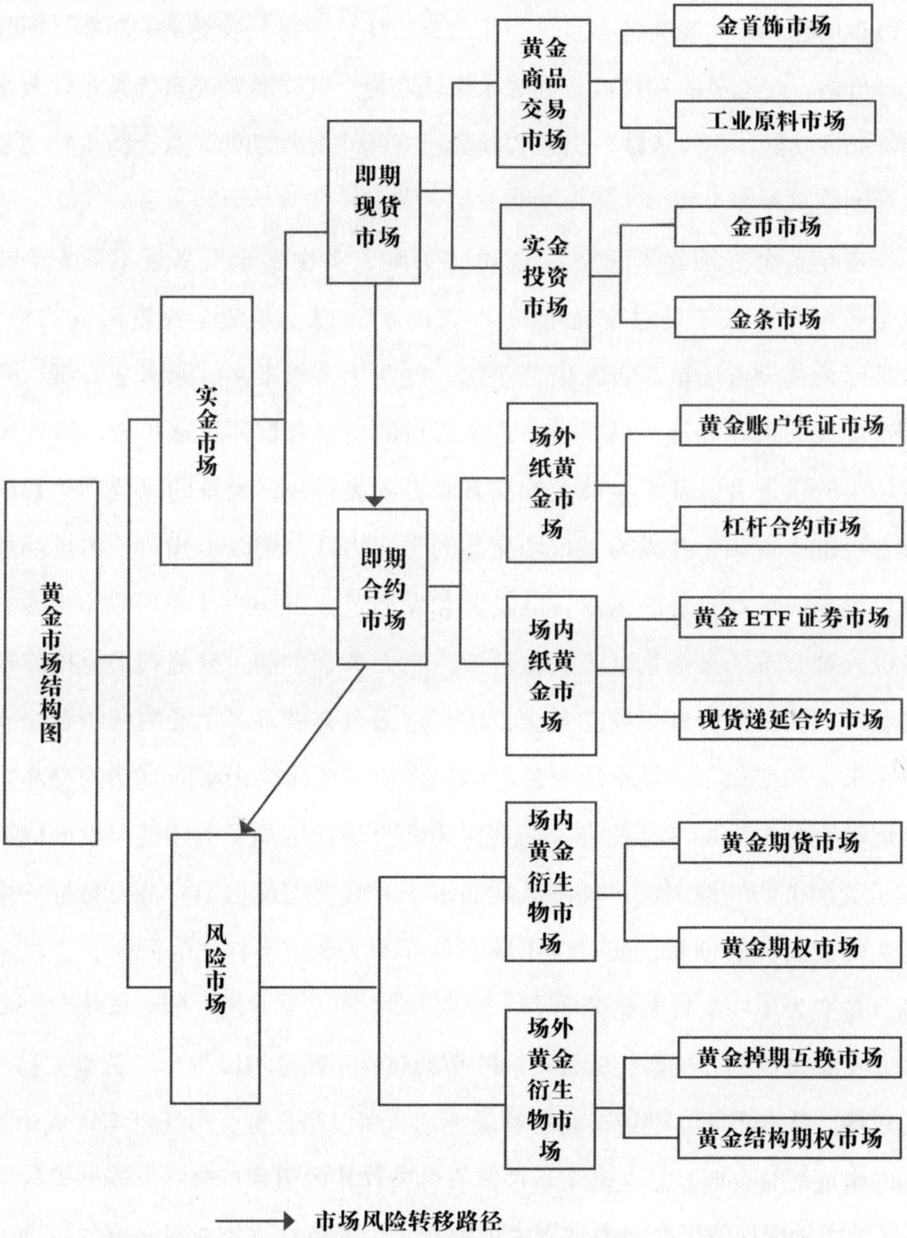

图 5-4　黄金市场体系结构图

新市场，因而由多个差异化的专业市场组成的市场体系就会呈现多样化的功能，所以市场越细分其功能越丰富。当代黄金市场已不再只有交易的功能，而且具有发现价格、规避风险和投机盈利等多市场功能。其交易功能虽仍是当代黄金市场的基础性功能，不可或缺，但投资功能已成为主导性功能，黄金衍生物交易已占主导地位。

当今黄金市场每年总交易量 30 多万吨，其中实金交易量不足 5 千吨，也就是黄金交易量不足总交易量的 2%，而 98% 以上是黄金投资形成的资金流，这是因为黄金市场参与者发生了变化。近四十多年来，解除黄金管制、开放黄金市场成为世界潮流，因而进入黄金市场的交易者群体迅速扩充，除传统黄金市场中的供求者以及黄金最大的拥有者各国央行外，大量的以盈利为目的的投资者也进入市场，并成为了市场交易的主导力量，所以当代黄金市场功能的扩展主要是满足投资者的需求，以发育和发展黄金市场的投资功能为主线。投资者进入黄金市场多数是既无黄金可卖，也无黄金之需，只是利用价格波动投机盈利。当代由投资者主导的黄金市场与过去黄金供求者主导的传统黄金市场发生了很大的变化：一是市场交易的内涵发生了变化，由实际真实的交易主导变为虚拟交易主导；二是投资者逐利行为的交易在增加了市场流动性的同时也破坏了黄金市场的稳定性，规避风险需求上升到突出地位；三是交易标的虚拟化为主的交易标的创新，使黄金市场交易标的实现了多样化的同时，也使黄金市场日益变为了一个资金结算中心。

黄金市场细分使当代黄金市场的金融属性不断地得以强化，黄金交易成为外汇市场、证券市场、期货市场的构成要素，所以当代黄金市场已不仅成为金融市场的组成部分，而且是金融市场中具有独特作用的组成部分。

市场细分对黄金市场体系的形成原因和过程做出了合理的诠释，所以市场细分理论成为当今黄金市场的基础理论之一，是我们认识当代黄金市场重要的理论武器。在市场细分推动下形成的国际黄金市场体系也为我国黄金市场建设提供了一个现实的参照物，这个参照物对我国黄金市场改革的意义是：国际黄金市场体系是数十年黄金市场细分发展的结果，分析研究国际黄金市场体系可以揭示和把握黄金市场发展的规律性，为我所用，形成后发效应。我国黄金市场的建设必然要根据我国的客观条件有所创新而具有中国特色，但是，国际黄金市场的发展基本规律是必须要遵循的，因而国际黄金市场体系这个参照物不仅为我国黄金市场建设提供了现实的参考蓝图，市场细分理论也应是我国黄金市场发展路径选择的指导理论。

黄金市场细分使一元市场向多元市场发展，在我国也是一个现实的存在。十年前，2002 年上海黄金交易所正式开业，我国黄金市场从无到有，上海黄金交易所是一个黄金生产者和加工者为交易主体的商品黄金交易市场，也是唯一的黄金市场：2004 年我国率先批准四大国有银行开展个人黄金业务，由此银行间及银行柜台交易市场发展起步。如果说上海黄金交易所是面向会员的一个批发市场，而银行柜台这一市场则是面向民众的零售市场。2008 年上海期货交易所上线黄金期货合约，这是一个远期合约市场，其基本功能是风险管理，参与的主体是投资者与投机者。这一市场的建立极大地强化了黄金市场的金融功能，使我国黄金市场交易规模得以数倍扩大。所以 2010 年即我国黄金市场发展八年之后，黄金市场体系作为改革的诉求目标正式写入了官方的政策文件之中，这就是 2010 年 8 月中国人民银行、发改委、工信部、财政部、税务总局、证监会六部门联合出台的《关于促进黄金市场发展的若干意见》。这是继 1993 年国务院 63 号函之后，关于黄金市场化改革的又一全面纲领性文件，该意见对今后我国黄金市场化建设提出了一系列原则性指导意见，并对黄金市场化最终目标诉求做出了明确的调整指引。

该意见对我国黄金市场现状的描述是：“统购统配政策取消以后，我国黄金市场发展迅速，初步形成了上海黄金交易所黄金业务，商业银行黄金业务和上海期货交易所黄金期货业务共同发展的市场格局，形成了与黄金产业协同发展的良好局面。”这表明我国黄金市场多元格局已经形成。在充分肯定这一格局的基础上，该意见提出了我国黄金市场未来的发展目标：“进一步深化市场功能，提高市场的规范性和开放性，促进形成多层次的市场体系。”至此黄金市场体系建立目标在国家政策层面得以确立，我国黄金市场化改革也从此由一元路径选择进入到了多元市场建设阶段。这是我国黄金市场化的一个历史新高度。

第六章 迈向发展的新高度

2010年六部委关于《促进黄金市场发展的若干意见》确立了多元市场组成的市场体系格局，黄金市场的发展环境由垄断变为竞争。这种竞争表现为不同形态黄金市场服务功能优劣的比拼，赢得投资者的认可成为发展的关键。同质化的竞争是“红海战略”，是你死我活；差异化竞争是“蓝海战略”，是互涨共赢。而实现两种发展战略转换的关键是创新。发展必然会面临挑战、遭遇挫折，能够协助走出困境的方法唯有创新，所以创新是发展之源。

黄金市场化的新高度

从1993年8月国务院63号函下发至今，我国黄金市场化改革整整走过了二十年历程，在这二十年中先后经历了改革的准备期、黄金即期市场建设期、黄金远期市场建设期，而2010年《关于促进黄金市场发展的若干意见》出台标志我国进入了黄金市场体系建设阶段。三十而立，再过十年我国黄金市场到而立之年将以什么样的面貌展现于世呢？值得期待，也容许我们有更多的想象空间。

在我国二十年黄金市场化进程中有四个重要的时间节点，反映了我国黄金市场化不断推进与深化的进程。

第一个重要的时间节点：1993年黄金市场化改革启动元年。

新中国诞生之日便实行了黄金管制，因在大一统计划经济体制中形成的利益分配格局日益不能适应向市场经济转轨的要求，终于在1993年爆发了黄金私卖潮，对黄金统购统配体制造成了极大的冲击，为了稳定统购统配体制国务院下发了63号函。63号函在重申维护黄金统购统配的同时确定了价格并轨，启动了修改《金银管理条例》进程，着手国家黄金市场建设的前期调研等三项黄金市场化改革措施，从而拉开了黄金市场化改革的大幕。

第二个重要的时间节点：1999年黄金市场建设准备起始年。

经过了六年的改革沉寂期，1999年黄金市场化改革再启动，到2001年，两年左右的时间是我国黄金市场建设的准备期，在这一时期主要是进行黄金市场选址和对未来黄金市场建设蓝图的设计。在2001年进入了黄金市场的建设时期。

第三个重要的时间节点：2001 年即期黄金市场建设推动元年。

2000 年前期必要的准备工作基本完成，实施黄金市场化改革的内部与外部条件已成熟，于是 2001 年人民银行向国务院提交了建设黄金市场的方案报告，10 月国务院作出批复，同意推进黄金流通体制改革，建立上海黄金交易所。人民银行开始着手黄金市场的组建，因而 2001 年是我国黄金即期交易市场建设元年。2002 年 10 月上海黄金交易所开业运行，到 2004 年经过三年运行，黄金交易方式从统购统配向自由交易的转变目标顺利达成，我国黄金市场化改革完成了即期市场建设阶段，历时四年。

第四个重要的时间节点：2004 年黄金远期交易市场建设元年。

上海黄金交易所成立并成功运行标志着我国黄金即期交易市场的全面建成，但市场风险的规避还需要有黄金远期交易市场，所以在上海黄金交易所开业之时，原人民银行行长戴相龙就要求进一步建设和发育黄金金融市场。之后 2004 年，人民银行行长周小川发表了黄金市场要实现“三个转变”的讲话。上海黄金交易所推出了 AU(T+D) 递延交割合约，从而开启了黄金远期交易市场建设元年。黄金远期市场以黄金期货在上海期货交易所上线交易为标志于 2008 年完成。期货与现货市场的分立使我国黄金市场从一元结构变为多元结构，也历时四年。

第五个重要的时间节点：2010 年黄金市场体系建设元年。

从 2002 年上海黄金交易所开业到 2008 年上海期货交易所黄金期货上线交易，我国黄金市场经过六年的发展已初步形成了即期交易市场与远期交易市场、实金市场与纸黄金市场、场内市场与场外市场平行发展的多元市场格局。在这一基础上，2010 年六部门出台《关于促进黄金市场发展的若干意见》。这一政策性指导文件以多元市场格局为基点，对我国黄金市场化改革未来发展做出了谋划布局，明确提出未来黄金市场发展目标是促进形成多层次的市场体系。

早在 2000 年由世界黄金协会和国务院发展研究中心产业经济部完成的课

题——《新时期中国黄金市场开放：相关政策研究与建议》中就已提出建设黄金市场体系的概念,但当时这只是一个建议和对黄金市场多元化表象的描述。而《关于促进黄金市场发展的若干意见》是把建设黄金市场体系确定为一个发展政策，并以黄金市场体系的内在的关联性为原则制定了一系列推进策略和工作目标。将建设黄金市场体系写入国家政策文件，使之成为黄金市场化的目标诉求，这是对多元市场结构认识的升级，是我国黄金市场化达到的新高度。

黄金市场体系建设阶段是继准备阶段、即期交易市场建设阶段、远期交易市场建设阶段之后，黄金市场建设的又一发展新阶段。这一改革新阶段与之前各阶段存在继承性，但最大的不同是改革的外延扩大了。在黄金市场化改革完成了黄金交易方式改革和黄金市场功能完善由一元变为多元市场之后，黄金市场化改革由黄金市场自身范畴改革延伸到相关的社会层面，使黄金市场化的意义超过了黄金市场自身发展价值，而成为社会经济发展的重要组成部分。这一点已在《关于促进黄金市场发展的若干意见》中对未来黄金市场发展的工作原则的叙述中得到了明确的指示。

六部门出台的《关于促进黄金市场发展的若干意见》明确未来黄金市场发展的原则，首先是“要服务于我国黄金产业发展大局，立足于提高我国金融市场竞争力，着力发挥黄金市场在完善金融市场中的重要地位。”这十分清楚地将黄金市场的发展与黄金产业和金融业的发展联系在一起，成为影响这两个产业发展的重要因素，并具有重要的推进改革的意义。

黄金是当今唯一的实体金融标的，充当着当代社会经济制度最后一个卫兵的角色，因而发展黄金产业对于增加国家经济安全具有重要的战略价值。而金融业是社会经济的核心，它为实体经济生存发展“送氧输血”，而且它又是社会财富配置体系和再分配的枢纽，更是经济发展的重要杠杆，在现代经济中发挥着核心作用。当黄金市场发展与这样两个国家战略性产业形成密切关联性，并对其具有重要影响力时，黄金市场发展的战略价值就不言而喻了，这就是黄金市场化改革新高度的本质内核。

“要加大沟通力度，建立上海黄金交易所和上海期货交易所协调机制”是《关于促黄金市场发展的若干意见》提出的又一个改革任务目标。这一任务是黄金即期市场与黄金期货市场分立后必然出现的现实课题。但这一任务的提出更大的意义是，它表明我国黄金市场化改革已跨越即期市场与远期市场各自孤立发展的阶段，进入到各种市场协调发展的阶段，即发挥市场功能互补全面提升黄金市场体系运行质量和市场体系服务功能的阶段，是市场发展从数量追求到质量追求变化的反映。黄金现货市场与期货市场的沟通可以为跨市场套利者带来更多的机遇，使套期保值的市场运作更为便捷，因此，还会产生新的交易产品，使市场交易参与者有更多的选择。黄金市场从孤立地各自发展到多市场协调发展也是我国黄金市场化水平提升的表现。

“要切实加大创新力度，积极开发人民币报价的黄金衍生品，丰富交易品种，完善黄金市场体系，进一步深化市场功能，提高市场的规范性和开放性，促进形成多层次的市场体系。”这是《关于促进黄金市场发展的若干意见》提出的未来黄金市场发展的另一个目标，我认为这也是改革内涵最丰富的目标。建设黄金市场体系的这个任务目标可分为两个分目标：一是产品创新目标；二是深化市场功能目标。其各自为我们透露出的改革信息是：

1. 产品创新目标。

丰富交易品种并不是新目标，从 2004 年开始为推动黄金市场转型就强调推动产品创新，也正是产品创新推动了黄金市场从黄金商品市场向黄金金融市场的转变，但不同的是在这里特别强调的是“积极开发人民币报价的黄金衍生品。”这样一个特定的产品创新，显然不仅是为了市场的转型，而是具有特定的改革价值。

我国黄金市场的交易量和市场类型在短短的数年里都有较快的增长，2011

年交易量达到了 2.45 万吨，比 2003 年增长了 103.23 倍，2012 年虽下降 12.24%，但仍达 2.15 万吨，已基本形成了多元黄金市场体系。其中，上海黄金交易所已是全球第一大场内即期黄金交易所，上海期货交易所黄金期货交易量居世界第四。随着我国黄金市场的发展，交易量占国际市场比重不断上升，现已达 10% 的水平，而比交易规模更重要的是市场定价权。从一定程度上说，市场定价权就是利益分配权，在黄金以美元计价的国际市场体系中我国交易量比重即使有更多增长也不能赢得定价权。只有不断增加以人民币计价的黄金交易量才能增加黄金定价权中的中国砝码，提出积极开发人民币报价的黄金衍生品的创新是为争取定价权的市场化改革措施，而不同于过去一般以扩大市场规模为目的的产品创新。

商业银行是以人民币报价的黄金衍生品创新的主力军，为此《关于促进黄金市场发展的若干意见》宣布推进上海黄金交易所询价系统建设，开展银行间黄金交易，允许在没有真实贸易背景下在境外对冲境内黄金交易头寸，并要研究将开展人民币报价交易涉及的外汇敞口头寸在国内对冲的可行性。这些措施也表明我国黄金市场化改革已涉及外汇管理体制改革。

2. **深化市场功能**。

深化市场功能也是一个持续追求的改革目标，但在这里也有特定的内涵。提高市场的规范性和开放性是《关于促进黄金市场发展的若干意见》所要求的深化黄金市场化改革的主要方向。市场的规范性就是指我国黄金市场的管理及运行进一步与国际惯例接轨，开放性就是降低门槛，对外进一步开放。为此，《关于促进黄金市场发展的若干意见》提出要进一步增加上海黄金交易所和上海期货交易所外资类黄金会员，推动外资类会员参与交易；扩大实物黄金供应渠道，增加有进口黄金资格的商业银行数量等。总之，在这里深化市场功能是围绕扩大开放而推进的，就是进一步实现黄金市场与国际市场的接轨，使我国黄金市场从国内市场发展成为国际性市场。

无论是产品创新，还是深化市场功能都有特定的内涵，表明决策者已开始推进黄金市场国际化进程，从国内黄金市场向国际黄金市场发展将是我国黄金市场化的下一个历史新阶段。

2010年，经过八年发展的黄金市场已经站到了一个新的国家战略高地上。《关于促进黄金市场发展的若干意见》就是站在这样的战略基点上对未来黄金市场发展进行的规划，是黄金市场化在一个崭新起点上的再出发，今后改革所面对的矛盾与过去所经历的将有很大的不同，分析和认识黄金市场发展的未来应从新的观察视角出发。如不能对《关于促进黄金市场发展的若干意见》做如上战略性、全局性认识就很难认识未来黄金市场化改革的基本特征：形成市场体系合力，提高黄金市场辐射影响力（包括国内与国际两个方面）。黄金市场化改革将从单一改革进入到更多的组合性改革阶段，并产生多方面影响而推动我国金融体系的进一步对外开放。

在新中国六十四年的历史中黄金市场有五十三年是处于管制之中，黄金市场长期由国家严格掌控，即使黄金市场化改革初期国家行政力量仍掌握着大部分资源，所以当时黄金市场化进程也是由行政命令决定。可以做什么、什么时候做都需要主管行政部门的批准。但是，随着黄金市场化的推进，特别是多元市场结构的出现，黄金市场发展动力日益由外部行政干预力量变为市场内部竞争力量。竞争对于黄金市场发展具有越来越重要的作用。黄金市场发展动力源的变化是现阶段黄金市场改革的重要特征，但《关于促进黄金市场发展的若干意见》基本上忽略了这一问题，而没有做出更多的制度性安排，这是其不足之处，但竞争推动发展已是客观的现实。

黄金市场体系是多元结构，组成黄金市场体系的各专业市场之间的关系是互补关系，各自沿着自己的特定方向发展。如上海黄金交易所与上海期货交易所，一个是即期市场，一个是远期市场，因为各有不同的功能和不同的交易者而表现为互动发展。上海期货交易所的黄金期货上市后，上海黄金交易所的黄金交易量并没有下降，而是增长了，其交易量2008年增长了12.33%、2009年为5.53%、2010年为28.48%、2011年为22.92%，2012年交易量下降，但黄金期货交易量也下降了。事实告诉我们，黄金即期交易市场与远期市场并不是此消彼长、你兴我衰的关系。但是，他们也存在竞争关系。黄金市场的发展史就是一部优胜劣汰史。一些优质交易方式和交易产品在竞争中发展，最终被社会全面认可；而也不乏被淘汰者，最终退出市场；也有一些面对竞争不断创新，走出危机，而再次获得新生。这种竞争并不总是负面的，而可以是积极的，这种竞争可以促使市场提高自身运行质量的主动性。如上海黄金交易所在黄金期货上市后，为应对黄金期货手续费低的竞争压力，很快也将自己的递延交割产品的交易手续费由万分之六下降到了万分之四。另外，在相同的市场内，不同经营者之间也会存在竞争，为了提高各自的市场占有率，竞争者应对的策略除产品差异化外，还有价格竞争。2003年底，中国银行推出了纸黄金产品——账户金，单位交易价差每克为1.5元。2005年以后，工商银行和建设银行也相继推出了类似产品，使得独家经营变成了多家经营。由于竞争，很快单边价差就降到了0.4～0.5元。变化显然有利于对投资者的利益保护和市场发展。

更为重要的是，竞争是市场发展的动力和实现市场公平的保障。实现市场交易公平是市场发展根基，保证实现市场公平，法制是必要的，道德也是重要的，但如果没有竞争环境两者都是苍白的。没有竞争的发展环境必然产生垄断，而垄断就必然会产生垄断利润，对其他市场参与者的利益造成损害，这是市场最大的不公平，因而必须打破垄断。垄断会形成信息的严重不对称，对投资者会造成严重的伤害。我们不能要求投资者具有识破每一个市场陷阱的能力，而是要让市场不断增强市场自我净化的能力，给投资者提供一个更好的投资环境，而有序的充分竞争是市场自我净化的最有效手段。因此，一元路径选择的终结，多元市场结构的出现最大的意义是使我国黄金市场的发展环境由垄断变为了竞争。从这个意义上讲，我国黄金市场化也进入了竞争的发展阶段。

竞争首先是在国内市场体系中的不同形态市场及同一市场中不同经营者间的竞争，而国内黄金市场竞争机制的形成又有为参与国际竞争做准备、练兵的意义。参与国际竞争，成为国际黄金市场的重要组成部分，也是我国黄金市场发展的必然选择，甚至可以是我国金融国际化先行一步的探路者。对于暂时缺少竞争锤炼、缺少竞争能力的黄金市场参与主体可以把国内市场作为“练兵场”，锻炼队伍，增长本领，为进入国际市场参与国际竞争做更扎实的准备工作，这有利于减少风险。而推动以人民币报价的黄金衍生品创新、开展银行询价交易、吸收外资银行类会员参与国内黄金交易等项措施的推出都是有利于落实推动国内练兵，准备参与国际竞争的政策取向。我国黄金市场从国内市场发展为国际性黄金市场将是我国黄金市场化改革的更高发展阶段。

六部门出台《关于促进黄金市场发展的若干意见》标志着我国黄金市场化进入到黄金市场体系建设阶段，这是黄金市场化的新高度。在这一发展阶段因改革向更广的社会层面扩展延伸，改革的关联性日益增加，所以改革需要涉及更多的利益调整平衡，工作的难度增加，逐步进入了改革的深水区。《关于促进黄金市场发展的若干意见》中已做出多方面地回应，并提出了若干的改革意见。

《关于促进黄金市场发展的若干意见》的贡献必须肯定，但它也有很大的局限性，表现在对现实中已提出的一些实际问题并没有形成统一认识。

2010 年 8 月，六部门《关于促进黄金市场发展的若干意见》的出台，标志着黄金市场体系建设阶段的开始。这一发展阶段的历史定位为多元市场结构的完善发展期以及从国内市场向国际市场发展的准备过渡期。黄金市场体系建设的原则是市场运行机制和管理制度与国际市场进一步接轨。要成为国际黄金市场规则的熟练使用者，我们必须着力培育核心竞争力，积极参与或准备参与国际竞争，总之一定要有发展的国际视野。前面说过，再过十年，也就是我国黄金市场化改革的而立之年，对那时的发展的预期就是我国黄金市场的国际化会大大迈进一步，而超过香港成为全球 24 小时黄金交易中的三大中心之一，与伦敦、纽约并驾齐驱。这并不是妄言，因为这是在历史上我们曾经达到过的水平，今天我们应有再创历史辉煌的信心。

多元市场谁主沉浮

2008年1月6日黄金期货合约正式在上海期货交易所上线交易，从此我国形成了上海黄金交易所、上海期货交易所以及商业银行间及柜台场外交易市场三足鼎立的多元市场结构。黄金市场化改革进入了黄金市场体系建设阶段。六部门出台的《关于促进黄金市场发展的若干意见》对此给予了充分肯定，认为这是“共同发展的市场格局”。这一评价也是对我国黄金市场发展实践的总结。

我国黄金市场十年发展历程就是从一元市场向多元市场发展的过程，是一个在市场需求拉动下的市场细分过程，所以形成了各黄金市场间功能互补的市场结构，出现了“共同发展的市场格局”。这种发展合力的形成使我国黄金市场从一元到多元的过程也成了一个不断做大蛋糕的过程：黄金市场交易量2006年突破千吨，达1649.93吨；2008年突破了万吨，达1.49万吨；三年后的2011年又突破了两万吨，达2.45万吨。我国黄金市场交易规模十年持续增长，在全球名列前茅。2011年我国黄金市场交易量比2003年增长了51.1倍，由470.69吨增长到了2.45万吨，八年间年均递增率近百分之百（96.35%）。2004年至2012年黄金市场交易量具体增长情况见图6–1。

2012年是我国黄金市场发展的转折年，黄金市场交易量下降了12.17%，其中上海黄金交易所和上海期货交易所交易量分别下降了14.63%和18.08%；商业银行境内黄金业务下降了6.9%，其中场内交易量下降了25.25%，场外自营业务虽增长4%，但增长幅度下降了近六成（58.24%），增长幅度大幅下滑。2013年

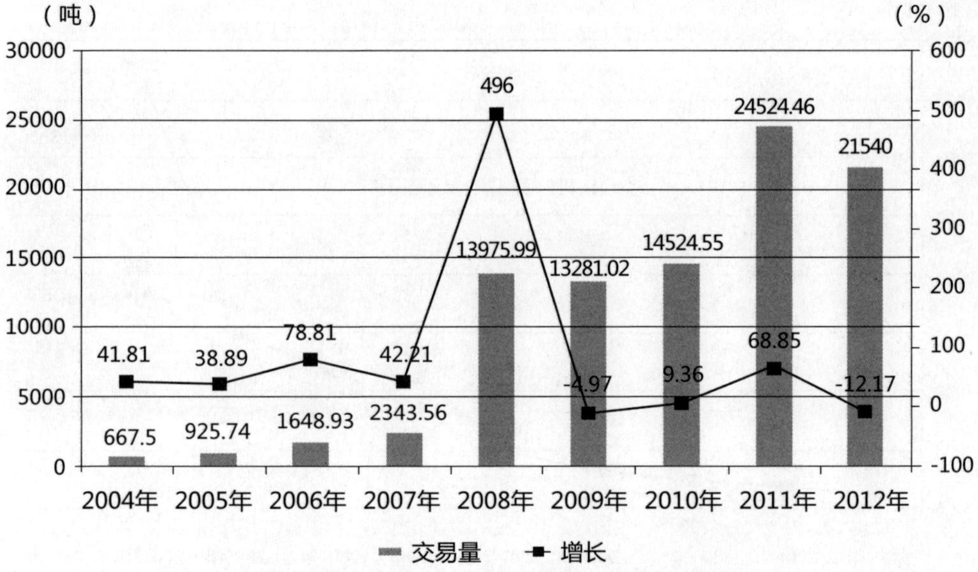

图 6–1　2004~2012 年黄金市场交易量

（数据来源：根据《中国黄金市场发展报告》提供的基础数据计算，该报告由中国金融出版社 2011 年 12 月出版）

初各个市场交易仍不如人意，我国黄金市场交易规模十年持续增长趋势中止，这是一个暂时现象，还是一个持续的调整过程，在本书付印结稿时仍不能定论，但我们不能将 2012 年的增长中止视为偶然。

我国黄金市场持续十年交易规模快速增长得益于市场细分的推进，由一个市场发展成为了三个市场三足鼎立的黄金市场体系。这个市场体系的一个基本特征是组成黄金体系的各形态的黄金市场的市场功能、交易标的、交易者群体都存在着差异性，因而各个市场都是延着各自的方向平行发展，避免了在一个市场领域进行同质化竞争。这是我国黄金市场十年发展的一条重要经验，所以，各市场清晰而正确的市场功能定位至关重要。

黄金市场交易量变化如图 6–2 所示。

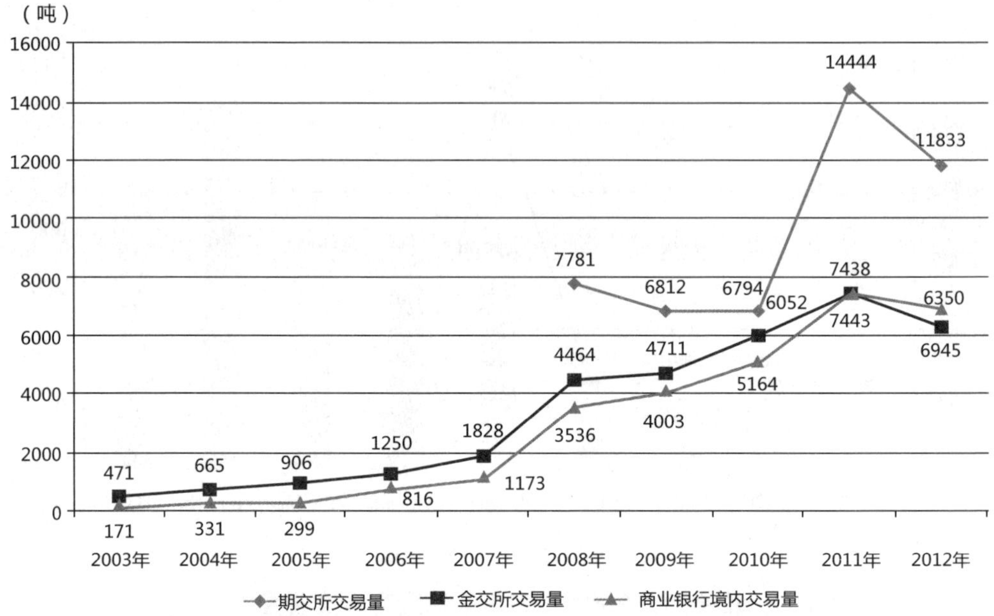

图 6-2　2003 ~ 2012 年各黄金市场交易量变化

注：商业银行交易量为境内场内交易量和场外自有交量之和，不包括其在境外市场的交易量。

黄金市场体系组成中的不同形态的市场各自延着特定的方向平行发展，从而形成市场发展的合力，推动了黄金交易总规模的增长和服务功能的延伸，我国黄金市场十年持续增长的实践也证明了这一点，因而 2012 年黄金市场发展拐点的出现也可以在各市场功能定位中找到原因。

即期现货黄金市场的主导性功能是进行黄金实物交易，交易标的是实金，参与交易者是生产者、使用者和囤金者。当然黄金生产者、使用者、囤金者也有规避价格风险的需求，因而当代即期黄金市场也完善了市场风险转移规避功能，可以实现递延交易。实金交易是即期现货黄金市场不可或缺的基本功能，递延交易也是在实金交易的基础上实现的，这与多空博弈的黄金期货合约有本质的不同，因而上海黄金交易所的递延交割合约仍与黄金期货合约功能有很大的区别。即期黄金市场与黄金期货市场业务重合度甚至小于与商业银行场外黄金市场的重合度。

黄金期货市场是一个风险交易市场，其主要功能是使即期交易市场交易风险得以转移或分散，市场交易主体是投机者，主要的交易标的是黄金衍生品——期货合约，所以与以实金交易主导的即期交易市场的黄金业务重合度不大。但其作为黄金衍生品交易市场与同样有衍生品交易的场外黄金交易市场有业务重合，场外黄金市场衍生品是非标准化合约，与场内标准化合约交易仍有功能区隔。

场外黄金市场是一个做市商主导的市场。做市商是一个特殊的市场参与者，是买方的卖方，又是卖方的买方，所以需要承受双重风险压力，因而必须要有雄厚的经济实力。因此多是大型商业银行承担做市商职能，于是商业银行间及银行柜台市场成为场外黄金市场主导的市场形态。所以，商业银行是场外黄金市场的主导性的运营主体。做市商主导的场外黄金市场对场内标准化合约市场功能有两个重要的补充与完善：一是解决了市场交易可能间断的问题；二是可以面对面协商，有更大的灵活性，使交易标的可更个性化和多样化。还有一个优点是更易保密，这是在一些特殊情况下交易所必需的职能。因而场外市场比场内市场拥有自己的优势，即更多的交易标的、更灵活的机制和更保密的交易环境，从而实现了与场内市场差异化经营。

即期市场、远期市场、场外做市商市场是黄金市场体系组成的三种基本市场形态，这三种市场有各自不同的市场功能定位。我国黄金市场发展十年，2002 年诞生了黄金即期市场，2004 年以后诞生了即期远期交割和场外黄金交易市场，2008 年远期黄金市场诞生，我国黄金市场体系初步形成。

黄金市场功能定位问题也得到改革决策者们的关注，2010 年六部门联合出台的《关于促进黄金市场发展的若干意见》就有大篇幅的专门论述。意见的第二部分的标题就是“进一步明确黄金市场发展定位”，其内容反映了我国黄金市场定位的现状和对此的认识水平。

上海黄金交易所目前承担着即期现货交易市场的功能，这也是上海黄金交易所组建时的功能定位，在这里需要指出的是上海黄金交易所虽不断推进改革，但十年发展基本上都是在即期交易市场的基础上取得的。由于黄金市场发展一元化路径选择要求上海黄金交易所要实现从即期实金市场向金融投资市场转变，但转变进程又受阻，而使原本明晰的市场功能定位变成了一个悬案，至今仍未解决，因而，《关于促进黄金市场发展的若干意见》要求上海黄金交易所要尽快明确未来发展方向和市场定位。

上海黄金交易所2002年10月开业至2011年的十年间交易量由2003年的470.69吨上升到7438.46吨，增长了13.8倍，并从2006年开始就成为了全球场内即期黄金市场的第一名。这十年的持续发展得益于对即期市场的精耕细作，主要是交易标的的丰富和交易制度的完善以及会员结构的调整。2007年上海黄金交易所向远期市场转变受阻，市场功能定位也因此成为悬案。其最大的负面影响在于，市场功能定位不确定就迷失了市场发展的方向，使上海黄金交易所2008年以后的任何改革努力都失去了战略性，这可能是上海黄金交易所2012年持续十年交易量增长止步的关键性原因。

与上海黄金交易所不同，《关于促进黄金市场发展的若干意见》对上海期货交易所的市场功能定位是明确的，就是“上海黄金交易所要充分利用期货市场价格发现和管理风险的功能，不断加强市场基础制度建设，稳步推进我国黄金风险管理市场健康发展”。对于黄金期货市场的风险市场功能定位我在本书“期货：黄金市场的一次革命”一节中已有详细分析，但《关于促进黄金市场发展的若干意见》对黄金期货市场是风险管理市场的定位是我国政策性文件中的第一次明确。

上海期货交易所作为一个风险管理市场，其市场主要功能不是完成黄金交易过程，所以其使用的交易标的主要不是金锭，而是合约；交易者不是实金买卖交易者，而是跨市套利者和以盈利为目的的投机者。这样的市场交易结构必然会造成交易的不稳定，交易量涨落变化很大。2008年黄金合约在上海期货交易所上线交易，当年交易量 7780.3 吨，之后两年持续下跌，而 2011 年又大幅增长了 85.86%，交易量突破万吨，达到了 1.44 万吨，但 2012 年又下降了 18.08%，交易量下降到 1.18 万吨。国际黄金期货市场的交易量波动性一样也很大，如日本东京商品交易所黄金期货 2008 年至 2010 年的五年间交易量变化分别是 53.12%、−8.44%、27.30%、9.93%、−10.84%，大涨与大落频繁出现。

《关于促进黄金市场发展的若干意见》对上海期货交易所这个风险管理市场的发展要求是："支持黄金企业积极参与和利用期货市场进行套期保值，积极引导金融机构运用黄金期货管理风险。"上海期货交易所黄金期货合约上线交易五年在这两个方面的表现并不突出，既归因于认识上的误区，也归因于存在政策壁垒。

由于黄金期货市场是投机者主导的风险市场，而以规避风险为目的的黄金生产者套期保值一般并不进入期货市场，进入这个市场的生产者在国际黄金期货市场不到 1%，而多数黄金生产者是使用场外提前销售合约，这是一种以黄金借贷为基础的场外市场交易的远期交割合约。我国场外远期合约是近年来增长最快的黄金交易标的，在 2012 年达到了 469.74 吨，比 2011 年的 139.18 吨增长 2.37 倍。相反，黄金企业对进入黄金期货市场的热情并不高，因而将上海黄金期货市场市场定位于黄金企业套期保值的市场并不完全准确。黄金生产企业套保主要不是使用黄金期货市场，他们只是黄金期货交易的次要参与者，不是重要的参与者，更不是主要参与者。开拓发展黄金企业会员因而也不能给上海期货交易所黄金期货交易带来大的推动力。

金融机构是黄金期货市场的重要参与者，因为黄金市场作为金融市场的一部分，黄金期货是金融属性最强的黄金交易标的，具有最好的流动性。因而黄金价格与信用资产价格变化的逆向性可以通过黄金期货市场对冲金融市场风险，对风险金融进行管理。但上海期货交易所是一个商品交易所，按照我国目前的期货市场管理法规对金融机构进入商品期货市场还有政策壁垒，金融机构不能广泛参与黄金期货交易，因而“引导金融机构运用黄金期货管理风险”还是一个愿景，现实并没有大的突破。

上海期货交易所的市场功能定位虽然明确，但现实的市场交易者结构与市场定位的要求存在巨大差距，这是2012年黄金交易量下跌的内在原因，所以表现的仍是上海期货交易所市场定位问题。

《关于促进黄金市场发展的若干意见》对商业银行黄金业务的市场功能定位是：“商业银行要围绕开采、生产加工和销售等整个产业链，切实创新金融产品，着力改善金融服务，努力提高服务成效，为黄金产业提供多方位的金融服务”。相较于上海黄金交易所和上海期货交易所，商业银行的确是具有金融服务的优势，因而《关于促进黄金市场发展的若干意见》将商业银行黄金业务的市场功能定位于为黄金产业提供多方位的金融服务有一定的合理性。但从严格意义上讲，这是商业银行在金融市场中的功能定位，并不是商业银行黄金市场的功能定位。那么，商业银行黄金市场功能定位的内涵是什么？

在国际黄金市场体系中，商业银行主要是参与银行间及银行柜台黄金业务，这是一个场外黄金市场。在我国，由于黄金市场一元路径选择的影响，场外黄金交易市场的发展被抑制，被边缘化，所以，商业银行在场外黄金市场的主导地位一直没有政策文件的确认。商业银行虽是我国黄金市场交易的首批参与者，商业银行黄金业务与我国黄金市场同步发展，但其作用一直被作为上海黄金交易所发展的配合从属力量，而对于商业银行自立门户发展做市商制度、发展场外市场持消极态度。以至于《关于促进黄金市场发展的若干意见》提出做市商制度要在上海黄金交易所交易平台上引进，而不是在商业银行场外交易平台上引进。商业银行是场内黄金市场的重要参与者，但商业银行自有黄金业务主要是在场外做市商市场开展，并是这一市场运行的中枢和主体，虽然《关于促进黄金市场发展的若干意见》确认了商业银行黄金业务与上海黄金交易所和上海期货交易所黄金业务三足鼎立的独立性，但并没有对商业银行在场外黄金市场运行主体地位给予确认，然而这是商业银行黄金业务在黄金市场体系中的最应发挥的独有的功能定位。

除做市商制度外，商业银行黄金场外交易市场相对于场内黄金市场的功能差异还有服务群体的差别。商业银行拥有覆盖全社会的营业网络，可以与数量庞大而高度分散的个体交易者对接，因而大量交易的参与者是个体交易者，所以商业银行柜台交易是一个黄金零售主导的市场。而场内黄金市场受其会员数量的有限性限制，只能直接面对机构投资者，是一个批发业务主导的市场。目前，我国商业银行自有黄金业务的近九成是个体民众的交易量，商业银行场内黄金业务也有三成是个人代理业务。

商业银行黄金业务是以场内黄金业务起步，场内黄金业务已经是商业银行黄金业务的主体部分。商业银行自有黄金业务 2004 年才开启，起点很低，当年交易量只有 2.2 吨，因起点低所以之后增长幅度很大，但在总交易量中的比重一直不高，现有为 15% 左右。2012 年我国商业银行境内交易量 6945 吨，比 2011 年的 7443 吨下降了 6.9%。自有黄金业务虽然增长势头大大减弱，但仍有 4% 的增长，是我国 2012 年黄金市场的唯一增长亮点。商业银行自有黄金业务量增长主要是由于黄金借贷量和场外远期合约交易量的大幅增长，其中黄金借贷量增长了 55.96%，达到 519.81 吨，场外远期合约交易量增长了 2.37 倍，达到了 469.74 吨。而商业银行场内黄金交易下降，场外市场交易逆势上涨，也反映了场外黄金市场具有独特市场定位，有与场内市场相比较的独特优势。

黄金市场功能定位是多元黄金市场体系发展的重要问题，只有确立差异化的市场功能定位，才能尽可能地避免同质竞争，最大限度地形成发展合力。《关于促进黄金市场发展的若干意见》作为最新的一份黄金市场发展的政策性文件，力求以此为切入点将我国黄金市场发展推向一个新高度。但是，我们目前的认识水平和工作水平是：即期黄金交易市场定位悬而不定；场内远期市场的风险管理的市场功能定位虽已清晰明确，但市场会员结构尚未调整就位；场外做市商市场功能定位尚未有一个统一认识。因而我们的分析表明，不同形态的黄金市场的功能定位问题并没有完全解决，还必须继续求解，我们能够认识这个问题的本身就是对黄金市场认识的深化。对黄金市场体系组成的各不同形态的市场而言，正确选择自己的市场功能定位，做深做细市场服务，形成自己独特核心竞争力是发展的唯一选择，核心就是形成差异性竞争力。不能形成独有核心竞争力，就不可能获得持续的发展，这就是2012年我国黄金市场在经历了数年持续增长之后出现交易量下跌的一个重要启示。

多元市场结构中的发展内涵不仅是历史的自我纵向比较，更是横向的不同形态市场间的比较，这种比较的本身也是一种竞争。这种竞争发展的内涵核心是要努力具备较其他形态的市场有更多、更好的服务功能，从而形成自己的核心的竞争力。因而从竞争的角度看，市场占有率的变化也是竞争胜负的指标之一，从而也是我们观察各黄金市场发展的一个窗口。

在一元化市场中，上海黄金交易所是唯一的黄金市场，因而上海黄金交易所交易量占有100%的市场份额。随着市场多元化的推进，上海黄金交易所市场份额大幅下降，从2003年的100%下降到2012年的29.48%，是三个市场中市场占有率下降最大的市场，已失去了龙头老大的地位。这是一个颇为严峻的现实。

2008年上海期货交易所黄金期货上市第一年就以7781吨交易量取代上海黄金交易所成为交易量市场占有率第一名，占有率为55.75%。黄金期货上市五年交易量变化呈波浪状态，因而市场占有率每年也都有升降，但基本上是占总交易量的半壁江山。上海期货交易所黄金期货上市对我国黄金市场交易格局变化影响最大，不仅使2008年黄金市场总交易量增长了近5倍，而且同时使上海黄金交易所和商业银行的自有黄金交易量比重分别下降了46.07个百分点和9.6个百分点。

商业银行自有黄金业务从零起步，2004 年交易量仅有 2.2 吨，所占市场份额仅为 0.35%，2006 年达到 24.22%，这是 2004 年至 2012 年八年间的最高占有份额，之后基本呈下跌趋势，到 2012 年市场份额为 15.58%，较 2011 年增长 4.81 个百分点，而这是上海黄金交易所和上海期货交易所黄金交易量双双下降的结果。

2012 年我国黄金远期场内交易市场、即期场内交易市场、场外银行做市商市场交易量之比大约为 3.7∶2∶1，具体数据见图 6–3。

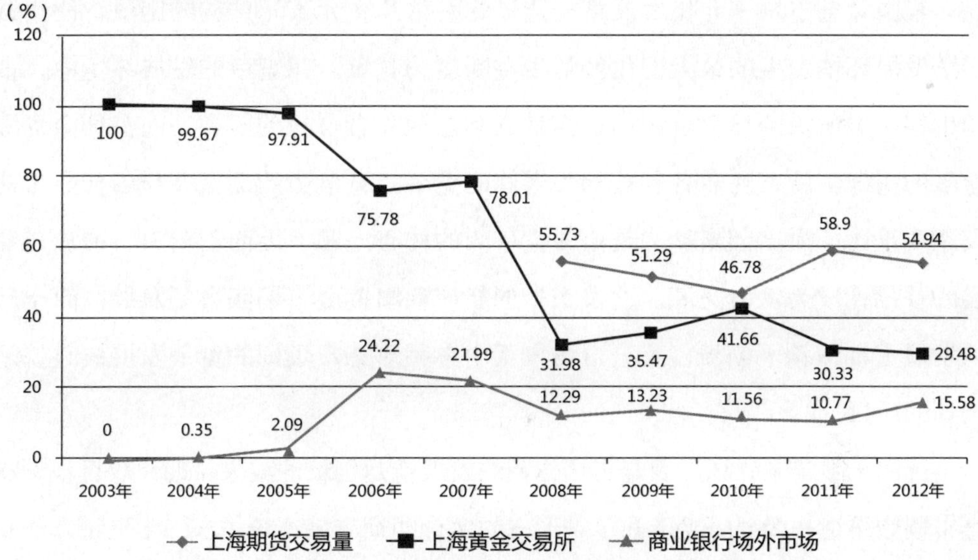

图 6–3　2002~2012 年各黄金市场交易量比重变化图

多元市场结构就是一个竞争结构，从一元化市场走向多元化市场就是从垄断走向竞争。多元市场谁主沉浮？在多元市场结构中这是不同形态市场间功能的比拼和服务优劣的比较，哪一个市场能赢得更多参与者的青睐，并能最大限度地激发交易者的积极性，哪一个市场就可以成为引领者。同时这也是一个动态的变化过程，今天领先并不是永久地领先，因为市场需求是变化的，谁抓住了变化，谁创造了新需求，谁就可以反败为胜，谁就可以常领风骚。关键是找准自己的市场定位。精耕细作，形成自己的独有的核心竞争力。

创新：黄金市场发展之源

我国黄金市场一元化发展路径选择的终结及多元市场结构的出现，使黄金市场发展环境发生的最大变化就是由垄断变为竞争。在竞争的发展环境中，市场生存发展所需的社会资源的获得是靠利益相关者自身的努力，而在社会资源有限的情况下就存在着各利益相关者间的竞争。竞争力的高低又与创新能力的大小成正比，提高创新能力是增强竞争力的核心问题，因而创新力将被放在发展的首位，成为发展之源。过去十年创新使我国黄金市场获得了发展，而今后的发展更加依赖于创新，黄金市场体系中各种形态市场间的竞争发展核心就是创新的比拼。

近四十多年来，国际黄金市场体系的发展就是创新的结果：近代数百年来黄金市场始终是一个单一功能和单一形态的实金即期交易市场，从二十世纪六十年代后期开始随着黄金管制的陆续解除、黄金市场日益开放才使市场创新日益活跃，从而使国际黄金市场发生了日新月异的变化，主要的变化是：

1. 在产品创新的推动下，当今黄金市场不再是单一的实金标的，而变为实金交易标的和虚拟交易标的平行发展、虚拟交易标的主导的产品格局。

2. 在制度创新的推动下，当今黄金市场的市场交易方式出现了场内电子撮合交易与场外做市商报价两种交易方式，实现了从直接交易到间接交易的发展。

3. 在技术创新的推动下，当今黄金市场出现了有形与无形两种形态的市场，从面对面交易实现了远程交易。黄金市场摆脱了地域限制而形成了覆盖全球的交易网络。

英国伦敦是全球最悠久的黄金交易中心，1968 年暂时的停业风波使其黄金交易中心地位被瑞士所取代，但伦敦黄金市场凭借创新，完成了交易标的证券化转变，所以虽然不再是全球黄金的销售中心，但伦敦黄金市场并没有消失，而是转变成为投资者和投机者服务的黄金账户交易及其与远期市场套汇中心，并将交易网络推向了全球而进入了更高阶段，仍然保持了在全球黄金市场体系中的中心地位。创新使伦敦黄金市场走出了危机，获得了新生。

美国是世界上重要的黄金制品及工业用金生产国，所以存在着很强的实金交易能力，但美国的黄金市场与英国黄金市场相比只是一个后来者，长期在全球实金交易市场中只是一个配角。而 1975 年黄金期货合约成功上市则改写了历史，使美国一跃成为全球黄金市场的领头羊。2012 年美国黄金交易量达全球黄金交易量的 50% 以上，更占有全球黄金期货交易量的近八成。黄金交易量超过了伦敦，而居全球第一。

美国黄金期货合约上市是一种产品创新，不仅改变了美国黄金市场的面貌，而且使全球黄金交易都出现了根本性变化，交易量使传统市场望尘莫及，并开辟了一条新的道路。瑞士及伦敦承担着全球实金交易的责任，而以美国为代表的黄金期货市场则是投资者和投机者兴风作浪之地，成为市场风险的最终归宿。这两种市场平行地延着各自的方向发展，而极大地扩大了市场的交易规模和扩充了市场的服务功能。

英国伦敦黄金市场和美国纽约黄金市场是当今全球黄金市场体系的两大基石，构成当代即期市场与远期市场二元结构的市场体系，但这并不是天生具有的，而是二十世纪七十年代黄金市场创新的产物。创新使伦敦黄金市场绝处逢生，创新使美国纽约黄金市场后来居上。国际黄金市场创新历程也为我国黄金市场提供了借鉴学习的教材和案例。提高创新意识、增强创新能力是我国黄金市场发展的重要课题，也是发展的关键。

黄金市场创新是一种频繁发生的现象，但使黄金市场产生了革命性变化的创新在近四十年里有四次：

一是二十世纪七十年代黄金期货合约成功上市，从而改传统的单一实金即期黄金市场结构为即期与远期市场平行发展的二元市场结构，使黄金市场不仅具有物的交易功能，而且具有风险交易功能，因此大大增强了当代黄金市场的金融属性，使当代黄金市场的交易规模有了上百倍的提升。

二是二十世纪八十年代黄金期权合约的推出。期权是期货的衍生品，其功能是锁定期货交易风险，而对于黄金市场的革命意义是创新了一种全新的市场交易标的，在即期实金和期货合约之后，交易的权利成为黄金市场交易标的，这是在实金标的、风险标的之外的第三种交易标的。黄金期权合约的问世为期货合约持有者锁定风险和投机者获得机会利润提供了一个新型工具，同时也为黄金储备增加流动性、提高盈利性提供了一个新的途径。

三是二十世纪七十年代后期提前销售合约的产生。这是以黄金借贷为基础的在场外市场交易的一种非标准化合约，是黄金生产者卖出未来黄金产量的一种交易方式。黄金生产者使用提前销售合约，筹集矿山开发所需资金，待生产出黄金后交割完成交易。这是二十世纪八十年代澳大利亚开发黄金矿业的主要筹资方式。由于黄金提前销售合约以即期金价锁定了远期交割黄金的价格，因而也具有规避价格风险的功能，所以也成为黄金生产者锁定价格风险的选择。上个世纪九十年代是黄金矿山使用提前销售合约规避价格风险的高峰期，每年提前销售合约数量甚至超过了当年的矿产金数量，因此增加了黄金的供应量，被认为是打压金价的一个因素。提前销售合约对黄金市场的革命意义是使黄金的交易过程与矿山筹资过程与融资过程融为一体，黄金市场功能也因此延伸出筹资功能。这是黄金市场所独有的一种远期交割标的合约。

四是二十一世纪初诞生的黄金ETF，这是在场内证券市场交易的以实物黄金为基础资产，追踪现货黄金价格波动的金融衍生物。在黄金ETF诞生之前，黄金交易标的创新基本上是与金价波动相联系的黄金交易标的虚拟化，而与实物黄金的关联性愈来愈远。黄金虚拟交易迅速扩张，使金价波动加剧，投机欲望泛起对黄金市场的稳定性产生了很大的负面影响。ETF是首个以实物黄金资产为基础的在证券市场内交易的标准化合约。拥有黄金ETF也就拥有黄金实物资产，但同时也可以具有虚拟证券化黄金产品一样的流动性。黄金ETF是把所拥有的黄金资产证券化后在证券市场交易，而具有极好的流动性，从而开辟了实金交易的新方式，这是其革命性所在。

创新不是标新立异、哗众取宠，而是为了满足需求，需求是创新之母。而满足需求的前提是发现需求，只有发现了需求和了解需求后才能谈如何满足需求。对于市场参与者而言，发现需求就是发现商机，满足需求就是抓住发展机遇，所以发现需求、满足需求是市场不断追求发展的真谛。

市场发展需要发现需求、满足需求，但发现需求、满足需求并不是一件易事，这是因为市场交易参与者是多元的，所以需求是多元的，并且随着环境和自身条件的变化需求是不断变化的，而且变化可能又是从隐形再到显现，并不是立即能表现出来。所以，并不是所有变化都能被及时发现，而且满足需求因各种条件的约束，也并不是发现了需求的每一个人都能做到满足需求，因而发现需求、满足需求是一个知易行难的事，所以只有少数人能成为这条发展道路上的成功者，而引领市场发展的潮流。

市场需求多元表现为不仅有对产品多样化的需求，而且有交易过程的便捷性，安全性的需求，还有服务多样化的需求，所以创新不仅是产品创新，还有制度创新，商业形态创新及服务创新，但我认为产品创新是创新的核心与基础。因为当代黄金市场功能的拓展都是通过交易标的创新实现的。

市场的新需求来源于市场交易新成员的进入，二十世纪七十年代黄金管制的解除，市场开放持续扩大，市场交易者日益多元化，特别是以盈利为目的的投机者的进入，逐步成为了市场交易的主体。投机者不需要黄金，也没有黄金可卖，只是利用金价波动低买高卖获得盈利，所以交易并不需要一定要产生实金交割，因而虚拟交易占有了主导地位。当今全球黄金市场交易量30万吨左右，而其中实金交易量仅有4千多吨，大约仅占总交易量的1.3%，98%以上的交易量都是虚拟交易产生的，因而四十年来黄金产品创新主体方向是交易标的的虚拟化（证券化）。黄金市场交易标的虚拟化创新主要分为两种类型：一种是与金价变化相联系的黄金虚拟化标的；一种是与实金价值相联系的黄金虚拟化标的。

国际黄金市场交易标的虚拟化开始于二十世纪七十年代，发展很快，品种日益增多，先是出现的即期实金交易标的虚拟化的纸黄金，现在已成为一个品种繁多的品种体系；再有即期交易虚拟化的远期合约产生，现在黄金远期合约标的分为场内远期标准化合约和场外远期非标准化合约两类；之后是锁定远期风险的黄金期权上市，基本期权在场内交易，非标准期权在场外市场交易；随后出现的是结构衍生物，这些结构性衍生物是不同市场交易标的与黄金交易标的的组合。

黄金虚拟交易标的现已日益多样化，具体可分为五类：

1. 纸黄金。成熟的产品有黄金账户、黄金存单等，是商业银行为个人投资者提供的产品。而二十一世纪初上市的黄金ETF是在证券市场交易的一种纸黄金。

2. 即期递延合约。成熟的产品有递延交易和伦敦金交易等。递延交割合约是香港金银贸易场创新的场内交易产品，从二十世纪四十年代开始至今已有数十年交易历史。递延交割合约即合约到期后交纳一定递延费给对方后可以延迟合约交割。伦敦金交易是伦敦黄金市场的创新品种，与香港金银贸易场的递延合约都是即期合约递延交易，不同的是前者是场内交易品种，后者是场外市场交易品种。即期递延合约即保留了现货实金买卖的优点，又具有期货交易灵活、投资者出入市场方便等优点，因而是当今交易量最大的一种即期黄金虚拟交易品种。

3. 远期合约。成熟的产品有提前销售合约和期货合约等，提前销售合约是场外交易的非标准化合约，期货合约是场内交易的标准化合约。期货合约是目前交易量最大的黄金交易标的，2011 年全球黄金交易量 30 万吨左右，其中黄金期货合约交易量超过了六成，交易量超过了 18 万吨。

4. 期权。期权是以买卖黄金权力为交易标的，期权的品种很多，但只有标准期权合约在场内市场交易，多数期权品种都是在场外交易市场交易，黄金期权分期货期权和现货期权两种期权。

5. 黄金结构衍生物。黄金期货是黄金现货的衍生物，黄金期权是黄金期货的衍生物，黄金衍生物则是由商品黄金、期货黄金及其他黄金金融产品派生出来的交易标的，而黄金结构衍生物是黄金衍生物与其他市场衍生物结合产生的新的交易标的物。黄金结构衍生物主要有与黄金利率相联系的黄金远期利率协议，黄金利率掉期，以及与远期合约相联系的期现合约互换，浮动价合约与固定价合约互换等，因而具有跨市套利的功能。

黄金产品创新表现为实金标的不断虚拟化，即证券化发展的趋势。这一趋势的发展使黄金几乎在每一个金融市场中都有交易品种，如在商品期货市场中有黄金期货合约；在证券市场中有黄金 ETF 和黄金股票；在货币市场中有纸黄金、黄金提前销售、非标准黄金期权；在外汇市场中有黄金利率互换、掉期等，如图 6-4 所示。

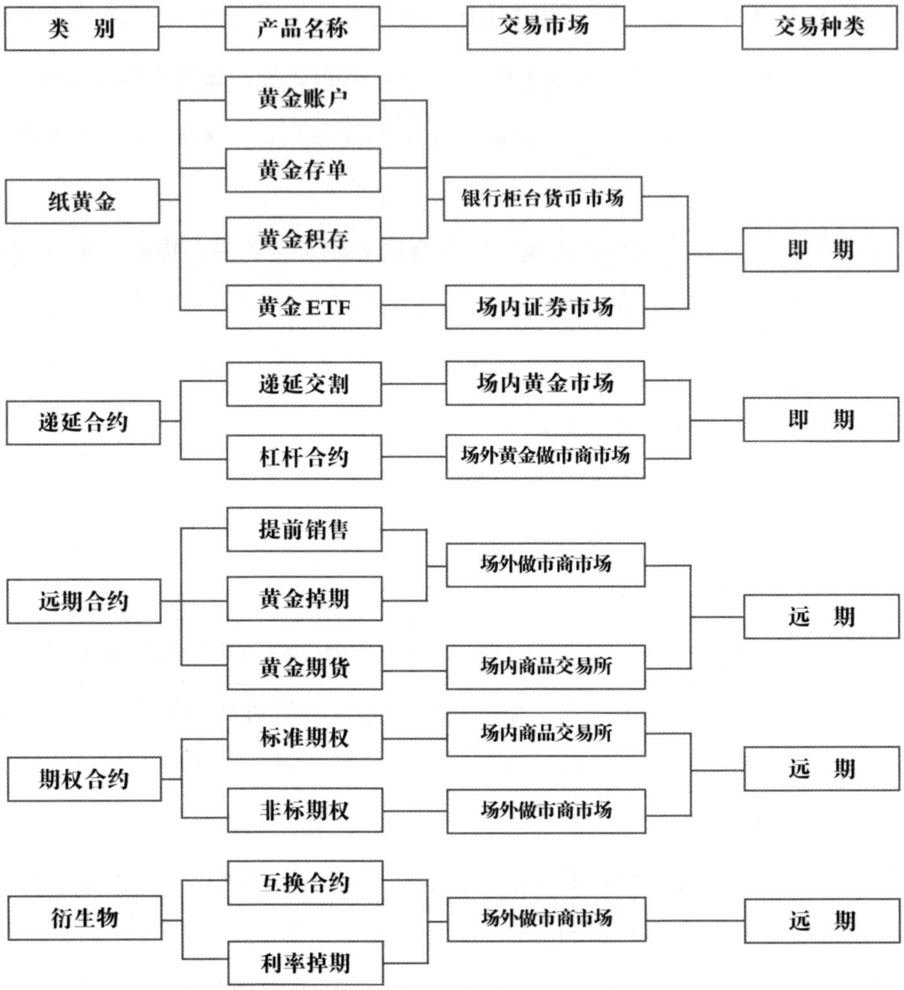

图 6-4 黄金证券化产品体系图示

我国黄金市场的发展也是建立在创新的基础之上的，没有创新便没有发展。我们说我国黄金市场进入了创新发展阶段，不是说过去没有创新，而是说今后创新的作用空前被突出了出来而要被置于了发展的首位。回首我国黄金市场十年发展也是创新推进的十年，盘点过去的创新主要表现在两个方面：一是市场形态由一种增加到三种，即以上海黄金交易所为代表的场内即期交易市场，以上海期货交易所为代表的场内远期交易市场和以商业银行为代表的场外做市商市场；二是市场交易品种增加了10倍，由两种增加到23种。这些产品分布如表6-1所示。

表6-1　　　　黄金产品分布表

市场 序号	上海黄金交易所	商业银行	上海期货交易所
1	Au99.95标准金条	账户金（人民币）	黄金期货合约
2	Au99.99标准金条	账户金（美元）	
3	Au100g金条	黄金租赁	
4	Au50g金条	黄金远期（人民币）	
5	Au（T+D）	黄金远期（美元）	
6	Au(T+N_1)	黄金期权（美元）	
7	Au(T+N_2)	黄金积存	
8	黄金询价	黄金掉期（美元）	
9	银行询价Au99.99	黄金质押	
10	银行询价Au99.95		
11	银行询价Au100克		
12	银行间询价		
13	银行间询价掉期		

我国黄金市场已由一元结构变为多元结构，垄断被打破，竞争成为推动发展的主动力。竞争有推动市场发展的正面意义，也有优胜劣汰极其残酷的一面，因而对于竞争市场竞争参与者基本上有两种选择，不同选择会有不同结果：

1. 实力比拼。依靠增加投入扩大市场占有率，最终将竞争对手挤出市场或使对手倒闭。这种战略最终是以利益的损失为代价，因为同质化的竞争最常用的手段就是价格竞争，从而会使全行业的盈利率下降，所以，受到损失的不是一方而是双方，最终竞争的双方都可能成为失败者的案例也很多，并非竞争就能赢。

2. 创新升级。依靠创新实现产业提升，以更高的产品品质或更好的服务避开同质化竞争，在实现市场占有率扩大的同时，使效益同步增长；或者是依靠创新开拓新的市场，从过度竞争的领域转移到没有竞争者或者竞争者少的领域，从而减少过度竞争的消耗战。创新能够减少消耗、增加收益、实现多赢，是更高水平的竞争。

创新升级不仅是比拼实力、比拼智力的更高级的竞争，而且是一个从发现需求到满足需求的过程，因而增加和提高市场创新能力要分为两个工作环节：一是提高发现市场需求的能力，二是提高满足市场需求的能力。前者是后者的实现条件，后者是前者进行的目的，但两者并没有必然的因果关系，前者的完成，并不意味后者必然实现。

1. **发现市场需求**。

市场发展是为了满足市场需求，这是市场发展的真谛，因而发现客户需求是发展的前提，是每一个市场参与者的基本功。发现市场需求变化就是发现了市场发展的机遇，对一个很小的需求变化的准确把握可能会带来巨大的收益。发现市场需求变化是建立在对市场信息的把握和认识的基础之上的，因而发现需求要建立市场信息的收集与分析的工作机制，或建立自己的工作体系，或与专业的信息机构建立业务关系，或两者兼而有之。但以上只是信息获取渠道的建立，而对从任何渠道获得的信息都必须做进一步的分析判断，去伪存真，由表及里地使用信息，这就是领导者的决策力。领导决策力是领导者对市场的敏感性和长期文化沉淀的集合体，是企业家最重要的素质之一。在竞争者的前面发现需求就获得了发展的先机。

发现市场需求是发展的前提意味着行动的指令来源自市场，要求我们必须改变眼睛向上、跑“部”前进的思维，而是要眼睛向下，密切关注市场变化，从市场中寻找发展的机遇。因而未来对于黄金信息咨询服务业有很大的需求，然而这是目前的一个薄弱环节还需加强。建立强大的市场信息收集、处理、发布工作体系是我国黄金市场发展的重要任务。

2. **满足市场需求**。

满足市场需求不只是承诺和愿望，而是要能产生出能满足需求的产品和服务，而生产产品和提供服务都需要有资源的投入，因而满足需求以资源投入为前提，但所需的资源投入与本身拥有的资源禀赋往往并不一致。每一个市场参与者都不可能是万能的、拥有一切，所以在许多情况下即使发现了需求，也有满足需求的愿望，但受资源禀赋条件所限而不能有所作为，但如有很强的协调能力就可以实行“拿来主义”，使用社会资源，解决资源困境。所以，满足市场需求的能力更是组织协调社会资源的能力，因而需要有开放的思维和大局的眼光。

满足市场需求需要相应的社会资源条件，这些条件的具备也有一个从不完全具备到完全具备的发展过程，在这个过程中也需要创新，创新可以使看似难以达到的目标变为现实。谁的创新力强谁就有更大的满足市场需求的能力，谁就能获得发展优势。创新也就是竞争，是高智慧的竞争。今后我国黄金市场必须走创新之路，这也是我国黄金市场发展新水平的标志：从模仿者到自主创新者；从国际黄金市场的追随者到引领者。

模仿创新是我国黄金市场十年发展的重要经验：市场产品的丰富基本是“拿来”的结果，是国际市场成熟产品的移植；交易规则大多也是与国际接轨的产物。而当我国黄金市场化改革进入黄金市场体系建设阶段并成为增强我国金融市场竞争力的一部分之后，参与国际竞争需要增加国际黄金市场中的中国话语权，因而对中国黄金市场的发展就有了自主创新的要求。从模仿创新到自主创新不仅是创新能力的提升，也是一种战略性调整，服务于国家总战略目标。

为了推动创新转型，加强黄金市场创新理论研究是十分重要的。黄金市场缤纷百态的创新使人有些茫然，但黄金市场创新是有基本的内在规律可寻的，我总结了以下三点：

1. 产品创新：功能属性的利用和重组。

物品之所以有交易价值就是其具有有用性，因为有用才有价值，而物品的有用性源于其所具有的功能属性。黄金具有多重功能属性，因而具有多重的有用功能。

商品属性。黄金具有优良的物理与化学特性，利用这些特性可以制成各种不同用途的制品，作为交换的商品。

金融属性。黄金是最适合制作货币的金属，并且在一段时间里充当国际中心货币，所以即使在当今黄金非货币化的条件下仍具有很强的金融属性，利用这一特性而产生了多种黄金投资品。

文化属性。在黄金与人类为伍的数千年里，黄金一直在人类社会权力顶层充当着重要角色，汇集了深厚的人类文化历史沉淀而具有强烈的文化属性。利用这一属性可以生产各种具有文化鉴赏和收藏功能的黄金文化产品。

当今各种黄金产品的分类就是对黄金不同功能属性的使用，利用不同的黄金属性生产不同有用性产品，因而黄金产品创新的本质就是黄金功能属性利用的深化和再组合，具体见表 6–2。

表 6–2　　各类创新黄金产品的属性

属性＼产品	工业原料	投资金条	纪念金币	黄金首饰	文化投资品
商品属性	√			√	
金融属性		√	√		√
文化属性			√	√	√

2. 交易创新：权力让渡的不同选择。

一般商品交易过程是商品的所有权与使用权的同时让渡，从而实现商品使用价值与价值的统一，但黄金是一种具有金融属性的特殊商品，跨商品与金融两个市场交易。在商品交易市场中黄金交易过程与一般商品相同，是所有权和使用权同时让渡，而在金融市场中黄金交易则具有货币流通的特性，其所有权和使用权、使用价值与价值可以分离让渡，分别交易而产生了不同的交易产品，因而通过交易过程权力让渡的不同选择而产生市场交易形态创新。在金融市场中黄金交易的权力让渡有多种，见表 6-3。

表 6-3　　金融市场中黄金交易的权力让渡种类

交易内涵＼产品	投资金条	黄金借贷	黄金抵押	纸黄金	递延交割及期货	期权合约
所有权	√		√			
使用权	√	√				
价值			√	√		
使用价值		√				
交易权						√
市场风险					√	

不仅黄金的所有权、使用权、价值、使用价值分离、分别交易，而且交易权也可以交易，特别是市场价格不确性产生的风险也可以交易，并且是黄金市场创新最为活跃的领域。

3. 服务创新：商业形态的升级。

产品的创新、交易的创新必然会引起服务的创新与之相适应。服务的创新内容很多，但最顶端的服务创新是商业形态的升级创新。每一次商业形态的升级使服务创新不再停留在修补改进阶段，进入到一个服务的新境界而产生革命性的变化。在这方面给我留下深刻印象的是家用电器销售商业形态的变化。二十世纪九十年代以前，家用电器以百货商场内的专柜及专营店销售为主体；之后以大中、国美为代表的家电大卖场的兴起迅速地改写了家电产业链的利益格局；但是，进入新世纪，集购物、美食、娱乐于一体的购物中心及网上购物的兴起已经开始挤压电器大卖场式的商业形态的市场占有率而开始使大卖场式的商业形态出现颓势。这个案例十分清晰地告诉我们商业形态创新的革命性价值。

如果说对产品创新和交易创新我们已有高度关注的话，而对于商业形态的创新存在着明显地滞后性。产品创新使当前市场产品日益多样化，可以说已是琳琅满目，也因此带来了市场规模的扩张，但很快又进入了同质化竞争，这是因为没有市场形态的创新的结果，各经营主体没有形成特有的个性化商业形态。产品你可以有，我也可以有，因而并不能形成根本性市场经营定位差异。产品创新、经营创新发展到一定程度之后一定要有商业形态创新。商业形态创新是一种文化的再造工程，一旦完成不易被模仿，可以成为核心竞争优势。

发现需求是创新的前提，满足需求是创新的目的，而从发现需求到满足需求之间是创新过程，能否完成创新过程要受到多方面条件的制约，并非可以随心所欲。一个重要的前提是，创新必须在法规允许的条件下进行，否则创新就成了违犯法律的行为，会导致严重的后果。但是，法规并不是凝固不变的，又需要创新推动法规的修改发展，所以，创新需要在这两者之间平衡，这需要有很高的创新技巧，在这方面正面与反面的案例在黄金市场发展的进程都曾经发生过。

分业管理是黄金市场发展的基本政策环境，但目前黄金产品创新已遭遇分业管理体制的束缚，是在分业管理体制中创新，还是突破分业管理创新，已成为一个现实课题，每个黄金市场发展都面临选择。对于改革的决策者来说，给创新一个更宽松的政策环境是一个重要的工作原则，如何支持和宽容越界的改革创新，而又保持平稳运行，这也是市场管理的新课题。

上海黄金交易所遭遇创新烦恼

上海黄金交易所作为人民银行直接监管的首家国家级黄金市场，拥有发展的政策优势与资源优势，而且占有了市场先机，又恰逢市场由熊市转牛市等多种利好因素使上海黄金交易所的开场锣鼓十分有气势，只用了四年时间到2006年便成为全球最大的场内黄金交易市场。2003年到2008年交易量年均增长62.52%，交易量增长了8.48倍，因而很快便成为我国黄金市场供给的主渠道。

上海黄金交易所作为一个即期实金市场，并迅速地发展成为了全球最大的场内黄金即期市场，为我国黄金市场体系及黄金产业的发展奠定了坚实的基础。基础是根基，决定了大厦的高度，所以上海黄金交易所打下的这个地基对于我国黄金市场体系的建设十分重要。上海黄金市场的发展是我国黄金产业流通市场化，确立黄金产业运行市场化体制的关键性的一环。

上海黄金交易所作为我国第一个国家级黄金市场同时也承担着深化黄金市场化改革探路者和推进我国黄金市场体系建设先驱者的角色。为此，上海黄金交易所一直努力做一个积极的创新者，我国黄金市场十年发展过程中重大创新活动大多是发端于上海黄金交易所。上海黄金交易所引领了我国黄金市场创新。

上海黄金交易所在成长、在发展，但十年之后也开始遭遇成长的烦恼，突出的一个表现是：我国黄金市场发展一元化路径选择使上海黄金交易所曾一度拥有全部发展政策优势而具有发展的垄断地位，但一元化路径选择终结也使上海黄金交易所丧失了这种政策优势，在多元市场竞争中上海黄金交易所是市场占有率下降幅度最大的市场，由十年前的100%，下降到了今天的30%左右。

上海黄金交易所2011年交易量市场占有率为30.33%，2012年为29.48%，分别低于上海期货交易所的58.9%和54.44%，高于商业银行的10.77%和15.58%，而居第二位。这仅是与商业银行自有黄金业务的比较，而商业银行黄金业务由三部分组成：自营黄金业务、场内市场黄金业务、境外黄金业务。前两项组成了银行境内黄金业务，2011年和2012年交易量分别为7443吨和6945吨，已超上海黄金交易所的7438吨和6350吨。如计算全部交易量是11493吨和11107吨，分别是上海黄金交易所的1.55倍和1.75倍，因而上海黄金交易所交易量只能排第三位。从“龙头大哥”变为“跟班小弟”，这是一个残酷的现实，如何再成领头雁是上海黄金交易所未来发展的最大挑战。

上海黄金交易所十年交易规模扩张的动力是产品创新和制度创新，但上海黄金交易所产品与制度创新已遭遇创新的瓶颈束缚与困惑。交易量和占有率下降的深层原因就在这里。

从国际黄金市场的交易结构看，实金即期交易量比重不足2%，98%以上的交易量是远期虚拟交易量。所以，对于上海黄金交易所而言，虽然开业五年后的2006年交易量突破千吨，成为全球最大的场内即期黄金交易市场，但要取得更大的市场发展空间就必须要从实金即期市场向远期虚拟市场发展转变。这是上海黄金交易所从开业之日就已明确的发展方向，上海黄金交易所创新发展的市场需求发现与达成目标的确立都不是问题，问题是如何实施和完成创新过程。创新是一个自我超越的过程，摆在上海黄金交易所面前有两条创新发展之路可以选择：

一条是从即期交易市场向远期交易市场延伸，要求通过创新实现从实物交易标的向远期合约交易标的转变。

另一条是从场内交易市场向场外交易市场延伸，通过创新现实市场撮合交易方式向做市商报价交易方式转变。

十年来上海黄金交易所创新发展探索的路径选择是清晰的，但并不等于就可以达成创新。

从即期市场向远期市场发展首先需要开发远期交易标的，2004 年上海黄金交易所推出了 T+D 即期递延合约，就具有远期交易合约的特征，而被称之为准期货。2011 年这一合约交易量 5370.896 吨，为全年总交易量的 72.2%，已是上海黄金交易所名符其实的“当家花旦”，使其成为上海黄金交易所从商品交易市场向金融交易市场转变迈出了关键性一步。但 T+D 合约的推出与成功并非是上海黄金交易所向远期交易市场延伸创新的完成，因此，2007 年又启动了黄金期货合约上市的申报工作。

黄金期货合约是当今的一个重要的黄金远期合约，近年来每年的交易量都超过了 15 万吨，约占全球黄金总交易量的六成，而且黄金期权是黄金期货的衍生品，因而推出黄金期货后期权的推出也就顺理成章，所以如能在上海黄金交易平台上推出黄金期货合约，上海黄金交易所向远期交易市场延伸将迈出突破性的一步。从 2002 年提出这个努力目标，到 2007 年付诸行动，历经数年的准备，上海黄金交易所极为重视,并获得人民银行的大力支持。但在我国金融业分业管理的体制中，上海黄金交易所上线黄金期货需要突破体制性约束，但最终未能成功，而成为期货市场分立的市场格局。

黄金期权合约是另外一种重要的远期合约品种，标准期权合约也是一种场内交易品种，所以也可以成为上海黄金交易所向远期交易市场发展的选择，但对于推动黄金期权合约上市，上海黄金交易所至今仍未有实际成果。

虽然黄金期权是一个品种繁多的远期合约家族，但是，只有标准期权是在场内交易，绝大多数黄金期权品种都是在场外市场交易，因为这些品种都是非标准化合约，而场内市场交易的标准期权一般又是在商品期货市场上交易，而不是在即期实金商品市场交易。这是因为黄金期权是一种转移市场风险的交易标的物，并无真正的黄金交易，而且具有很大的投机性，如果在即期实金市场引入没有实物交割义务的期权交易，会使大量的投机者进入即期现货市场，而使资源有限的商品价格扭曲，还会造成交易的泡沫。因而全球都将期权合约作为转移或锁定期货风险的工具，在期货市场上推出期权交易。在我国黄金期货已在上海期货交易所上市的情况下，上海黄金交易所再推标准黄金期权已无合理性可言。

黄金期货、黄金期权这两个主要的远期黄金合约在上海黄金交易所上线受阻，也意味着上海黄金交易所从场内即期市场向场内远期市场延伸的中止。那么另一个创新发展的选择是从场内市场向场外市场延伸。场外黄金市场是当今黄金市场体系中的一个重要的市场形态，场外交易市场是最初的黄金市场形态，从场外市场到场内市场是黄金市场的进步，但当代场外黄金市场已不同于传统的场外黄金市场，其自身也在发展进步，最大的进步是做市商制度的建立。做市商制度是当代场外黄金市场的标志，上海黄金交易所决定引进做市商制度的目的也就在于此。

从国际黄金市场的现状看，场外市场与场内市场的交易规模几乎旗鼓相当。伦敦黄金市场是场外黄金交易市场的代表，交易网络遍布全球，占全球场外黄金交易量的近九成；场内交易市场以黄金期货市场为主体，纽约商业交易所、东京商品交易所、印度多种商品交易所交易量列全球期货交易所前三名，三个市场交易量占全球场内市场交易量的八成多。以此进行场内与场外市场交易量比较如表 6–4。

表 6–4　　场内、场外黄金交易量比较

交易市场 / 年份	场外市场	场内市场			
	伦敦黄金市场	合计	纽约商品交易所	东京商品交易所	印度多种商品交易所
2006	16.8	9.36	6.1	2.22	1.04
2007	15.9	11.54	8.9	1.82	0.82
2008	17.6	16.41	13.31	1.50	1.60
2009	16.1	16.46	13.71	1.24	1.51

续表

交易市场 / 年份	场外市场	场内市场			
	伦敦黄金市场	合计	纽约商品交易所	东京商品交易所	印度多种商品交易所
2010	14.4	16.89	14.16	1.22	1.51
2011	(0.8067)	18.5	15.5	1.6	1.5
2012	(0.7620)	16.15	13.67	1.22	1.26

（资料来源：《中国黄金市场发展报告》、《2013世界黄金投资市场报告》、《2011年中国黄金市场报告》、《2012年中国黄金市场报告》；2011年和2012年伦敦黄金市场数字为结算数量，交易量为结算量的20倍至30倍，以20倍计算2011年交易量为16.13万吨，2012年为15.24万吨）

以国际黄金市场比较，我国场外市场黄金交易量只占总交易量的不足20%，场外交易市场交易量比重仍然偏低，表明仍有更大增长潜力，所以向场外市场交易延伸是上海黄金交易所发展的一个选择，这是向远期市场延伸受挫之后的又一次新的发展努力。

向场外市场交易延伸必须要进行市场制度创新。场内市场的交易是撮合交易方式，交易双方非直接交易，而场外市场的交易是做市商报价交易，交易双方直接交易。所以《关于促进黄金市场发展的若干意见》要求上海黄金交易所“丰富交易模式，引入做市商制度，提高市场的流动性”。

上海黄金交易所引进做市商制度，向场外交易市场延伸的决策过程和可行性分析过程我们并不了解，但其推进的实践行动为我们已大致勾勒出了一个演进轨迹：引进做市商报价交易制度，建立做市商报价交易平台，在这个平台上从即期交易向远期交易和掉期交易发展，形成我国黄金场外交易市场的基本框架，这显然是以英国伦敦场外黄金市场为模板。如果说十年前我们以建立一个场内即期市场实现黄金市场化是一个创新的话，那么今天在场内市场引进做市商制度是又一个创新，但这个选择的可行性需要得到实践的检验。

英国伦敦黄金市场历史最悠久，今天仍然可以说是最大的黄金市场，它是一个即期交易市场，与上海黄金交易所市场的市场定位在这一点上相同。所以，伦敦黄金市场在即期交易的基础上进行的远期交易及掉期交易创新经验可为上海黄金交易所提供借鉴。但伦敦黄金市场是一个场外交易市场，这些创新都是在做市商交易制度基础上产生的，而上海黄金交易所是一个场内市场，因而一个场内市场引入场外市场交易制度，我认为可能会因此陷入改革的悖论之中，所以这一发展之路的选择最终结果存在着不确定性。

英国伦敦黄金市场作为一个场外交易市场，会员之间、会员与客户之间的交易是以委托人对委托人直接交易为基础，包括信用风险在内的所有风险由交易双方承担，做市商从买卖差价中获得收益，这是有别于场内交易市场的地方。场内交易市场是交易双方不直接交易，而是通过市场交易系统完成交易，市场承担交易风险，收取交易手续费。而现在上海黄金交易所作为一个场内交易市场引入做市商制度，也就出现了交易双方的第三方，即上海黄金交易所。那么上海黄金交易所要承担什么责任呢？如果有的话是真正的需要，还是人为地设定呢？既然做市商报价交易是直接交易就不需要第三方，那么第三方的责任如是人为地设立，这已经不是真正意义上的做市商制度了。做市商是场外黄金市场运行的主导性力量，而上海黄金交易所改良版做市商制度中的做市商并没有真正就位。

上海黄金交易所建立询价交易平台，在这个平台上推出做市商报价制，以此为切入点向场外市场延伸。2009 年上海黄金交易所在场内交易平台上推出了询价交易；2011 年推出了银行询价交易；2012 年又在上海外汇交易平台上推出了银行间询价交易。为商业银行大宗黄金交易和对冲多空头寸提供了一个做市商报价交易平台，但总的来看这个产品遭遇了银行的冷遇。2009 年 3 月上海黄金交易所推出了黄金询价业务，交易并不活跃，当年交易量仅为 4.92 吨，仅为当年总交易量的 0.1%；2010 年 5.436 吨，为当年总交易量的 0.09%。2011 年 3 月又推出了商业银行询价交易，使询价交易量达到了 152.332 吨，为上海黄金交易所当年总成交量的2.05%，但并没改变交易冷淡的状况，各银行间的交易极少，主要是各商业银行总部与各分支机构间的交易。于是在2012年12月1日又在上海外汇交易所平台上推出银行间询价交易，意在将各商业银行在境外的对冲平盘头寸吸引回国内，同时扩大上海黄金交易所做市商报价交易。2012年我国商业银行境外交易已达4110.83吨，如能将这部分交易头寸吸引回国内，对上海黄金交易所来说显然是一个发展的机遇，而对于商业银行来说可以减少在国际市场上单边敞口波动风险，但是由于除市场首个交易日13家银行完成3.62吨交易外，之后的二十多天里每天交易量不足1吨。到年底20家入市的银行中有17家参与了交易，总交易量仅为14.308吨。2013年3月在此平台上又推出了掉期交易。

可以说询价交易上市四年遭冷遇，其原因是商业银行缺乏热情，甚至有不得不应付门面、陪太子读书的心态。商业银行从2004年开始发展自有黄金业务，银行间及银行柜台场外交易市场得以发展，商业银行已成为场外黄金市场的做市商。虽然商业银行做市商角色定位至今并没有得到法理上的确认，显然上海黄金交易所主导的做市商报价交易市场与商业银行自有做市商报价交易市场不仅存在业务上的重叠，而且在权益上也有抵触。特别是如在上海黄金交易所主导的做市商报价交易市场进一步推出远期和掉期交易的话也就阻断了商业银行自有做市商报价交易市场的发展之路，所以，商业银行为了自身的利益而采取消极的态度就不难理解了。

上海黄金交易所这个黄金即期场内市场经过不到五年的时间，在2006年就发展成全球第一大即期场内黄金市场，为实现更大发展首先开始了从黄金即期市场向黄金远期市场的转变，但在取得了一定进展之后，面对体制性的壁垒已难以有所突破；但在这样的情况下转而从场内市场向场外市场延伸，目前看来也有很大的不确定性。

即期现货黄金市场是黄金市场体系的基础，不可或缺，但其受交易品种性质所限，在整个黄金市场体系中的实金交易比重不足 2%，是一个小交易量的市场，因而这成为了上海黄金交易所这个即期现货黄金交易所的“原罪”，所以，为了获得更大发展空间而要向远期和场外市场延伸，但这种努力又遭遇到了“分业管理”体制的障碍，在经过不断的探索之后，目前仍不能说已有根本性突破，这正是上海黄金交易所发展的困惑之源。

作者认为上海黄金交易所可能还有一种选择可以考虑，这就是将上海黄金交易所进行股份化改造，变服务平台为投资平台，组建上海黄金交易所黄金投资公司。黄金 ETF 是已经积极推进的上市产品，目前上海黄金交易所作为一个服务商没有很大的主动权，而股份制改造后上海黄金交易所就可充当投资者做发起人，今后还会有类似的事情发生。这是因为我国黄金市场发展将日益依重于投资者，而目前专业的国家级黄金投资机构是个空白，所以上海黄金交易所的这一转变有利于我国黄金市场的长远发展，而且这一机构的建立也有益于中国黄金市场向国际市场的扩展！

上海期货交易所：提升风险管理能力

上海黄金交易所上线交易黄金期货合约，虽然经历了一番部门间的博弈，但其国家级黄金市场的身份很快就得到了人民银行的认定。2011 年人民银行下发的 301 号通知中明确："上海黄金交易所和上海期货交易所是经国务院批准或同意的开展黄金交易的交易所，两个交易所已能满足国内投资者现货和期货投资需求。任何地方、机构或个人均不得设立黄金交易所（交易中心），也不得在其他交易所（交易中心）内设立黄金交易平台。"从而上海黄金交易所和上海期货交易所两大国家级场内黄金交易所并列格局得以确立。这表明虽然 2010 年六部门出台的《关于促进黄金市场发展的若干意见》就已确立了上海黄金交易所黄金业务，商业银行黄金业务和上海期货交易所黄金期货业务共同发展的市场格局，但一年后人民银行 301 号通知却没有认定商业银行黄金业务——场外交易市场的正式身份，这并不是偶然的忽略，而是对商业银行在场外市场做市商身份的否定。

黄金期货在上海期货交易所上市带来了多方面的影响：

1. 对于我国市场化改革。黄金期货的上市终止了一元化路径选择，我国黄金市场化改革最终目标诉求由一元市场调整为多元市场体系，这是我国黄金市场化改革目标诉求由商品市场调整为金融市场之后的第二次调整，这是改革实践的结果，也反映了我们对黄金市场认识的进一步深化。

2. 对于我国黄金市场的发展。黄金期货的上市使我国黄金市场由一元结构变为了两元结构，即实金即期市场与远期风险市场平行发展的市场结构，增强了黄金市场交易风险的分散和转移的功能，同时扩大了市场的交易规模，黄金期货已超过即期市场成为交易量的第一名，并从 2011 年开始交易量超万吨，一直占我国黄金市场总交易量 50% 以上的份额。

3. 对于上海期货交易所的发展。黄金期货不同于一般商品期货，而具有很强的金融属性，在上海期货交易所这个商品交易所上线交易不仅仅是增添了一个期货品种，而且因此拉开了上海期货交易所从商品期货市场向金融期货市场延伸的改革大幕，并进而对我国期货市场管理体制的改革产生了多方面的影响。

与上海黄金交易所的市场功能定位悬而未决不同，《关于促进黄金市场发展的若干意见》对上海期货交易所的市场功能定位是十分明确的，这就是“上海期货交易所要充分利用期货市场价格发现和管理风险的功能，不断加强市场基础性建设，稳步推进我国黄金风险管理市场健康发展”。在我国黄金市场的政策性文件中这是首次提出了建立我国黄金风险管理市场的概念，也就是明确了黄金市场功能不仅具有交易功能，而且具有黄金风险管理功能，这是对黄金市场功能的一个新阐述。

交易是市场最基本的功能，没有交易便不会有市场，因而黄金即期市场是黄金市场体系的基础性市场，但不是唯一的市场，这是因为交易的过程不仅会产生物流过程，还会产生交易风险，而会造成交易过程的中断，所以，要保持交易的连续性就必须对交易风险进行管理，因而诞生了黄金期货市场，即黄金远期合约市场，黄金期货市场是黄金即期市场的衍生市场。两个市场功能存在明显的区隔，但又存在着密切地关联性。特别是随着大工业生产方式的确立，交易的中断将会造成的损失特别巨大，所以交易风险管理的重要地位日益提升，使远期合约市场不仅规模日益扩大，而且交易品种也日益丰富多样化，是一种发展迅速的新型交易市场。

交易风险分为两类：一类是人为风险，如诚信风险，信息不对称风险等，这类风险可以通过市场制度的完善和发展给予解决，如实行会员制，建立保证金和市场信息披露制度等，现代规范的市场已可以把这类风险降低到极低水平。另一类是客观风险，主要是价格变化不确定风险，是不能消灭的，但可以规避、分散、转移，因而产生了风险管理市场，黄金期货市场就是一个交易风险管理市场。

黄金期货具有发现远期价格的功能，其本质是锁定价格风险，并把未来金价不确定风险转移出去，因而黄金期货市场具有转移和分散未来即期市场价格不确定性风险的功能。不仅如此，黄金期货市场还有更大的社会风险管理功能，即可以对金融交易风险发挥管理功能，这也就是《关于促进黄金市场发展的若干意见》提出上海期货交易所要为国民经济风险管理发挥作用的原因。

数千年人类文化的塑造使黄金与货币结缘深厚，历史上黄金曾是货币之王，而当今仍是与货币具有良好互换性的“准货币”，具有很强的金融属性，所以是一种特殊的商品，黄金市场是金融属性主导的市场，黄金期货市场又是金融属性最强的市场。参与黄金期货交易的主体不是黄金的供求双方，交易标的主要也不是黄金；交易者主体是跨市套利者和投机盈利者，交易标的主要是虚拟黄金。进入黄金期货市场的投机者和跨市套利者从本质上讲是金融市场风险的规避者，因而，黄金期货市场的诞生不仅是黄金即期市场发现价格，管理风险的需要，而且也是金融市场对冲货币价值贬值风险和汇率波动风险的需要。因为金价变化和信用资产价格变化有很强逆向性，所以黄金市场在金融市场体系具有不可或缺性，并具有独特作用，而与其他金融市场形成了功能互补格局。所以，要求上海期货交易所提升黄金风险管理的意义已上升到了为国民经济服务、增加国民经济安全性的高度。

对于这一点《关于促进黄金市场发展的若干意见》明确要求上海期货交易所的发展“要围绕市场功能发挥，不断完善黄金期货合约与业务规则，做深做细黄金期货，提升对国民经济服务能力”。这是一个很高的要求，因为这不是要求提升为一个工业部门的服务能力，而是为国民经济全局服务能力的提高，具有全局性的影响力。这对于上海期货交易所显然是一个重大课题，同时也是上海期货交易所社会地位的一次大的提升，是机遇也是挑战。

我国期货市场发端于二十世纪九十年代，迅速崛起的同时也带来发展的混乱无序，成为了当时高层深恶痛绝而避而远之的“魔鬼”，所以接下来便是长达近十年的整顿重组，全国各地数十家期货交易所停业关闭，一批违规者由风头正劲的“改革者”成为阶下之囚，最后只重组保留了上海、郑州、大连三家全国性的期货市场。十年低潮由乱到治，进入二十一世纪我国期货市场迎来了新的发展期。

为了对期货市场加强监管，我国新设了证监会，建立了由其对各期货市场的直接监管领导的工作体系和独立管理的政策体系，设置了进入期货市场的政策性壁垒。这种严格的监管体系在今天看来可能不利于创新，但确实保证了新世纪我国期货市场的有序，没有再发生以前那样违规频发的混乱局面。这可能是当上海黄金交易所要上市黄金期货交易而可能对这一管理体制造成冲击时，难以取得国家决策高层支持的原因吧。

对期货市场整顿的另一个重要内容是严格限定期货市场的经营范围和会员主体结构，上海期货交易所在黄金期货上线之前是一个完全的商品期货交易的市场，交易的品种全部是一般性商品，而黄金是一种具有金融属性的特殊商品。虽然黄金期货上市对于上海期货交易所来说只是增加了一个交易品种，而且交易量只占交易所总交易量的5%左右，也不能算是一个大品种，但黄金期货对于上海期货交易所具有革命的意义，由此拉开了其从商品期货市场向金融期货市场转变的大幕。这也使上海期货交易所作为一个风险管理市场具有了对国民经济服务的能力。

从商品期货市场向金融期货市场延伸发展对于上海期货交易所而言是一次扩大发展空间、增加市场服务功能的机遇，也是挑战。原来的市场结构已不适应发展的要求，首当其冲是要调整会员结构，和2004年上海黄金交易所启动从商品黄金市场向金融黄金市场转变一样，上海期货交易所从商品期货市场向金融期货市场延伸，也是要增加金融类会员，但工作难度比上海黄金交易所更大。因为上海黄金交易所是一个新兴的市场，在一定程度上讲还未定型，容易改变，而我国期货市场管理法规体系已经定型，因而突破的难度很大，金融业进入期货市场还是一个禁区。

对于上海期货交易所提高黄金风险管理能力，服务国民经济的具体要求在《关于促进黄金市场发展的若干意见》中的阐述是："支持黄金企业积极参与和利用期货市场进行套期保值，积极引导金融机构运用黄金期货管理风险"。这是上海期货交易所黄金期货业务的拓展方向和发展的路径选择，但实际情况是，这两方面的黄金期货业务拓展对上海期货交易所都是新课题。2008 年黄金期货合约上线交易以后，虽已在吸收黄金企业和金融机构进入市场迈开了第一步，但距离预期目标还有很大的距离，只能算是刚刚起步。

为黄金生产企业规避市场风险服务，支持黄金企业进行套期保值，第一步是需要让黄金企业认识上海期货交易所、了解黄金期货。而在 2008 年黄金期货上市之前，上海期货交易所和黄金企业基本上是陌生的，互不了解。黄金期货上市之后的数年内也只是极个别的黄金企业成为了上海期货交易所黄金类会员。目前双方仍处于缺乏深入了解的状态，没有相互的深入了解就没有密切的互动。因为连相互了解这个最基本的条件都没有具备，为黄金企业套期保值服务将无从谈起。因而为黄金企业服务要从最基本的认识了解开始，但是推进这个过程也还没有一个清晰的可供选择的路径。

从国际市场看，黄金企业套期保值更多是使用提前销售合约，而不是期货合约，因为前者比后者的日常合约管理更简单。因而让黄金企业使用期货合约套期保值，在帮助黄金企业了解黄金期货合约功能的同时还应有进一步研究，制定多种方案供黄金企业选择，做黄金企业套期保值的顾问。为黄金企业服务要与黄金企业建立战略合作伙伴关系，帮助黄金企业正确使用黄金期货合约，才能够真正达到套期保值的目的，这与投机者冒险追逐利润使用黄金期货合约有根本性的不同，因而投资策略也有区别。

为金融机构运用黄金期货管理风险服务，这对于上海期货交易所来说也是一个新的课题。上海期货交易所是一个商品交易所，其交易者结构也基本上是商品的供求双方，是以为商品生产者提供发现价格和套期保值为主要功能，黄金期货是上海期货交易所第一次面对金融属性主导的期货品种，黄金期货除为黄金商品生产者提供了一个发现价格与套期保值的工具外，也是金融机构管理风险的工具，主要是利用金价与信用资产价格呈逆向变化的特性对冲信用资产贬值风险。而且当今进入黄金期货市场的交易者，基本上是货币投资者，而不是黄金生产者和加工者，这与原来上海期货交易所的会员结构存在巨大差异。要发挥黄金期货的金融风险管理功能就必须改变目前市场的会员结构。

我国期货市场曾有过十分混乱的发展时期，经过十年整顿才走上了正轨，其中的一个整顿措施就是对期货交易的参与者资格设定较高的门槛，金融机构基本禁止进入期货市场，因而今天要引导金融机构运用黄金期货管理风险，首先是要面对政策上的禁区，这个禁区的解除必须主动推动，即使如此也会是渐进的，不可能一蹴而就。2009 年银监会同意商业银行进入期货市场，到 2012 年已有工商银行、中国银行、农业银行、交通银行、兴业银行、民生银行、浦发银行、汇丰银行、澳新银行等 13 家银行获得了参与黄金期货交易的资格；2012 年券商、基金、集合理财也相继获准进入黄金期货市场，金融机构会员的入市，为使用黄金期货管理金融风险奠定了基础。

对于金融机构来说使用黄金期货管理金融风险也是一个新课题，所以即使获得进入黄金期货市场的资格也仅是迈出的第一步，对于黄金期货还有一个认识、熟悉、掌握的过程。还需进行产品设计和专业人才培训与组织，在这个过程中还有政策的壁垒需要攻克。所以金融机构进入黄金期货市场只是使用黄金期货管理金融风险努力的开始，虽已有所行动，但成气候还有待时日。

黄金期货市场是金融属性最强的市场，就是因为它是一个金融机构广泛参与，并与外汇市场、货币市场、基金市场有良好互通渠道的市场，只有这样才能发挥黄金期货市场管理金融风险的功能，但与其他金融市场互联互通渠道的建设甚至现在尚未列入工作日程，因为现有的期货管理法规体系是一个封闭的而不是一个开放的体系，然而要使期货管理体系发生根本性变化，这对上海黄金交易所来说是有些身单力薄，更需我国金融体系的整体改革的推进。

在经济一体化的今天，金融风险不仅来自国内市场，更大的风险是来自国际市场，因而也需要上海期货交易所对外有更大的开放性，才能利用国际市场将风险转移出去，否则我们只能被动地承受，成为国际市场风险的利益受损方。经济的开放，需要黄金期货市场的进一步开放。只有进一步开放，上海期货交易所才能进一步提高风险管理的服务功能，才能有进一步更大发展。上海期货市场的国际化随着黄金期货的推出而更为迫切。

美国存在着多个黄金期货交易市场，而纽约商品交易所和芝加哥国际金融交易所是两个最大的黄金期货交易市场，但纽约商品交易所国际化大大超过了芝加哥国际金融交易所，与银行和金融机构关系密切的国际客户是这个市场的交易主体，而芝加哥国际金融交易所主要是一个国内市场，交易主体是国内客户，所以交易规模仅相当于纽约商品交易所的十分之一，而纽约商品交易所一家交易量就超过了全球期货总交易量的 50%，2008 年以来每年的交易量都超过了十万吨，2011 年创 15.29 万吨的历史纪录。这两个市场交易的都是 99.5% 的 100 盎司金条合约，并没有差别，但因国际化的程度不同，发展的表现差异就很大，这个现实的案例清晰地表明国际化对于黄金期货市场发展的意义。

无论是增加上海期货交易所为黄金企业管理风险的能力，还是增加为金融企业管理金融风险的服务能力，乃至扩大开放提高上海期货交易所自身风险管理能力而进行的改革都不已再是停留于上海期货交易所自我提高完善阶段，而日益涉及我国期货管理体制及法制环境的改革。现存的期货市场管理体制和法制环境是我国期货市场是由乱到治的产物，以治乱为目的，所以对期货市场服务职能和交易者身份施行严格控制，而今天需要期货市场承担着国民经济风险管理的服务功能，因而，市场必须要有更大的开放，而要对现存的管理和法治环境进行改革、改良、改善，所以我国黄金市场的发展已对我国期货市场的改革提出了要求。

二十世纪九十年代期货市场的乱象给人们留下的记忆无疑是深刻的，从乱到治是十分不容易的，对任何改革都会引起“返乱”的担忧，并不是杞人忧天，因而改革应慎重，但不能因此而不改革。形势正在变化，或已经变化，在这种情况下不改革也会造成“返乱”，正确的态度是稳妥推进改革。为了改变被动应对，就事论事的工作局面，全面改革的工作规划制定是十分必要的。

从2008年到2012年我国黄金期货市场已安全运行五年，年交易量已突破万吨，黄金期货市场的出现对我国黄金市场化格局也产生了多方面影响，基本站住了脚跟，但是，未来如何提升风险管理的服务能力任重而道远。我国金融市场因黄金市场的建立才最终全部建成，而金融市场风险管理体系是因黄金期货市场的建立才最终完备，所以，黄金期货合约上市交易对于上海期货交易所的意义远远超出了一个新产品上市的内涵，而具有推动全局性改革的价值，在某种程度上讲，如何发挥黄金期货管理风险为国民经济服务能力，我们既不能在现在的教科书中找到标准答案，也不能在社会现实中找到成熟的案例，历史需要我们这一代人去创造、去书写。

场外交易市场与做市商制度

场外交易市场与做市商制度在目前我国黄金市场化改革的现实中多少是有些敏感的话题，但也是最需要讨论以统一认识、推进改革的两个领域。或许是从一开始这两个领域就成为了不同利益主体博弈之地，各自依据不同的利益诉求进行了不同的诠释，而使场外交易市场和做市商制度的本来面目都模糊不清了。在2010年六部门《关于促进黄金市场发展的若干意见》出台后我发表了一篇评述性文章就提出了我的困惑与不解，而且困惑与不解至今依旧。

在一些人士眼中场外交易市场总与灰色和不规范联系在一起，所以“支持场内市场、限制场外市场、打击非法市场”成为了没有见诸正式文件的工作原则。因为场外交易市场属限制之列，所以2011年人民银行只是认定了上海黄金交易所与上海期交所两个场内市场的国家市场身份，而回避了对商业银行自有黄金业务这个场外交易市场的身份认定。

正如我国黄金市场开放，不仅需要商品黄金市场，也需要金融黄金市场一样，我们不仅需要场内黄金市场，也需要场外黄金市场。因为场外黄金市场具有场内市场所不具有的功能优势，一些黄金交易只能在场外交易市场进行。对于场外黄金市场有客观需求是场外黄金市场存在合理性的基本内涵。

场内市场与场外市场各有千秋，在国际黄金市场体系中无论是作用发挥，还是交易表现，场内黄金市场与场外黄金市场基本上是并驾齐驱，而不是场内市场一统天下，也不是场内市场是主导性市场，场外市场是边缘性市场的格局。以英国伦敦为代表的场外黄金市场与美国纽约为代表的场内交易市场构成了国际黄金市场体系的二元结构，前者是即期交易主导的市场，后者是远期交易主导的市场，拥有各自的功能优势和缺陷。

场内市场具有以下交易功能优势：

1. 场内黄金市场实行会员制，交易者是固定的，并建立了一系列制度保证交易公平地进行，设立了保证金和第三方结算制度，从而基本上杜绝了交易过程中的诈骗违约现象，保证了交易的公平性。

2. 场内市场采用统一标准化的交易标的，统一的质量标准，统一的交易规则，从而避免了繁琐的谈判洽商过程，使交易的效率大大提高，也降低了交易成本。

3. 场内交易市场交易规则公平，并有完整的信息披露制度，从而使场内交易信息公开透明便于监管。

由于场内黄金交易市场具有以上优势，所以二十世纪七十年代以后黄金市场发展的时期中，一些新兴地区和国家相继建立了黄金市场，而大多是场内黄金市场，但场外黄金市场并没有消亡，这是因为场内黄金交易市场也有其制度性缺陷，而不能完全取代场外黄金交易市场。

场内黄金市场本身的制度性缺陷是：

1. 场内黄金市场的交易方式是自由报价撮合成交。这一交易方式的问题是如果对价格走势判断出现极端一致的情况，就会出现有卖无买或有买无卖的情况，也就是会出现交易的中断。上海黄金交易所就已发生过短暂的有价无市的情况。如果持续频繁发生（存在着理论上的可能性），市场流动性就会出现问题，便意味市场的失败。这种场内市场的制度性缺陷是本质性的，难以消除。

2. 标准化给场内黄金交易市场带来了交易的便利化，大大地提高了交易效率，但因此也产生了交易品种单一，不能满足多样化需求的弊端，这也是一种本质性的制度缺陷。

3. 场内黄金交易方式是市场撮合成交，可能需要与多个交易对手交易多次才能完成交易，所以对于大批量交易的效率比较低，还易引起价格的波动，因此大批量的黄金交易一般都不使用场内黄金交易市场。

4. 场内黄金交易市场信息透明产生的问题是交易的保密性差，所以有特殊要求的黄金交易一般不会使用场内市场。如各国央行调整黄金储备，买入或卖出黄金大多使用场外银行间市场就是因为交易具有较好的保密性，避免了对公开市场的冲击或影响。

场内黄金市场因具有众多的制度优势，而得到了发展，但场内黄金市场也具有众多的制度劣势，而需要有另一种形态的市场补充完善，这就是场外黄金交易市场。

场外黄金市场对场内黄金市场功能的补充完善表现为：

1. 场外黄金市场做市商报价交易制度的建立使报价不中断，保证了市场交易连续性和持续性。

2. 交易双方直接交易具有较好的保密性，可以为有特殊交易要求的交易者提供服务。

3. 可以进行一对一谈判，以个性化标的交易，是品种最为丰富的黄金市场，满足了交易者需求多样化的需求。

4. 这是一个以商业银行为主体的市场，银行间的黄金业务可以为大批量黄金交易者提供服务，并有很高的交易效率；柜台交易又可为分散的个人投资者提供服务。

对于场外黄金市场的负面观感和担心主要是源于对传统场外黄金市场的印象和现实中不规范的场外黄金交易的影响。场外黄金市场是黄金市场的最初状态，在很长的一段时间里，场外黄金市场都是一个缺乏规范，仅以约定俗成的行规交易的市场。在交易的过程中难免会出现鱼目混珠的情况而导致诈骗时有发生。为了改变场外交易的不安全性，针对场外市场的弊端而产生了场内交易市场，场内交易市场的诞生是黄金市场成熟进步的标志。同时，场外黄金市场自身也在改革进步，使传统的场外黄金市场发生了向现代场外黄金市场的蜕变，这一蜕变发生的关键是场外做市商制度的建立。

传统的场外黄金交易市场向场内交易市场转变和传统的场外黄金市场向现代场外黄金交易市场的发展变化几乎是同时发生的，这就是在二十世纪初。如香港金银贸易场和上海金业交易所这两个场内黄金交易市场分别诞生于 1918 年和 1921 年；而 1919 年伦敦黄金日报价制的建立，五大做市商亮像，标志伦敦国际黄金市场的形成，这个全球最大的场外黄金市场百年不衰，至今仍占有全球黄金交易的中心地位。

传统场外黄金市场实现向现代场外黄金市场转变的关键是做市商制度的建立。做市商就是不间断地向市场提供双向报价的特殊的市场交易者。由于有做市商不停顿地为市场提供双向报价，保持交易的持续性，从而使潜在的市场流动性风险得以消除；由于是客户与做市商直接交易，经双方商谈产生合约，不仅可以为客户提供个性化服务，还能最大限度做到保守商业秘密；由于做市商拥有强大的资金能力和商业运作能力作保证，市场违约风险也降低到极小程度。因此，做市商是场外黄金交易市场的灵魂。

做市商的利益在哪里？

利益是市场交易者行为的动力源，做市商也是追求利益的，其利益有三：

1. 做市商既报买价也报卖价，成为了市场交易的中枢，也就是不仅拥有了市场话语权，而且占有了交易的主导权，从而取得了市场竞争优势，这显然是做市商所追求的。

2. 买卖双方的市场风险方向相反，因而做市商可以利用自己即是买方又是卖方的特殊地位，将自己的风险对冲为零，可以吃了“被告”，吃“原告”，安全地赚取买卖差价。

3. 做市商利用为客户提供个性化服务的机会，可充分发挥积极性发现新的商机，增加服务收入，从而扩大自己的发展空间，这也就是场外黄金市场产品众多的原因。

做市商的风险在哪里?

天下没有免费的午餐，做市商在追逐利益的同时也必须承担相应的风险。

做市商对保持市场的流动性负有不可推卸的责任，当市场出现极端的情况也必须报价，保证交易的连续性，这也就意味着市场的全部交易风险都要由做市商承担。所以做市商不仅有风险还要承担很大的风险，因此而破产的做市商并非个案。

因为做市商要承受巨大的市场风险，所以并不是所有的人都可以成为做市商，只有少数的机构才有资格成为市场的做市商。瑞士是全球最大的实金市场，这个市场中的做市商只有 3 个，而交易量超过十万吨。世界最大的场外黄金交易市场——伦敦黄金市场的做市商只有 11 个。不是没有人愿意做做市商，而是做市商的门槛很高，够资格的不多。

做市商需要什么样的资格呢?

做市商要有很大的承受风险的能力，因而需要有雄厚的资金实力，但是，光有钱还不行，还得有很强的商业开拓能力。做市商不能是一个市场飘忽不定的投机者，而是市场风险的承担者，市场开拓者和物流的组织者。黄金的供求双方往往在市场并不直接接触，而是通过做市商交易，因而做市商还是黄金供求关系的调节者；投资者多空博弈也往往是通过做市商进行。做市商的这种多重市场角色要求其必须要有很强的商业拓展能力，也就是要求做市商必须拥有高素质的工作团队。

基于对做市商资格的要求，国际黄金市场上的做市商一般都是商业银行中的佼佼者，也就是国际性大银行。

黄金市场对做市商的资质有极高的要求，门槛很高，但是，目前在我们的市场中出现的大批所谓的“做市商”，进行双向报价交易，但基本上都是只想拥有双向报价权力，而无力承担市场风险的浑水摸鱼的投机者，冒牌做市商的泛起已是我国黄金市场风险源之一。更成问题的是改革决策者的政策取向，也使人颇为费解。

做市商制度是一种场外黄金市场交易方式，不同于场内通过市场进行的间接交易，而是交易双方直接交易，因而交易风险共担。做市商是交易过程的主导者，做市商双向报价交易是场外市场主导性的交易方式。但《关于促进黄金市场发展的若干意见》明确，作为一个场内黄金市场的上海黄金交易所为了丰富市场交易方式而要引进做市商制度。做市商是场外市场运作的中枢和信誉的保证，而将做市商制度引入场内市场后，做市商又如何定位呢？在那篇同名的评论中我提出了我的困惑，节录如下：

南橘北枳之疑

在我国，对于做市呼声四起的一个背景是我国已经出现了双方报价的“做市商”，并以这些“做市商”为基础形成了一个颇具规模的场外黄金交易市场。这一事态表明我国对于场外黄金交易市场和建立做市商制度有强烈的需求，决策部门应予重视，真正把我国场外黄金交易市场建设抓起来，使之尽快地规范起来，发展起来。但是，现在的状况是引进的国际市场的做市商制度，最后的结果可能是“南橘北枳”，使做市商制度完全变了味道。

《晏子春秋·内篇杂下》：“橘生淮南则为橘，生于淮北则为枳，叶徒相似，其实味不同。”

做市商制度是一种场外黄金交易市场的核心制度，近来常有报导说这一制度将被引入场内市场，只此一说，至今没有更为翔实的资讯证实。但《关于促进黄金市场发展的若干意见》透露，为了丰富市场交易模式，上海黄金交易所将引入做市商制度。如是如此，今后上海黄金交易所交易是使用做市商报价制，还是会员报价，撮合成交呢？如是前者，会员的权益如何维护呢？如是后者，引入的意义何在？如果是双轨运行，两者又如何协调呢？把本来就是两个不同交易模式的制度硬要组织在一起，能够走出一条有中国特色之路，欣然！结果是南橘北枳，悲哉！

作为引进做市商制度的实际推进，上海黄金交易所在2009年推出了询价交易；2010年又推出了银行间询价交易；2012年12月又在上海外汇交易平台上推出了银行间询价交易，并于2013年在这一交易平台上推出掉期交易。对上海黄金交易所的积极探索做市商制度的努力无可厚非，询价产品的推出为改进场内大批量交易不便提供了一个解决之道，为商业银行进入国际市场国内练兵提供了一个阵地。但是，上海黄金交易所推出的询价交易已不是原汁原味的场外做市商交易，因而上海黄金交易所的改革探索并非没有意义，但如将其等同或取代做市商制度建设是对做市商制度的误读或曲解。确切地讲，上海黄金交易所推出的银行询价交易是一个场内银行间批量交易平台，并不是严格意义上的做市商制度。

做市商制度是场外市场的交易制度，是场外市场与场内市场的区分的根本标志，这是一个底线，目前打着做市商旗号的人很多，但真正的做市商还处于缺位状态，而能够担当起做市商职能的只有为数不多的大型商业银行。这在国际上是一种普遍性存在，而在国内是一个现实的最佳选择。

商业银行已广泛地参与了黄金交易，目前已有29家商业银行参与了上海黄金交易所场内黄金交易，是目前介入黄金市场最广的交易群体。商业银行黄金业务具有场内场外市场交易并行，境内境外市场拉通的特征。2012年商业银行境内场内交易量3588.55吨，境内场外自营交易量3357.31吨，境外市场交易量4160.83吨，三项总交易量11106.69吨，其中境内总交易量6945.86吨，低于上海期货交易所11833.4吨（双边），但已高于上海黄金交易所的6350.202吨（双边）居第二位。商业银行已是国内和境外场外黄金市场交易的参与者，而且已是其境内自有场外黄金业务双向报价的做市商，因而在商业银行自有黄金业务的平台上发展和完善黄金市场做市商制度的基本条件已经具备，并日臻成熟，与十年前已不可同日而语。

从《关于促进黄金市场发展的若干意见》所反映出的政策取向是在上海黄金交易所这个场内交易市场内推进做市商制度的建设，而不是在商业银行自有黄金业务的场外市场平台上推进。所以对于商业银行在黄金市场中的功能定位做了这样的表述：

“商业银行要围绕黄金开采、生产加工和销售等整个产业链条，切实创新金融产品，着力改善金融服务，提高服务成效，向黄金产业提供多方位的金融服务。结合产业和市场发展需要，加大产品创新力度，开展实金销售、黄金租赁、黄金远期和黄金期权等业务，丰富市场品种，满足企业融资需要和规避风险的要求。鼓励和引导商业银行人民币报价的黄金衍生品交易。引导更多的金融机构参与黄金市场，扩大黄金市场的广度和深度。”

在这里对商业银行黄金业务的市场定位即没做场外市场与场内市场区隔，也没有做场内市场参与者与场外市场主导者区隔，因而使商业银行黄金市场定位失去了最核心的部分和特有的功能。认知与现实的差异使做市商制度建设成为一个亟待梳理和反正的领域。在现实中实际已有三种做市商存在：

1. 假做市商。以只双向报价，而不承担实际风险的各种形态的民间黄金投资机构为代表。

2. 改良型做市商。双向报价，但有第三者参与完成交易，以上海黄金交易所引进的做市商制为代表。

3. 未正式入位的做市商。双向报价，买卖双方直接交易，但未得到管理部门的认定，以已开展自有黄金业务的商业银行为代表。

面对这样一个现实，我国黄金做市商制度的建设路径最大的可能是在市场机制的作用下优胜略汰，最有生命力的做市商最终成为市场主导，因而这将需要一个发展的过程。所以商业银行间及柜台场外市场和商业银行做市商角色发育将是一个渐进的过程，对未来的发展前途早在十四年前的2000年，我国黄金市场尚未诞生时，世界黄金协会、国务院发展研究中心撰写的研究报告：《新时期中国黄金市场开放：相关政策研究与建议》就有这样的前景描述：

“商业银行和银行间无形黄金市场在黄金流通中的重要性将日益增加，有可能成为主要角色。在可能介入黄金交易多种商业主体中，商业银行在资金、信用、交易基础设施，人员素质等方面具有显著优势。银行间无形黄金市场将是有条件、有潜力得到发展的市场形态之一。如果政策得当，这种市场形态与黄金交易所并不冲突，在市场开放初期，还可以起到相互包容和促进的作用。商业银行作为黄金市场交易所会员，将有利于包括其他银行在内的多种市场参与主体的沟通、磨合。商业银行之间可以在交易所内开展交易，从而培育起银行间市场的初级形态。这种交易并不排除商业银行在交易所之外的交易活动。经过一个适当的时间后，银行间市场基本脱离交易所而独立发展，甚至成为最重要的市场形态，都将是可以设想的，也是银行间市场趋于成熟的表现。”

今天我们重读这段文字，虽然其预言的目标并未全部实现，但其预言的方向和发展进程与实际的推进惊人的一致：商业银行无形（场外）黄金市场在场内市场中萌芽，进而形成独立市场，由小到大，最终发展成为最重要的市场形态。目前独立的场外交易市场已经形成，将经历由小到大的发展历程。

法制建设滞后是改革的软肋

法制建设是黄金市场化改革最为滞后的一环，在黄金市场化改革启动之始，改革旧法规建立新法规体系的任务就提了出来，但二十年几乎没有大的进展。1993 年黄金市场起始元年，国务院 63 号函提出三项市场化改革任务：一是实现国内人民币金价与国际美元金价并轨，随国际金价变化而变化；二是研究建立国家黄金市场方案；三是对《金银管理条例》的修改提出意见，报国务院审批。

第一项改革当年即完成实现；十年后的 2002 年上海黄金交易所开业，第二项改革宣告完成；今天，时间已过去了二十年，《金银管理条例》实际已寿终正寝，但仍未正式宣布废止。

2001 年，我国黄金市场诞生的前夜，中国人民银行向国务院提交了关于改革黄金流通体制的报告，具体有三项改革任务：一是取消黄金统购统配管理，实现黄金资源的合理配制，建立符合中国国情的黄金市场机制；二是依托上海外汇市场交易平台，在上海外汇市场内建立黄金现货交易市场；三是与黄金流通体制改革相适应，积极推进新的黄金法规建设，建立与改革相适应的新的黄金管理法规体系。

第一项、第二项任务分别于 2001 年和 2002 年完成，而第三项新的黄金管理法规体系的建设，十二年后的今天仍是一个现在进行时，甚至还未形成广泛共识，新法规体系的形成只能说还在探索之中，距离建成还有相当大的距离。

距离 2001 年提出建立黄金管理新法规体系十年后，2010 年人民银行再次提出加快黄金市场法律法规建设。《关于促进黄金市场发展的若干意见》要求："加快黄金市场法律法规制度建设，推动出台《黄金市场管理条例》。制定出台黄金及制品进出口办法。加强对金融机构黄金业务的管理，引导并推动金融机构黄金业务稳步规范发展。"这表明我国黄金市场运行十年后根本性的管理法规还未出台。

我国唯一的黄金管理法规就是《金银管理条例》，但这是体现黄金统购统配要求的法规，所以从启动黄金市场化改革之日，《黄金管理条例》就处于了废止状态。但目前又无新的法律法规可以取代它，也就是说，从 2001 年推进黄金市场化的十多年来，改革是在一个无法可依的状态下进行的，虽然也有相关的法律法规可以对人们的行为给予规范校正，但是遇到黄金市场特有的问题时其法律效用就勉为其难了，因而出现了许多法律上的灰色地带和真空地带。

黄金市场化改革进程中存在的法律上的灰色地带和真空地带，给不法分子提供了可乘之机，成为改革中的毒瘤滋生之地。近年来黄金投资诈骗和非法洗钱转移资金的案件时有发生，而且涉案金额巨大，数十亿乃至上百亿元。由于法律法规建设的滞后，在市场纠纷发生后，因相关专业法规缺失，竟无法可依。我曾于 2008 年受邀旁听过一次法庭辩论。投资者诉被告人非法开设炒金平台，造成其巨大经济损失，但最后在性质认定时，因法律上存在灰色地带而无法对被告人的行为进行定性。法律法规建设的滞后已成为现实改革推进的一大障碍。

黄金投资已是民众广泛参与的活动，交易规模已有数万亿元，投资纠纷时有发生。银行柜台交易发生过的案件有：2006 年中国工商银行投资者"不当得利"案，涉及资金 2100 多万元；2010 年民生银行爆仓事件。这些事件表明银行自身都存在系统漏洞，投资者虽然是在合规操作，但因无明确的法律上的责任规范，最后损失全都由投资者承担。投资者缺少法律保护，处于弱势地位，是当前我国黄金市场的一个突出问题，对黄金市场的发展有极大的负面影响。

黄金是具有全球统一价格、在全球交易的具有金融属性的特殊商品，流动性强并与多个金融市场存在关联性。黄金市场化改革的本质是延伸黄金存在领域，发挥其更大的社会功能，但是，原有法规体系是建立在黄金管制的基础之上的，是限制或禁止黄金在这些市场领域的存在，因而黄金市场改革与现存的法规体系发生了碰撞。由于没有及时调整并建立与改革相适应的新的法律法规，改革的推进受到阻碍，使众多可以且需要进入黄金市场交易的主体因政策的阻碍只能徘徊于市场大门之外。黄金市场的一些产品创新的推进也因此受阻。

新法律法规建设的滞后甚至造成了黄金市场化改革领导权的空置。中国人民银行是传统法规体系中的黄金市场管理领导者，但其管理领导者的地位取得的法源来自《金银管理条例》，而《金银管理条例》废止后，人民银行的领导权也就失去了法源基础，又没有新法规重新授权，因而人民银行在推进黄金市场化改革时遭遇角色的尴尬，而使黄金市场化改革面临缺乏统一协调指挥的情况。特别是黄金市场多元化格局出现以后，黄金市场领导监管主体也实现了多元化，除人民银行外，证监会、银监会也已经成为各自黄金业务的监督管理者。因而建立统一的管理决策工作体系有了更为紧迫的需求，否则会对黄金市场化改革全局性问题的解决和整体推进产生消极影响。

黄金市场法律法规建设滞后已是一个不争的事实，其负面影响已经显现，这是我国黄金市场化改革亟需加强的工作环节。但如前所列，每一次改革的重要时刻出台的黄金政策性文件中无一例外地都会提出要加快黄金新法律法规建设，而且也没有停止推进，但成效不彰。《黄金及制品进出口管理办法》是黄金市场化十年来出台的第一个法规性文件，从 2004 年至 2011 年制定历时八年。而最为基础性的法规《黄金市场管理办法》，“只听楼梯响不见人下来”。2008 年曾有一个草案征求意见，受到多方质疑而“胎死腹中”，五年又过去了，仍无音讯。

新黄金法律法规迟迟不能出台，从客观上讲，法律法规是对实践现实的提升总结，当黄金市场化还未达到一定发展阶段时也不会有成熟的法律法规体系诞生。但是，现在许多方面都有了推进的迫切感，也在着手推进，但总是有为而无果，努力而无效。因而，我认为一定是在哪一个工作环节上出了问题。我认为问题应从新黄金法律法规体系建设的主管和操盘手——中国人民银行方面去找。

中国人民银行在我国黄金及市场管理上的地位是独一无二的，是十分特殊的。在黄金管制的历史时期，中国人民银行是维护黄金管制、实行黄金统购统配工作体制的中枢，既是黄金和黄金市场的管理者，也是黄金买卖业务具体执行者；在黄金管理体制的过渡期，中国人民银行既是黄金市场化改革方案的设计者，又是改革的推进决策和执行者；进入黄金全面市场化时期，虽然人民银行独一无二的权威地位缺少了法律的支撑力，但仍是黄金市场化改革政策的实际制定牵头者和黄金市场的管理者。时光荏苒，一切都在变化，但六十多年来人民银行对黄金市场管理的主导性作用没变，其管理者的角色没有变。这是一个客观的现实，在市场多元化的今天，人民银行仍承担着黄金法规建设推进的首要责任，在黄金市场新法规建设的过程中占居着关键性的地位。

地位没变，角色没有变，但是环境在变，从而工作的条件也在变，因而人民银行对黄金市场管理的主导性的内涵在不同的时期是存在差异的，管理者角色的工作方式和职能也有所不同。管制环境与市场环境有着根本性的不同，因而进入市场环境的中国人民银行必须重新定位和创造新的工作方法。我有幸参与了2008年《黄金市场管理办法》草案的讨论，一个突出的感觉是，草案的起草者并没有完成这个转变，或许我们黄金市场法制建设滞后的坎就在这里。工作环境变化表现有三：

1. 一元化决策主体的惯性思维面对多元化决策主体的现实。

黄金管制的体制确立了中国人民银行对我国黄金产业全环节、黄金产品交易全过程的管理地位，具有一言九鼎的权威，其权限涵盖了黄金生产、流通、消费全过程。而推进黄金市场化改革进程中，中国人民银行又是理所当然的方案设计者和推进领导者。因此，2000 年 12 月 26 日，中国人民银行发言人对外郑重宣布："未经国务院授权及中国人民银行批准，任何单位和个人不得擅自筹建黄金交易市场。"直到黄金市场化的初期，因上海黄金交易所具有唯一性，而又基于上海黄金交易所由中国人民银行直接监管的定位，实际中国人民银行仍拥有对市场的直接调控权，因而在一元决策主体的惯性思维下推进新法规法律建设并不奇怪，甚至是完全可以理解的。

问题是随着黄金市场的不断发展，一元的黄金市场日益出现了多元市场化趋势，市场主体的多元化，在我国分业管理的体制下则意味着黄金市场决策权的多元化，这便对一元决策主体思维形成了现实的挑战。为此，中国人民银行为维持一元黄金市场体系做出过多方努力，但不仅愿望受阻，而且多元化黄金市场体系在很短的时间便成为了现实。所以在法规的制定上如仍是延着消除多元实现一元决策的方向努力，就会事倍功半，而陷入了起草、修改、再修改而迟迟不能定案的窘困之中。

2.**"管理 = 管制"的惯性思维面对"管理 = 服务"的现实**。

中国人民银行长期是在黄金管制的环境条件下，对我国黄金市场行施管理权，在计划经济体制中管理的内涵主体实际就是对黄金生产、加工、流通、交易全过程的直接干预和对黄金生产经营主体的人、财、物生产要素的直接调控。因而，管理等于管制的观念潜移默化、根深蒂固，即使进入了市场化环境，受传统观念的影响管理者往往会有意或无意地把管理 = 管制思维带到工作中来，把一些管制的方法带入到新法规的内容中来，而缺少服务创新，难以适应发展的形势要求，故不能得到广泛共识，结果是忙而无果，浪费了时间。

3. **直接干预的惯性思维面对需要创造市场公平环境的现实**。

市场参与者是经营的主体，竞争的主体，自负盈亏，因而必须拥有生产与发展的决策权，因而市场管理者的管理内涵不再是对黄金生产、加工、流通、交易的全过程控制，而是通过政策的规范和信息的指引影响市场参与者的行为，创造公平的交易环境和竞争环境。因而新的黄金市场法规应能体现这些市场环境的要求，并要有具体的措施保证这些要求能够得到满足。提高管理者的信息引导能力和法律法规保证市场公平的权威性是十分重要的，都应在新的黄金管理法律法规体系中得到充分地反映。

黄金市场改革已极大地改变了黄金法律法规的环境条件，而提出了新的要求，无论是目标，还是手段都需要做出调整，但是，由于长期黄金管制运行环境中形成的思维模式和工作模式影响，当我们面对市场经济的问题时总会自觉与不自觉地用计划经济的手，去办市场经济的事。习惯大一统的思维，熟悉行政干预，侧重于指令指挥。因而，在推进黄金市场新法律法规体系建设时往往会与现实要求出现差距而难以落实，执行效果很差，一次又一次地下文整顿，一次又一次地反复。

另外，我国黄金市场已从一元发展为多元，新黄金市场法律法规体系所涵盖的社会层面也由一元变为多元，六部门出台的《关于促进黄金市场发展的若干意见》已经确认了多元黄金市场格局，并把形成多层次的市场体系作为未来的工作目标，实际上就是承认了市场决策多元化的现实，并取得了多个国家管理部门的共识，因而新黄金市场法律法规体系推进的方式和人民银行角色定位也需调整。平心而论，一元市场决策工作体系的决策效率可能会优于多元市场决策工作体系；而从实现市场公平和控制风险的角度看，多元市场决策工作体系也有其优势，各有所长、各有所短。但多元市场决策工作体系是在相当长的时期内必须面对的现实，多层次市场体系建设目标的确定既是反映了现实状况，同时也是认识上的深化，而认识上的突破必然会推动我国黄金法制建设的进程。既然是要在多元市场决策工作体系的基础之上，而不是一元决策工作体系的基础上构建新的黄金市场管理法规体系，因而中国人民银行对黄金市场管理主导性应由领导角色定位调整为协调角色定位。

协调也是一种管理形式，但不同于指令，《关于促进黄金市场发展的若干意见》是一个法规性的文件，而它的本身就是协调的产物，从而产生了以协调的方法推动黄金法规建设的现实案例，这小小的一步，则意味着黄金市场法制建设推进思路的新尝试、新探索，从而使我们看到了加快我国黄金市场法规建设的前景，突破可能就在不远的未来，这是希望和期盼。

在我国金融分业管理的体制中，黄金市场形态多元化的发展，必然会出现监管者多元的状况：上海黄金交易所这个黄金即期交易市场是由人民银行监管；上海期货交易所这个黄金远期交易市场是由证监会监管；商业银行间及柜台市场是一个场外做市商市场，又是由银监会监管。所以，如何在监管者多元的情况下实现黄金市场的统一监管是一个没有解决的问题，这也是《黄金市场管理办法》迟迟不能出台的一个原因。

黄金市场形态多元是一个必然趋势，而且已经是一个现实，只要分业管理体制不变，那么黄金市场监管体系就只能建立在监管者多元的基础之上，而不是一元监管者基础之上，人民银行之所以要选择黄金市场一元化路径，在很大程度上是要回避多元监管难题，但并没有成功。现实只能是行政管理主体多元，各司其职的管理体制，但是建立统一的风险控制体系是十分必要的。从这个意义上讲应对人民银行协调职能给予更为具体明确的授权。

在行政管理主体多元基础上实现统一监管，人民银行就不再是对各市场运营过程的监管，而是对市场风险的统一监管。不同形态的市场虽然属于不同行政部门管理，但市场交易风险是共同的。所以，建立统一的跨部门的市场风险监管体系的不仅是十分重要的，而且是必须的。统一监管市场风险是黄金市场化提出的新课题，应该成为新的法规《黄金市场管理办法》的核心内容。将监管对象的工作重心从市场运营转移到市场风险上来，是推进我国黄金市场化的要求，也是突破分业管理困境的解决之道。这一调整可以使我们抓住影响黄金市场发展的关键，重建黄金市场监管法规基础。建立市场风险统一监管的法规体系具体可以从以下几方面着手：

1. 监管产品上市。建立黄金产品审查委员会，严格控制高杠杆衍生物和高风险挂钩产品上市，对产品施行分类公示，定期公布产品目录，从产品源头上控制风险。为了鼓励产品创新，可给予新产品上市后一定期限的独家经营权。

2. 监管资金流动。不管哪种形态的黄金市场的资金流动都要纳入统一的监控体系，通过对资金流动的监控发现和制止非法交易，避免诈骗的发生，防止资金的非法外流。

3. 监管入市资格。实行严格的入市资格审查制度，不仅是企业的经济与社会资质，还有主要从业人员的资质都应建立审核制度，不合格者禁止入市。建立黑名单制，有严重违法行为者清除后禁止再次进入黄金市场。

4. 权威信息发布。在计划经济体制中，企业行为源于上级指令，而在市场经济体制中，企业行为源于市场信息，因而信息对黄金市场风险控制的意义重大。然而，信息权威发布却是我国目前黄金市场存在的一个明显的"短板"，各市场信息披露制度尚未建立；一个统一的黄金市场信息收集、分析、发布的平台尚未形成，已有的分散的信息平台大多只是维持状态而无发展之力，许多市场研究所使用的资料都是"进口货"。现在我们越来越重视中国的话语权问题，而拥有话语权首先要拥有信息，要有权威的信息发布平台。所以，黄金市场信息体系的建设应成为新的市场法规中的重要内容。

通过政策的规范和信息的引导使市场资源实现最佳组合，从而提高市场资源的使用效率，这对于我国黄金市场的自身发展，以及进一步发挥黄金市场的社会辐射和带动功能具有重要的意义。引导协调也是管理的一种形式，但与管制命令有很大的不同，旧的黄金法规体系更多是管制，而新法规体系要突出引导和规范，要形成自律的社会氛围和市场环境。

政策规范，带有一定的强制性；信息引导，带有一定的自愿性，但使这两种手段能有效发挥作用的是市场诚信体系。要形成一个判断是非对错的市场标准，形成市场诚信文化，在新的黄金法规体系中一定要把市场诚信体系放在一个突出位置。有了这样一个基础，政策规范和信息引导才能高效发挥作用，否则效率和效能就会打一个大大的折扣，甚至会完全没有作用。强制也好，引导也好，市场参与者的自律最重要。

后 记

对于我国黄金市场而言，2012 年是一个值得纪念的年份，从 2002 年上海黄金交易所开业运行算起，我国黄金市场发展整整走过了十年。我国黄金市场已由一个市场发展成为多种形态市场组成的市场体系，金融市场体系全部建成。过去需要总结，未来需要瞻望，所以在 2011 年我就着手推动黄金市场十年发展论坛举办工作。最终在上海期货交易所、山东招金投资公司和首都经贸大学的支持下，以首都经贸大学中国黄金市场研究中心为工作平台，于 2012 年 11 月召开了“中国黄金市场十年发展回顾与展望学术研讨会”，各届人士提交论文三十余篇。经过精选和充实后，结集出版了《中国黄金市场十年回顾与展望论文集》，在中国黄金市场化发展的这个重要的时间结点上留下了印迹。但紧接着有一个更为重要的时间结点即将来临，这就是 2013 年黄金市场化二十周年的到来。

对于我国黄金市场化改革而言，从 1993 年国务院 63 号函下达算起到 2013 年恰是我国黄金市场化改革二十周年，黄金市场化具有比黄金市场发展有更大的改革内涵，它是我国经济市场化改革的标志性事件。黄金市场化使我国诞生了一个日益具有国际影响力的一个新兴市场，并从而使多年残缺的金融市场体系得以完善；黄金市场化使我国迅速地形成了一个上、中、下游产业链完整的黄金产业，成为了经济的新亮点；黄金市场化为民众开放了一个新型投资市场，在信用危机肆虐全球之际为民众财富保值提供了一个新选择。今天，黄金市场化的影响已经在社会多层面发生，黄金市场化改革成为民众日益关注的话题。因而黄金市场化二十年更应总结。它从哪里来？又到哪里去？人们的求索是好奇，也是因与切身利益相关的求知。为此，我决定对黄金市场化二十年历程作一次回顾与解读，力争让更多的人士关注黄金市场化、认识黄金市场化，当然也有为历史留下一点记录的意图。至于因自己作品中的歧见和谬论而引起的批评和争论，我将会认真思考并虚心接受。产生社会反响正是扩大黄金市场化影响的途径，所以我将二十年的所见、所想如实记录下来告之读者，以解读改革作为对我国黄金市场化改革二十周年的纪念。

对于一个中国黄金市场化改革的全程观察者而言，已近古稀之年的我对黄金市场化的回顾与总结也是对后来者的一个交代，因记忆总会随岁月而消失，只有记录下来才能得以保存，而且记录的本身也是深化认识的过程，也使我自己从中收获匪浅。以史为鉴可以明事理，这就是记录历史的意义，并非与现实无关，所以我以此为己任。

在本书付印前，特印刷了10册内部征求意见稿，向业内专业人士征求意见。在此特别要感谢上海黄金交易所副总经理沈钢女士、上海期货交易所原理事长王立华女士、原世界黄金协会大中华区总经理王立新先生，以他们的亲身经历对文稿中的内容给予了指正并提供了所掌握的文献资料。我的学生刘中山、侯杰、张保强、凡瑞瑞为文稿的录入付出了大量时间，在此一并表示感谢。

刘山恩